ACCESO GRATIS *a la Lectura en la Nube*

Para visualizar el libro electrónico en la nube de lectura envíe junto a su nombre y apellidos una fotografía del código de barras situado en la contraportada del libro y otra del ticket de compra a la dirección:

ebooktirant@tirant.com

En un máximo de 72 horas laborables le enviaremos el código de acceso con sus instrucciones.

AFIANZANDO IGUALDADES

AFIANZANDO IGUALDADES

Coordinador:

MARIANO VIVANCOS

Universitat de València

Càtedra de Dret Autonòmic Valencià

tirant lo blanch

Valencia, 2025

EDITA: TIRANT LO BLANCH
C/ Artes Gráficas, 14 - 46010 - Valencia
TELFS.: 96/361 00 48 - 50
FAX: 96/369 41 51
Email: tlb@tirant.com
www.tirant.com
Librería virtual: www.tirant.es
DEPÓSITO LEGAL: V-2387-2025
ISBN: 979-13-7010-469-6
MAQUETA: Tink Factoría de Color

Si tiene alguna queja o sugerencia, envíenos un mail a: *atencioncliente@tirant.com*. En caso de no ser atendida su sugerencia, por favor, lea en *www.tirant.net/ index.php/empresa/politicas-de-empresa* nuestro procedimiento de quejas.

Responsabilidad Social Corporativa: http://www.tirant.net/Docs/RSCTirant.pdf

Autores

Naiara Arriola Echaniz
Lorena Chano Regaña
Paloma Durán y Lalaguna
Enrique Fliquete Lliso
María Macías Jara
Julia Ruiz Martínez
Remedio Sanchez Ferriz
Julia Sevilla Merino
Clara Souto Galván
Mariano Vivancos Comes

Índice

Presentación de la obra

La presente obra colectiva, *Afianzando igualdades*, surge del esfuerzo conjunto de académicas y académicos comprometidos con el análisis crítico del principio de igualdad en el marco del Derecho Constitucional español. Reúne las aportaciones presentadas en un Congreso que ha contado con la participación de docentes de siete universidades españolas, muchas de ellas integradas en la Red Feminista de Derecho Constitucional (RFDC), lo que otorga a este volumen un carácter plural, intergeneracional y altamente especializado y experto.

El título del libro no es casual: Afianzar implica fortalecer, consolidar, dar solidez a una estructura que, aunque reconocida formalmente por nuestro ordenamiento jurídico, aún presenta notables desafíos en su aplicación real y efectiva. A lo largo de estas páginas, el principio de igualdad es examinado desde perspectivas múltiples pero interconectadas, que evidencian su centralidad como valor constitucional y motor de transformación social.

El recorrido temático de la obra comienza con una mirada global a la igualdad de género desde el marco de Naciones Unidas y los Objetivos de Desarrollo Sostenible (ODS), en la contribución de **Paloma Durán y Lalaguna**, y continúa con un segundo bloque dedicado al papel clave de la educación como herramienta de construcción democrática e igualdad sustantiva, con las reflexiones de **Remedio Sánchez Ferriz** y **Clara Souto Galván**, atendiendo a las novedades introducidas por la LOMLOE.

El eje sobre igualdad de trato y paridad constitucional se enriquece con dos trabajos que abordan tanto el desarrollo legislativo y jurisprudencial más reciente —con especial atención a la Ley 15/2022 y su aval constitucional, analizados por **Lorena Chano Regaña**— como la crítica estructural al sistema de partidos y sus límites en la realización efectiva de la paridad, otro de los desarrollos legales más recientes, de la mano de **María Macías Jara**.

La reflexión sobre el poder y su distribución, especialmente en el ámbito autonómico tras más de cuatro décadas de rendimiento institucional del autogobierno, se articula en el trabajo de **Julia Ruiz Martínez** y **Julia Sevilla Merino**, que pone el foco en los retos pendientes para la igualdad real en el ámbito de las instituciones de la Generalitat. En esa misma línea de análisis estructural, **Naiara Arriola Echaniz** examina cómo el derecho a la igualdad se ha puesto a prueba durante la pandemia, cuestionando hasta qué punto estamos preparados para responder a contextos de emergencia sin dejar atrás a los sectores más vulnerables.

Por su parte, el vicepresidente del Consell Jurídic Consultiu, **Enrique Fliquete Lliso**, aborda una cuestión clave y de gran actualidad: la implementación de acciones positivas, sus límites jurídicos y su justificación constitucional, especialmente en lo que respecta a los planes de igualdad y los criterios preferenciales en el acceso a subvenciones. Cierra la obra colectiva, una sugerente propuesta sobre cómo paliar el déficit del "orden de género" consagrado en nuestra norma institucional básica que ha lastrado durante años los desarrollos posibles en el ámbito del trato igualitario, facilitando una propuesta de máximos sobre la arquitectura legal existente.

En su conjunto, estas contribuciones no solo ofrecen análisis rigurosos de los avances y obstáculos en materia de igualdad, sino que también aportan propuestas interpretativas y normativas para seguir avanzando hacia una democracia más justa e inclusiva. La actualidad de los temas tratados, su relevancia jurídica y social, así como la solvencia académica de sus autoras y autores, convierten a *Afianzando igualdades* en una obra de referencia para juristas, investigadoras, responsables públicos y para toda persona interesada en el Derecho Constitucional como herramienta de transformación social.

Este volumen no solo refleja el estado actual de los debates constitucionales en torno a la igualdad, sino que también constituye una apuesta por seguir tejiendo redes académicas comprometidas con el feminismo jurídico, los derechos humanos y la profundización democrática.

Mariano Vivancos Comes

Profesor de Derecho Constitucional
Universitat de València

Hacia una lectura de la igualdad de mujeres y hombres desde Naciones Unidas

PALOMA DURÁN Y LALAGUNA
Catedrática de Filosofía del Derecho
Universidad Jaume I

SUMARIO: INTRODUCCIÓN. 1. LOS PRESUPUESTOS TEÓRICOS. 2. LA EVOLUCIÓN DEL TRATAMIENTO DE LA IGUALDAD EN NACIONES UNIDAS. 3. LAS HERRAMIENTAS APROBADAS EN NACIONES UNIDAS PARA LA PROMOCIÓN DE LA IGUALDAD DE LAS MUJERES. 3.1. Herramientas políticas. 3.2. Herramientas jurídicas. 4. DERECHOS Y POLÍTICAS PÚBLICAS. BIBLIOGRAFÍA.

INTRODUCCIÓN

La igualdad se define en el artículo 1.1 de la Constitución española como un valor superior de nuestro ordenamiento jurídico. Incluido junto a la libertad, la justicia y el pluralismo político, los valores superiores del ordenamiento jurídico forman parte del texto normativo, con las consecuencias jurídicas que ello lleva consigo. No se trata de una aspiración, sino más bien de un mandato constitucional.

Las diferencias se plantean en la interpretación de lo que sea la igualdad, que el Diccionario de la Lengua española define como *conformidad de algo con otra cosa en naturaleza, forma, calidad o cantidad; o en segunda acepción como correspondencia y proporción que resulta de muchas partes que uniformemente componen un todo*[1].

En el caso concreto de la igualdad de mujeres y hombres, la igualdad implicaría la consideración del ser humano como sujeto de derechos. Esta aproximación implica la sustitución de la "igualdad entre

---

1 https://www.rae.es/drae2001/igualdad (última consulta 20.05.2024)

mujeres y hombres" por la "igualdad de mujeres y hombres". No se trataría por tanto de dos tipos de sujetos "uniformados en un todo" sino más bien de la consideración de un sujeto único de derechos, que hace referencia tanto a mujeres como a hombres.

Esta manera de plantear la igualdad propone una lectura de los derechos que no rompería con la universalidad en la titularidad de los mismos, sino que más bien subrayaría dicha titularidad, teniendo en cuenta la diversidad en el ejercicio de los derechos. El derecho al acceso a la educación o a la salud sería el mismo para todos los seres humanos, si bien su ejercicio plantearía diferencias, puesto que, en el caso concreto planteado, las mujeres y los hombres presentan diferentes necesidades que reclaman un ejercicio específico en cada caso.

En las últimas décadas, la Organización de Naciones Unidas, ha aprobado diferentes Tratados internacionales, reconociendo derechos específicos para diferentes grupos de sujetos. El reconocimiento de derechos para personas migrantes y sus familias, para grupos de personas indígenas, para personas con discapacidades, para mujeres o para niños y niñas, ha abierto un debate sobre la propia definición de lo que sean los derechos. Y en todo caso, ha supuesto la multiplicación de textos internacionales, cuyo cumplimiento y seguimiento resulta cada vez más complicado, tanto para los Estados que los ratifican, como para la propia Organización y los instrumentos de seguimiento con los que cuenta.

Pero adicionalmente, esta situación ha abierto también un nuevo debate, no sólo sobre la propia definición de lo que sean los derechos, sino incluso sobre el propio sentido de la igualdad y la libertad.

En este texto, trataré de realizar un balance sobre la lectura que Naciones Unidas ha planteado respecto a la igualdad de mujeres y hombres. Para ello, tras una introducción que aglutine algunos de los presupuestos teóricos en torno a la igualdad, analizaré, en primer lugar, la evolución política onusiana en el tratamiento de la igualdad; la elaboración de mecanismos jurídicos y políticos para garantizarla; y la propuesta sobre el maridaje de derechos y políticas públicas que puedan promover la igualdad de mujeres y hombres, en un contexto social que exige una mayor inclusión y participación de toda la ciudadanía.

1. LOS PRESUPUESTOS TEÓRICOS

El movimiento social feminista ha vivido una de las mayores revoluciones a lo largo del siglo XX y los primeros años del siglo XXI.

La evolución del movimiento ha estado condicionada por los contextos históricos, culturales, políticos y económicos en los que se ha desarrollado. Y por esta razón, no se trata de un movimiento homogéneo.

Por definición, el movimiento social feminista, que arranca con fuerza en el siglo XVIII, propone la igualdad de mujeres y hombres. Las mujeres habían sido excluidas en la modernidad de la participación en la vida política, económica y cultural. Ballesteros lo argumenta brillantemente, utilizando de modo crítico, las afirmaciones de Hegel, que contraponía al varón como representante de la objetividad y la creatividad, frente a la mujer encarnando la subjetividad y la individualidad dominada por el sentimiento[2].

El proceso de la modernidad truncó muchos de los esfuerzos históricos, que habían sido aislados, para reclamar la igualdad de las mujeres. No resulta baladí que ya en el siglo IV, Aristófanes escribiera *La Asamblea* de las mujeres, donde bajo la forma teatral, proponía el protagonismo de Praxágora, para liderar una sociedad en la que las

---

2 J. Ballesteros, *Postmodernidad: decadencia o resistencia,* Madrid, Tecnos 1989, p. 128: *Hegel describe y justifica a un tiempo las causas de la discriminación de la mujer en la modernidad. "El varón representa la objetividad y universalidad del conocimiento, mientras que la mujer encarna la subjetividad y la individualidad, dominada por el sentimiento. Por ello en las relaciones con el mundo exterior, el primero supone la fuerza y la actividad, y la segunda, la debilidad y la pasividad". De ahí que el varón deba alcanzar su realidad en el servicio de las tres actividades sociales hegemónicas: ciencia, Estado y economía —"en el trabajo y en lucha con el mundo exterior"— (justamente las tres actividades que Weber considera, como hemos visto, patrimonio de la civilización occidental), mientras que el puesto de la mujer se reduce a la moralidad subjetiva que tiene su sede en la familia.*

mujeres gestionarían lo común en mejores condiciones que los varones[3]; o que, en el siglo XIII, Guillermina de Bohemia propusiera la creación de una iglesia de mujeres; o que, en el siglo XV, Christine de Pizan escribiera un tratado contra la misoginia[4]. Curiosamente, el Código de Napoleón, emblema del movimiento de la codificación y de la nueva forma política en Europa, establecía en el artículo 213 el matrimonio como un contrato, en el que el marido protege a la mujer y la mujer debe obediencia al marido[5].

La historia de la igualdad está unida a la forma política y al contexto en donde puede hacerse viable. A pesar de ello, las grietas entre los reclamos sociales y la protección institucional de la igualdad se han repetido en todas las sociedades, incluyendo las occidentales, si bien en éstas, la defensa y consolidación del sistema democrático ha abierto la puerta a un reclamo legítimo de igualdad y libertad que ha terminado dando sus frutos en el ámbito jurídico.

Al margen de los múltiples matices que podrían darse sobre la evolución del movimiento feminista, lo cierto es que el desarrollo del mismo en las sociedades occidentales y en el contexto democrático es muy diferente del vivido en sociedades con otra trayectoria histórica. La narrativa sobre la democracia propuesta por J. de Romilly[6] es sustancialmente diferente de la propuesta en sociedades de tradición islámica[7].

Incluso en las sociedades occidentales, la trayectoria del movimiento feminista no es homogénea. Los reclamos de la igualdad en la Francia de Olympia de Gouges en el siglo XVIII, las conclusiones de la Convención de Seneca Falls en Estados Unidos en el siglo XIX, los avances protagonizados por los países nórdicos en el siglo XX, o la transición vivida en Francia tras la reforma constitucional para

---

3 Aristófanes, *La Asamblea de las mujeres,* Madrid, Cátedra 2020.

4 C. de Pizan, *La ciudad de las damas,* Madrid, Siruela 2024.

5 https://www.rfi.fr/es/cultura/20210410-el-c%C3%B3digo-civil-franc%C3%A9s-la-obra-maestra-de-napole%C3%B3n (última consulta, 20 de mayo 2024)

6 J. de Romilly, *Los fundamentos de la democracia,* Madrid, Cupsa 1975.

7 M. Badran, *Feminismo en el Islam,* Madrid, Cátedra 2012; W. Saleh, *Feminismo e Islam. Una ecuación imposible,* Sevilla, El Paseo editorial 2022.

permitir una nueva ley electoral son pequeñas muestras de las divergencias occidentales.

En definitiva, estas diferencias muestran que cada sociedad ha vivido la lectura y defensa de la igualdad con rasgos propios. Como consecuencia, se podría decir que las respuestas a la igualdad no son universales, en la medida en que el sistema político y jurídico está también condicionado por la cultura, la historia y las tradiciones de cada sociedad.

Sin embargo, esta fotografía no ha sido óbice para que desde Naciones Unidas se haya desarrollado un esfuerzo unánime para la promoción de la igualdad de mujeres y hombres, avalado por los compromisos de consenso y acuerdo de todos los Estados miembros, que han llevado a la aprobación de medidas políticas pero también a la elaboración de textos jurídicos que como en el caso del Convenio para la erradicación de la discriminación contra las mujeres (CEDAW) han sido ratificados por la práctica totalidad de los miembros de la Organización.

La situación escandalosa de falta histórica de igualdad generó un movimiento social feminista que en sus inicios reclamó también respuestas radicales. En el sentido de que las mujeres pudieran ocupar también el lugar de los hombres en una sociedad en la que se dio una clara división de funciones entre la vida pública —asignada a los hombres— y la vida privada —asignada a las mujeres— Este primer feminismo recaló no tanto en la recuperación de la igualdad cuanto en una "batalla" por ocupar el lugar de los hombres en un debate antagónico, en el que se pretendía la sustitución de aquéllos por las mujeres. Seguramente esto justificó el inicio de la igualdad para las mujeres, como una responsabilidad exclusiva de éstas, restringiendo los espacios de igualdad al activismo de las mujeres, por las mujeres y para las mujeres.

En este contexto, el nacimiento de la Organización de Naciones Unidas en 1945 y la aprobación de la Declaración universal de derechos humanos en 1948, motivaron un ligero cambio de rumbo, que pasó de recuperar la primacía de los hombres respecto a las mujeres a un movimiento que se ha denominado *neofeminismo*[8], para recuperar la bandera de la igualdad para todos los seres humanos, con el convencimiento de que la consecución de la igualdad además de un logro para las mujeres, implica la mejora de toda la sociedad[9].

El siglo XX ha significado también el nacimiento y consolidación de las teorías de género que de la mano del estructuralismo de J. Butler, ha mezclado la narrativa feminista con la de la identidad de género, forzando de algún modo la identificación de la no discriminación por razón de identidad sexual, con la no discriminación contra las mujeres[10].

Con todo, la igualdad para las mujeres ha protagonizado grandes debates políticos en todas las sociedades, y el incremento de la participación de las mujeres en todas las esferas de la vida pública se ha extendido como una bandera irrenunciable en todas las sociedades del mundo.

2. LA EVOLUCIÓN DEL TRATAMIENTO DE LA IGUALDAD DE MUJERES Y HOMBRES, EN NACIONES UNIDAS[11]

Desde su creación, Naciones Unidas (NNUU) ha abanderado la defensa de la igualdad. La Carta fundacional de la Organización, en

---

8 J. Ballesteros, op. cit., p. 131 ss.

9 En este sentido, afirma Ballesteros, citando a J.B. Elsthain: *La cordura exige percibir que todos aquellos valores que hemos designado como propios de lo femenino (…) no los consideremos en modo alguno privativos ni exclusivos de la mujer (.) sino que los consideremos como igualmente indispensables para el varón, para evitar que éste sea simplemente un energúmeno, sólo preocupado por el poder y la competencia. (Ibídem.,* p. 131).

10 P. Durán y Lalaguna, *Sobre el género y su tratamiento en las Organizaciones Internacionales,* Madrid, Eiunsa 2007.

11 Este apartado fue publicado originalmente en el capítulo de P. Durán y Lalaguna, *Medidas especiales de carácter temporal. Una lectura del artículo 4 de la CEDAW,* en la monografía editada por Ana Gemma López Martín, *La igualdad de la mujer en el siglo XXI: realidad o utopía,* Madrid, Dykinson 2024, pp. 41 ss.

su artículo 1, reconoce como uno de sus objetivos, el estímulo del respeto a los derechos humanos y libertades fundamentales, sin hacer distinción por motivos de raza, sexo, idioma o religión; así como el compromiso de no establecer ningún tipo de restricción para la elegibilidad de mujeres y hombres en los diferentes órganos de la Organización[12].

Teniendo en cuenta esta premisa, suelen establecerse cinco etapas en el trabajo de NNUU por la igualdad de las mujeres, que podrían sistematizarse en los siguientes términos[13].

La primera abarca el periodo 1945 a 1962, en la que puede decirse que la finalidad prioritaria del trabajo "onusiano" fue establecer las bases legales para garantizar la igualdad de todas las mujeres. Abarca desde la fundación de la Organización hasta el inicio de la década de los 60, que supuso no solamente el desarrollo del movimiento feminista —sobre todo, en los países occidentales— sino también el inicio del denominado proceso de descolonización y como consecuencia, la incorporación de nuevos Estados a Naciones Unidas.

Tras la creación de NNUU, la Comisión de derechos humanos (1946) recibió el encargo de preparar el borrador de la Declaración Universal de derechos humanos, que la Asamblea General aprobó el 10 de diciembre de 1948.

En la primera sesión de la Asamblea general (AG), celebrada en Londres en febrero de 1946, Eleanor Roosevelt, delegada de Estados Unidos, leyó una carta abierta a todas las mujeres del mundo[14], con una llamada a la participación de las mujeres en las cuestiones nacionales e internacionales. El texto, preparado por las 17 mujeres que participaron en aquella Asamblea, representando a 11 Estados miembros, proponía una invitación a la responsabilidad para reclamar el papel activo que corresponde a las mujeres en la sociedad,

---

12 Cfr. artículos 1, y 8 de la Carta fundacional de Naciones Unidas, así como su preámbulo.

13 Cfr. P. Durán y Lalaguna, *Las Naciones Unidas y la igualdad de oportunidades de mujeres y hombres,* United Nations International Research and Training Institute for the advancement of women (INSTRAW), 2005.

14 Cfr. documento de Naciones Unidas A/PV.29, 12 de febrero de 1946, *Carta abierta a todas las mujeres del mundo.*

especialmente en aquel momento histórico de reconstrucción y estabilidad de la paz.

Ese mismo año, la Asamblea aprobó —en diciembre— una resolución solicitando a los Estados miembros adoptar medidas para asegurar el cumplimiento de la Carta, asegurando los mismos derechos políticos para mujeres y para hombres[15].

En 1948, el Consejo económico y social aprobó dos resoluciones pidiendo a los Estados la elaboración de medidas para garantizar la igualdad de derechos en el empleo y la remuneración[16]; así como la aplicación del principio de igual salario para trabajo de igual valor[17].

En diciembre de 1948, la Asamblea general aprobó la Declaración Universal de derechos humanos, que consagra el principio general de igualdad y en concreto, la igualdad de derechos a mujeres y hombres para casarse y fundar familia, y la necesidad del pleno consentimiento de ambos cónyuges para contraer matrimonio[18].

Además de las disposiciones mencionadas, que no tienen fuerza jurídica vinculante, Naciones Unidas aprobó en este periodo una serie de Convenios con la consiguiente fuerza jurídica: en 1949 el Convenio para la supresión del tráfico de personas y de la explotación de la prostitución; en 1952, el Convenio sobre derechos políticos de las mujeres; y en 1957, el Convenio sobre nacionalidad de la mujer casada. Resulta clara la finalidad perseguida, que era garantizar la participación de las mujeres en los procesos de toma de decisiones, tanto en la vida privada (nacionalidad y matrimonio), como en la vida pública (derechos políticos).

La segunda de las etapas abarca desde 1960 hasta 1975, año de celebración de la I Conferencia mundial convocada por NNUU sobre las mujeres, que tuvo lugar en México.

En este periodo, la Organización trabajó intensamente para reforzar el papel de las mujeres en el desarrollo, en un momento his-

---

15 Cfr. resolución A/RES/46(I) de 11 de diciembre de 1946.

16 Resolución ECOSOC, E/RES/122 G (VI), de 1 de marzo de 1948.

17 Resolución ECOSOC, E/RES/121 (VI), de 10 de marzo de 1948.

18 Cfr. artículo 16 de la Declaración universal.

tórico de ampliación de la descolonización, reconociendo la función insustituible de las mujeres en estos procesos. También aprobó una serie de instrumentos jurídicos, para consolidar el reconocimiento y protección de la igualdad de derechos y libertades para las mujeres, empezando en 1962, con el Convenio sobre la edad mínima para contraer matrimonio y sobre el registro de matrimonios.

En 1966, la Asamblea aprobó el Pacto Internacional de derechos económicos, sociales y culturales[19], que en su artículo 2,2 reconoce la obligación de los Estados de asegurar los derechos sin discriminación alguna, entre otros motivos, por sexo. El mismo texto, en su artículo 3 explicita el compromiso de asegurar a mujeres y hombres igual título para gozar de todos los derechos reconocidos en el Pacto. Utilizando una redacción prácticamente idéntica, el Pacto de derechos civiles y políticos, aprobado en la misma resolución y con la misma fecha[20], recoge la igualdad para las mujeres en los artículos 2,1 y 3.

Los Pactos Internacionales fueron el instrumento para garantizar jurídicamente los derechos propuestos en la Declaración Universal de 1948, que había sido aprobada en una resolución de la AG, aprobada sin consenso, y por ello carente de fuerza jurídica, a pesar de la importante autoridad moral que ha demostrado tener, inspirando la mayor parte de los textos constitucionales vigentes en el mundo.

En noviembre de 1967, la AG aprobó la Declaración sobre eliminación de discriminación contra las mujeres[21]. Aunque no es tampoco un texto jurídicamente vinculante, es el primer texto en el que NNUU afirma explícitamente que la discriminación contra las mujeres, además de injusta, es una ofensa contra la dignidad humana[22].

La década de los 70 se inicia con la declaración del Año Internacional de las mujeres[23], que de algún modo fomenta el inicio de los

---

19 Resolución AG A/RES/2220 A (XXI), de 16 de diciembre de 1966.

20 *Ibídem.*

21 Resolución AG A/RES/2263 (XXII), de 7 de noviembre 1967.

22 El artículo 1 de la Declaración es taxativo: *La discriminación contra la mujer, por cuanto niega o limita su igualdad de derechos con el hombre, es fundamentalmente injusta y constituye una ofensa a la dignidad humana.*

23 Resolución AG A/RES/3010 (XXVII), de 18 de diciembre de 1972.

preparativos de la I Conferencia mundial, celebrada en México, del 19 de junio al 2 de julio de 1975.

Como consecuencia, en el sistema de Naciones Unidas se reforzaron las medidas para incrementar la participación y visibilidad de las mujeres en el trabajo de la Organización; y también la AG y el ECOSOC aprobaron múltiples resoluciones proponiendo políticas para la promoción de la igualdad de mujeres y hombres en todos los ámbitos de actuación de la vida social[24].

Esta etapa concluye con una de las decisiones más importantes desde el punto de vista jurídico, que es la decisión de elaborar un Tratado Internacional que garantice la no discriminación hacia las mujeres en el ejercicio de los derechos y libertades fundamentales. Desde el punto de vista político, la AG aprobó la celebración del Decenio de las mujeres, que fomentó la aprobación de numerosas resoluciones para la promoción de la igualdad para las mujeres.

La tercera etapa, desde 1975 hasta 1985, cubre el Decenio mencionado, y se llevan a cabo dos hitos importantes. El primero es la aprobación en 1979, del Convenio para la eliminación de todas las formas de discriminación contra las mujeres (CEDAW por sus siglas en inglés)[25]; y el segundo, de marcado carácter político, es la celebración de la II Conferencia mundial en Dinamarca en 1980 y la III Conferencia mundial en Kenia en 1985.

Es en este periodo, en el que se amplía —como veremos— la concepción de la igualdad y la no-discriminación, con la incorporación de las denominadas "acciones especiales de carácter temporal", propuestas en el artículo 4 del Convenio CEDAW.

Por otra parte, las dos Conferencias mundiales promovieron un trabajo de incidencia política importante, que llevó a la aprobación de políticas públicas para la igualdad de las mujeres en muchos países del mundo; y también llevó a reforzar el sistema de NNUU, para garantizar el seguimiento de los compromisos políticos aprobados en Copenhague y en Nairobi.

---

24 P. Durán y Lalaguna, *Las Naciones Unidas y la igualdad de oportunidades* (cit.).

25 Resolución AG A/RES/180 (XXXIV) .

La cuarta etapa, iniciada en 1985, después de la III Conferencia mundial, concluyó en 2000, con la aprobación de la Declaración del milenio, que lleva consigo la aprobación de los denominados Objetivos del milenio.

Durante estos años, y tras la entrada en vigor del CEDAW en 1981, una de las prioridades de NNUU fue el fomento de la ratificación del Convenio, con la finalidad de que su contenido entrara a formar parte de las legislaciones internas de los Estados miembros.

En 1980, aprovechando la II Conferencia mundial, 64 países ratificaron la Convención; pasaron a ser 165 países en 2000 y actualmente son 189. Solamente Estados Unidos, Somalia, Sudan e Irán no han ratificado el Convenio[26].

El cuarto periodo concluye con la aprobación en 1999 del Protocolo facultativo de la Convención, que establece dos nuevos procedimientos: el de comunicaciones y el de investigación. Con estas dos vías se permite que personas o grupos de personas puedan presentar comunicaciones al Comité, en los casos en que un determinado país pueda estar incumpliendo la Convención; y también se permite que el Comité, *de oficio*, pueda iniciar investigaciones, en los casos en los que haya indicios de que el Convenio no se está respetando.

De este modo, los instrumentos de NNUU abren también la puerta a la intervención de la sociedad civil, confirmando la responsabilidad de todos los actores sociales en la garantía de la igualdad para las mujeres.

El periodo concluyó con la celebración de la Cumbre del milenio, en septiembre de 2000, que facilitó la aprobación de los llamados Objetivos del milenio, aunque éstos no respondieron a los reclamos que había para incluir como uno de los objetivos la igualdad de las mujeres.

El artículo 6 de la Declaración del Milenio[27] incluyó la igualdad como uno de los valores fundamentales de la sociedad del siglo XXI,

---

26 Cfr. www.un.org (Oficina del Alto Comisionado para los derechos humanos): última consulta 26 junio 2024.

27 Resolución AG A/55/L.2.

en los siguientes términos: *No debe negarse a ninguna persona ni a ninguna nación la posibilidad de beneficiarse del desarrollo. Debe garantizarse la igualdad de derechos y oportunidades de hombres y mujeres*[28].

El objetivo 3 era la igualdad de género y el empoderamiento de las mujeres, pero la meta recogida hacía referencia exclusivamente a la eliminación de las diferencias en la educación primaria y secundaria. Esta aproximación quedó muy limitada respecto a las expectativas generadas por los objetivos y de algún modo se intentó paliar en los objetivos de desarrollo sostenible, aprobados en 2015, en la última etapa a la que nos vamos a referir.

La quinta etapa del recorrido de NNUU en su trabajo por la igualdad para las mujeres, abarca desde 2000 hasta la actualidad.

Incluye la creación de ONU MUJERES, en 2010[29], agrupando las múltiples divisiones y entidades del sistema de Naciones Unidas trabajando por la igualdad de las mujeres, con la finalidad de llevar a cabo un trabajo más efectivo. El INSTRAW, UNIFEM, la asesora especial del secretario general para género, y otras pequeñas entidades quedaron agrupadas en la nueva entidad, cuya primera secretaria fue Michelle Bachelett, expresidenta de Chile.

En este mismo periodo, tuvo lugar la Asamblea general en septiembre de 2015, que aprobó los Objetivos de Desarrollo Sostenible[30], incluyendo el número 5 centrado en la igualdad y empoderamiento de las mujeres[31]. En este caso, la primera de las metas aprobada fue precisamente *Poner fin a todas las formas de discriminación contra todas las mujeres y las niñas en todo el mundo*[32].

La igualdad y el empoderamiento de mujeres y niñas es un elemento esencial de todas las dimensiones del desarrollo inclusivo y

---

[28] *Ibídem.*

[29] https://www.unwomen.org/es/about-un-women (última consulta: 10 de enero 2024).

[30] Resolución AG 70/1.

[31] P. Durán y Lalaguna & S. Morán & C. Díaz Barrado, *Sustainable development goals (Goal 5: gender equality)*, NNUU & Thomson Reuters, 2019.

[32] *Ibídem.*

sostenible. En este sentido, el objetivo 5 se convierte en un eje transversal de toda la agenda de desarrollo aprobada en Naciones Unidas.

Al margen de las valoraciones que requiere la situación de cada país, lo cierto es que las desigualdades para las mujeres siguen constatándose en muchas sociedades. De acuerdo con los datos divulgados por ONU Mujeres, hay 49 países que siguen sin contar con leyes de protección para las mujeres frente a la violencia, mientras que en 39 países se prohíbe la igualdad de derechos sucesorios entre hijos e hijas[33].

Según los datos de 87 países, una de cada cinco mujeres y niñas menores de 50 años ha experimentado alguna forma de violencia física y/o sexual en los últimos 12 meses. Y las prácticas nocivas, como el matrimonio infantil, siguen impidiendo cada año que 15 millones de niñas menores de 18 años puedan disfrutar de su infancia[34].

Las mujeres dedican 2,6 veces más tiempo a realizar tareas domésticas que los hombres. Mientras que las familias, las sociedades y las economías dependen de ese trabajo, para las mujeres supone tener menos ingresos y menos tiempo para hacer actividades diferentes al trabajo[35].

En los cargos públicos, las mujeres ocupan el 23,7% del total de los escaños parlamentarios; y en el sector privado, ocupan menos de una tercera parte de los puestos de dirección de nivel medio y alto[36].

Según el Departamento de asuntos económicos y sociales de Naciones Unidas, el pronóstico es que serán necesarios 300 años para terminar con el matrimonio infantil (en 2022, una de cada 5 mujeres fue casada siendo menor de 18 años); 286 años para cerrar la brecha en la protección de la igualdad y erradicar las leyes discriminatorias para las mujeres; y 140 años para conseguir el liderazgo igual de mujeres y hombres en los puestos de toma de decisiones[37]. Solamente el

---

33 https://www.unwomen.org/es/news/in-focus/women-and-the-sdgs/sdg-5-gender-equality (última consulta: 20 de mayo 2024).

34 *Ibídem.*

35 *Ibídem.*

36 *Ibídem.*

37 https://sdgs.un.org/goals/goal5 (última consulta: 21 de mayo 2024).

27% de los países del mundo cuenta con recursos y políticas adecuadas para la promoción de la igualdad para las mujeres[38].

Los datos confirman que es necesario seguir trabajando por y para la igualdad de las mujeres. No se trata de una narrativa "victimista", sino más bien de constatar los datos y confirmar que, aunque se han conseguido avances, queda mucho camino por recorrer.

Y en ese viaje, es necesario subrayar que se no se trata de reclamar prioridades sino más bien de mostrar que una sociedad en la que mujeres y hombres son tratados y protegidos en términos de igualdad redunda en una notable mejoría de esa sociedad, que se consolida como más integradora y más participativa.

La trayectoria recorrida confirma el compromiso de NNUU respecto a la igualdad de las mujeres, desde el momento de creación de la Organización, en 1945. Aunque cada etapa ha estado centrada en objetivos diferentes, la igualdad para las mujeres ha sido una referencia de todo el trabajo "onusiano".

3. LAS HERRAMIENTAS APROBADAS EN NACIONES UNIDAS PARA LA PROMOCIÓN DE LA IGUALDAD DE LAS MUJERES

Entiendo importante diferenciar en el trabajo onusiano, las herramientas jurídicas y las políticas, teniendo en cuenta no solo la diferente naturaleza de las mismas, sino las consecuencias que unas y otras tienen dentro del sistema jurídico y político de cada Estado.

3.1. Las herramientas políticas

En este ámbito, parece necesario subrayar la diferencia entre las herramientas que se han aprobado dentro del sistema de Naciones Unidas para consolidar la igualdad en su trabajo; de las herramientas aprobadas en el marco de las decisiones intergubernamentales.

---

[38] *Ibídem.*

En el primer caso, el sistema de Naciones Unidas cuenta desde enero de 2017, con una estrategia específica para la promoción de la igualdad en el staff y en el trabajo interno de la Organización[39]. Desde esa fecha, el Secretario General ha nombrado a 17 mujeres y 15 hombres, situando los datos en un 44% de mujeres y un 56% de hombres, que acerca los datos de nombramientos de alto nivel a la paridad. En el caso de las misiones de paz, se ha pasado de un 2% de mujeres en 2006 a un 25% en la actualidad.

En el gráfico que se muestra a continuación, puede verse cómo se mantienen los datos de sobre-representación de mujeres en puestos administrativos y de soporte técnico; y la infra-representación en los niveles directivos[40].

REPRESENTATION OF WOMEN IN THE UNITED NATIONS SYSTEM, BY LEVEL (AS OF 31 DECEMBER 2015)

47.3% P-1 to P-5

32.1% D-1 to UG

	Men	Women	%
UG*	216	81	**27.3%**
D-2	387	169	**30.4%**
D-1	1,135	573	**33.6%**
Sub Total	1,738	823	**32.1%**
P-5	4,062	2,289	**36.0%**
P-4	6,163	4,435	**41.9%**
P-3	5,506	4,557	**45.3%**
P-2	1,516	2,049	**57.5%**
P-1	72	115	**61.5%**
Sub Total	17,319	13,445	**43.7%**
Total	19,057	14,268	**42.8%**

A negative correlation exists between the representation of women and seniority–as grade levels increase, the proportion of women decreases. The sharpest declines occur between the P-2 and P-3, and P-4 and P-5 levels, with drops of 12.2 and 5.9 percentage points, respectively. Such decreases indicate there are blockages in the pipeline hindering the career advancement of women within the UN.

*Ungraded: Aggregate of senior leadership posts

---

39 https://www.un.org/gender/ (última consulta: 23 de mayo 2024). El detalle de la Estrategia puede consultarse en el siguiente link: https://www.un.org/gender/sites/www.un.org.gender/files/gender_parity_strategy_october_2017.pdf (útima consulta: 24 de mayo 2024).

40 *Ibídem.*

Aunque en ocasiones se ha argumentado el factor del tiempo de trabajo en la Organización y la continua no aplicación de políticas de igualdad durante muchos años, lo cierto es que el desequilibrio es aún una realidad y aunque los datos actuales muestran mejoras, queda todavía mucho reto pendiente, para la promoción de la igualdad de mujeres y hombres en Naciones Unidas.

La evolución de los datos varía en la Secretaría de la Organización y en los fondos y programas, siendo en el primer caso donde más grande se plantea la brecha de género.

La meta a conseguir propone la consecución de la paridad en 2026, salvo algunos ámbitos —como las misiones de paz— donde el plazo se extiende hasta 2028.

En todo caso, los últimos datos confirman que sólo cinco entidades del sistema alcanzan el objetivo de la igualdad, mientras 17 se encuentran en la franja entre el 40 y el 50% y 13 entidades no alcanzan el 40%:

REPRESENTATION OF WOMEN IN THE UNITED NATIONS SYSTEM, BY ENTITY (AS OF 31 DECEMBER 2015)

GENDER PARITY IS WITHIN REACH

While only 5 entities have achieved or exceeded overall gender parity at the Professional levels or higher (P-1 to UG), the majority are within 10 percentage points. Notwithstanding this, much progress remains at the individual levels. Each grade level, therefore, must be targeted and monitored independently.

Source: UN Women, 2016 Report on Status of Women in the United Nations System.

Sin embargo, el incremento automático o no del número de mujeres en los diferentes niveles de toma de decisiones, no ha sido la única medida aprobada.

Se ha realizado una revisión de las entidades y unidades del sistema onusiano que estaban trabajando por la igualdad de género. Como consecuencia, en Julio de 2010, la Asamblea general aprobó la resolución 64/289, por la que se crea ONU-Mujeres.

Con esta decisión, cuatro entidades quedan fusionadas en la nueva entidad:

- La División para el adelanto de las mujeres (DAW)
- El Instituto Internacional de investigaciones y capacitación para la promoción de las mujeres (INSTRAW)
- La Oficina de la Asesoría especial en cuestiones de género (OSAGI)
- El Fondo de desarrollo de las Naciones Unidas para las mujeres (UNIFEM)

Con este nuevo diseño, se pretende que el sistema pueda ser más coherente y eficaz en el trabajo de promoción de la igualdad para las mujeres.

Junto al incremento de mujeres en puestos directivos, y la revisión de las entidades del sistema trabajando por la igualdad, la Organización ha asumido un tercer factor y ha aprobado un plan de integración de la igualdad y la perspectiva de género en el trabajo de la organización, abarcando desde el plan inicial a los programas, alianzas, movilización de recursos y liderazgo. Las áreas de trabajo de los equipos de país están articuladas en torno a 15 indicadores de cumplimiento, que responden a tres niveles diferentes: cumplimiento mínimo; no cumplimiento mínimo; y cumplimiento mínimo superado de los objetivos.

Con esta herramienta, se ha actualizado el trabajo, tanto en la sede principal de la Organización, como en los equipos de país. Junto a ello, la necesidad de informar sobre el cumplimiento y utilización de los indicadores ha abierto la puerta a que la igualdad de mujeres y hombres sea una meta real en el trabajo de Naciones Unidas.

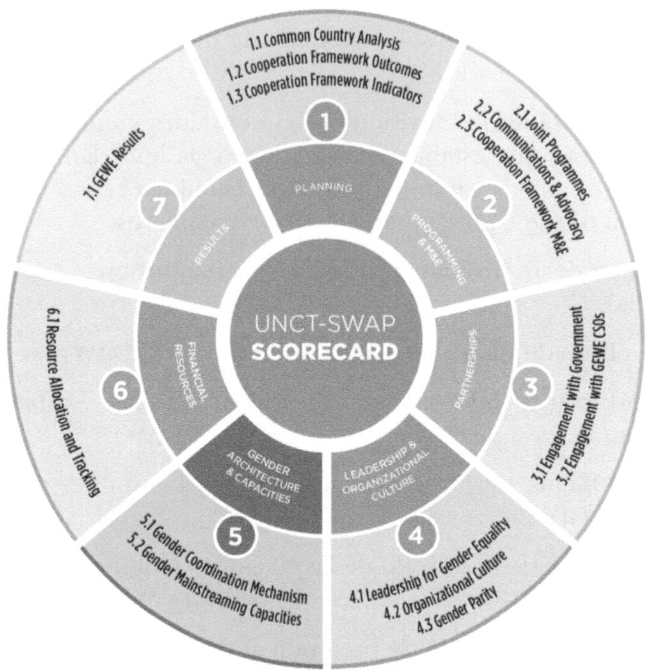

Fuente: UNCT-SWAP gender equality scorecard, 2023, p. 12.

Además de las herramientas aprobadas en el seno de la Organización, los Estados miembros han realizado también un importante esfuerzo para aprobar medios que promuevan la igualdad para las mujeres.

Las dos vías de trabajo han sido por una parte las resoluciones aprobadas en la Asamblea general, en el Consejo económico y social, y en el Consejo de Seguridad; y por otra, la celebración de las Conferencias mundiales, que sin duda han promovido un trabajo de incidencia y opinión pública importante, en la medida en que han influido en las políticas públicas aprobadas por los Estados en su ámbito interno.

Las Conferencias mundiales sobre las mujeres tienen su origen en el año 1975, declarado por la Asamblea general Año Internacional de las mujeres, en su resolución 3010 (XVII) de 1972[41]. Su celebración arranca con la celebración de la I Conferencia mundial sobre las mujeres, celebrada en 1975 en México DF (México)[42].

Una de las propuestas de la Conferencia fue la declaración del Decenio de las Naciones Unidas para las mujeres, que aprobó la Asamblea general cinco meses después de México, para el periodo 1976-1985.

Durante la Conferencia de México se identificaron tres objetivos para el Decenio:

1. La plena igualdad de género y la eliminación de la discriminación contra las mujeres
2. La integración y participación plena de las mujeres en el desarrollo
3. Una mayor contribución de las mujeres al fortalecimiento de la paz mundial.

Asimismo, se aprobó la creación del Instituto Internacional de investigaciones y capacitación para la promoción de las mujeres (INSTRAW); y el Fondo de desarrollo de las Naciones Unidas para las mujeres (UNIFEM), que como se ha dicho forman parte desde 2010 de la nueva entidad ONU-Mujeres.

En la I Conferencia, 113 de las 133 delegaciones que participaron estuvieron encabezadas por mujeres[43]; y tuvo lugar un foro paralelo de organizaciones no gubernamentales, que también aportaron sugerencias para el proceso de formulación de políticas de Naciones Unidas.

---

41 https://documents.un.org/doc/resolution/gen/nr0/791/32/pdf/nr079132.pdf?token=VfiEWdzGQ9WU4M1XYA&fe=true (última consulta: 21 de mayo 2024).

42 Todos los textos de los documentos aprobados por los Estados miembros en las 4 Conferencias mundiales celebradas fueron publicados por el Instituto de la mujer (Ministerio de Trabajo y Asuntos sociales), en versión castellano, en la serie Documentos n.26, Madrid 1999.

43 https://www.un.org/es/conferences/women/mexico-city1975 (última consulta: 21 de mayo 2024).

En 1980, cuando de cumplía la mitad del Decenio, se celebró la II Conferencia mundial, que tuvo lugar en Copenhague (Dinamarca). En este caso, quedó reconocido que había una disparidad importante entre el reconocimiento de derechos para las mujeres y su capacidad para hacerlos efectivos. Se identificaron tres áreas que reclaman especiales medidas: la igualdad en el acceso a la educación; la igualdad en el acceso a las oportunidades de empleo; y la igualdad en el acceso a servicios de salud adecuados.

En la misma línea, la III Conferencia mundial, celebrada en Nairobi (Kenia) en 1985, al concluir el Decenio de las mujeres, supuso una participación importante de las mujeres. Participaron más de 1900 delegados/as de 157 Estados; y más de 12000 personas participaron el foro paralelo de organizaciones no gubernamentales.

Durante la misma, se aprobaron las "Estrategias de Nairobi", con medidas y propuestas para concluir el siglo XX[44]. Los datos presentados en Kenia confirmaban que las mejoras observadas habían beneficiado solamente a algunos grupos de mujeres y por tanto era necesario buscar nuevos modos de superar los obstáculos para lograr los objetivos del Decenio: igualdad, desarrollo y paz.

Con esta finalidad, la III Conferencia propuso tres categorías básicas de medidas: constitucionales y legales; igualdad en la participación social, en la participación política y en la toma de decisiones; y la necesidad de integrar la igualdad en todas las áreas de la vida social.

La Asamblea general aprobó en 1990 y 1991 las resoluciones 45/129 y 46/98[45] respectivamente, sobre la implementación de las estrategias de Nairobi, y recomendó la celebración de la IV Conferencia mundial, que finalmente se celebró en Pekín (China) en septiembre de 1995.

Sin ninguna duda, la Conferencia de Pekín marcó un punto de inflexión en las políticas de igualdad, que fueron consensuadas en el documento final por los 189 países que participaron. El empode-

---

44 https://www.un.org/es/conferences/women/nairobi1985 (última consulta: 21 de mayo 2024).

45 Los textos de las resoluciones pueden encontrarse en la página web institucional de Naciones Unidas: www.un.org.

ramiento de las mujeres y las niñas, la integración de la igualdad de modo transversal en todas las políticas públicas, la conciliación de responsabilidades personales y profesionales, la situación de las mujeres en conflictos, o la situación de las niñas fueron algunas de las áreas analizadas, que quedaron integradas con objetivos concretos en la denominada Plataforma de acción de Pekín[46].

Después de la IV Conferencia ha habido intentos de reiterar las convocatorias, pero en la línea estratégica de los Estados, de no aprobar nuevos compromisos, no se han llevado a cabo. Sin embargo, se convocó en 2000 una sesión extraordinaria de la Asamblea General para evaluar la aplicación de la Plataforma de Pekín. En 2005, 2010, 2015, 2020 y 2025, los aniversarios de la IV Conferencia mundial se han celebrado en el marco de la Comisión de las mujeres (CSW), que es una comisión funcional del Consejo económico y social.

Las Conferencias han promovido acuerdos políticos para la promoción de la igualdad y sin duda, han supuesto un instrumento de incidencia en numerosos países. Sin embargo, la hoja de ruta en materia de desarrollo, marcada por los Objetivos del milenio en 2000 y por los Objetivos de desarrollo sostenible en 2015, han unificado muchos de los compromisos aprobados en las Conferencias mundiales, convocadas en la década de los 90, en diferentes áreas.

Junto a las Conferencias mundiales, se mencionaba anteriormente la aprobación de resoluciones en algunos de los órganos principales de Naciones Unidas. Por razones de espacio y tiempo, no resulta posible analizarlas todas.

Solamente recordaré que, en el marco de la Asamblea general, las resoluciones se negocian y aprueban en el marco de los derechos humanos, lo cual refuerza el mensaje de proteger el ejercicio de los derechos por parte de las mujeres. Y en el caso del Consejo de seguridad, resulta especialmente importante la resolución 1325 (2000), que rompió la tradición del Consejo de incluir en su agenda decisiones respecto a la situación de los países, pero no respecto a temas sustantivos o grupos de personas. La situación de mujeres y niñas en

---

46 El texto completo del documento en castellano puede encontrarse en la publicación citada en la nota n.42 de este trabajo.

conflictos, motivó la convocatoria de un debate en el Consejo sobre este tema, fruto del cual se pudo negociar la resolución 1325 (2000), que ha sido seguida de algunas resoluciones reforzando algunas de las propuestas de aquélla.

3.2. Las herramientas jurídicas

En el análisis de la evolución del tratamiento de la igualdad se han mencionado algunos de los textos jurídicos aprobados en el seno de Naciones Unidas para promocionar la igualdad de mujeres y hombres. Todos ellos han contribuido no solo a la consolidación de una normativa internacional para garantizar el ejercicio de los derechos humanos por parte de las mujeres, sino también a la revisión de las legislaciones estatales para ajustar la protección de la igualdad.

Sin embargo, de todos estos instrumentos jurídicos, resulta especialmente central para nuestro análisis, el Convenio para la eliminación de todas las formas de discriminación contra las mujeres (CEDAW[47]) y su protocolo opcional.

El Convenio, cuya redacción se inicia en 1972 y es aconsejada durante la I Conferencia mundial de México[48], fue aprobado por la resolución 34/180 de la Asamblea general de Naciones Unidas, el 18 de diciembre de 1979, entrando en vigor el 3 de septiembre de 1981. 130 países votaron a favor, ninguno en contra y 10 se abstuvieron. Actualmente 189 Estados de los 193 que forman la Organización, han ratificado el Convenio.

El contenido del texto resulta bastante básico: 30 artículos estructurados en un preámbulo y seis partes. Las cuatro primeras dirigidas al reconocimiento de derechos, la quinta relativa al Comité que ana-

---

[47] CEDAW es el acrónimo con el que se conoce el Convenio, que obedece al nombre del mismo en inglés: *Convention on elimination of discrimination against women.*

[48] P. Durán y Lalaguna, *Convenio sobre eliminación de todas las formas de discriminación contra las mujeres. Protocolo opcional y recomendaciones del Comité,* Olejnik ed., Santiago de Chile 2023.

lizará los informes de los Estados, y la última parte destinada a los criterios básicos de firma y ratificación del Convenio.

En la parte sustantiva, quisiera tener en cuenta tres novedades normativas que el Convenio trajo consigo y que han tenido un indudable impacto en la protección de los derechos y libertades para las mujeres. En primer lugar, la definición de discriminación contra las mujeres (artículo 1 del Convenio); en segundo lugar, las obligaciones y responsabilidades del Estado en materia de igualdad (artículo 2 del Convenio); y, en tercer lugar, la propuesta de las denominadas "medidas especiales de carácter temporal" (artículo 4 del Convenio).

Esto no implica que los demás artículos sean de menor importancia, pero desde el punto de vista de la novedad normativa, entiendo que estos tres artículos merecen consideración aparte[49].

Respecto al artículo 1, resulta significativo que defina por primera vez la discriminación contra las mujeres, en los siguientes términos: *A los efectos de la presente Convención, la expresión discriminación contra la mujer denotará toda distinción, exclusión o restricción basada en el sexo que tenga por objeto o resultado menoscabar o anular el reconocimiento, disfrute o ejercicio de la mujer, independientemente de su estado civil, sobre la base de la igualdad del hombre y la mujer, de los derechos humanos y las libertades fundamentales en las esferas política, económica, social, cultural, civil o en cualquier otra esfera.*

Esto implica que la discriminación incluye la distinción, es decir un trato diferente; la exclusión, considerando ésta como una discriminación explícita; y la restricción, que implica una limitación o recorte de posibilidades.

La discriminación puede darse bien por objeto —en cuyo caso nos encontraríamos en supuestos de discriminación directa— o bien por resultado —en cuyo caso, se trataría de supuestos de discriminación indirecta, en los que aún bajo la apariencia de medidas neutras, los resultados de las mismas pueden ser negativos para las mujeres.

En todo caso, el mismo artículo identifica los casos de discriminación con aquellos hechos que menoscaben o anulen los derechos

---

49 P. Durán y Lalaguna, *Convenio sobre eliminación (...)*, cit., pp. 36 ss.

y libertades para las mujeres, tanto en el caso de violación, como en aquellos casos en los que los derechos y libertades no son respetados total o parcialmente.

La discriminación puede afectar a la esfera política, económica, social, cultural, civil o cualquier otra. Y siempre, será considerada una situación contraria a la igualdad.

Aunque el contenido del artículo 1 puede resultar casi obvio, resulta importante que figure como la primera disposición de uno de los Convenios internacionales con mayor número de Estados que lo han ratificado. No sólo por las consecuencias jurídicas que lleva consigo la ratificación del Tratado, sino también por las repercusiones en las legislaciones de ámbito nacional.

Junto a la definición de la discriminación contra las mujeres, el artículo 2 del Convenio especifica de modo detallado las obligaciones de los Estados.

En primer lugar, los Estados se obligan a consagrar en las constituciones nacionales y en la legislación apropiada el principio de la igualdad de mujeres y hombres, asegurando por ley o por otros medios apropiados la realización práctica de este principio. No analizaré por razones obvias el concepto de principio y las distinciones posibles con la igualdad como valor superior del ordenamiento jurídico[50], pero entiendo que la redacción del artículo 2 del Convenio aporta una especificación detallada de las obligaciones estatales, que incluye las siguientes medidas.

En primer lugar, consagrar en el ámbito constitucional la legislación apropiada para garantizar la igualdad, adoptando medidas para prohibir la discriminación contra las mujeres y las correspondientes sanciones en caso de no hacerlo. En segundo lugar, establecer la pro-

---

[50] Sobre el particular, el artículo de Rubio Llorente que aún redactado hace muchos años, da buena cuenta de lo que significa el principio de igualdad: F. Rubio Llorente, *La igualdad en la jurisprudencia del Tribunal Constitucional, Revista Española de Derecho Constitucional,* Año 11. Núm. 31. Enero-Abril 1991, pp. 9 ss. Cfr. también P. Gónzalez Trevijano, *Los principios de igualdad y no discriminación. Una perspectiva de Derecho comparado,* Servicio de estudios del Parlamento europeo, Bruselas 2020.

tección jurídica del ejercicio de los derechos para las mujeres, en condiciones de igualdad respecto a los hombres. Consecuentemente, en tercer lugar, abstenerse de incurrir en todo acto o práctica de discriminación contra las mujeres y velar porque las autoridades e instituciones públicas actúen de conformidad con esta obligación. En cuarto lugar, tomar las medidas adecuadas para eliminar la discriminación contra las mujeres practicada por cualquier persona, organización o empresa. En quinto lugar, adoptar todas las medidas adecuadas para modificar o derogar leyes, reglamentos, usos o prácticas que puedan constituir una discriminación contra las mujeres. Y por último, derogar todas las disposiciones penales nacionales que constituyan discriminación contra las mujeres.

Posteriormente, en 2010, el Comité del CEDAW aprobó la recomendación n.28, que especifica el sentido de la no discriminación del artículo 2, señalando la diferencia entre sexo y género; y subrayando que el Convenio implica la erradicación de la discriminación contra las mujeres en "todas sus formas", lo que queda vinculado al contenido del artículo 3 que hace referencia a "todas las esferas", abarcando tanto las acciones como las omisiones por parte del Estado[51].

Por último, en lo que se refiere a las novedades normativas mencionadas, junto a la definición de discriminación y a las obligaciones estatales para garantizar la no discriminación, el artículo 4 introduce la fórmula de las llamadas "medidas especiales de carácter temporal", cuya naturaleza jurídica ha sido discutida. No tanto por lo que significa lo que tradicionalmente se han conocido como medidas de "discriminación positiva", sino por la interpretación variada que han hecho de la figura los ordenamientos jurídicos de tradicional continental y de tradición anglosajona.

El texto del Convenio, establece que *La adopción por los Estados Parte de medidas especiales de carácter temporal encaminadas a acelerar la igualdad de facto entre mujeres y hombres no se considerará discriminación, pero de ningún modo entrañará, como consecuencia, el mantenimiento de normas*

[51] El texto de la recomendación puede encontrarse en P. Durán y Lalaguna, *Convenio (...)*, op. cit., p. 198 ss.

desiguales o separadas; cesarán cuando se hayan conseguido los objetivos de igualdad de oportunidad y trato. Y asimismo establece que *las medidas de protección de la maternidad no se considerarán discriminatorias.*

El Convenio no especifica el tipo de medidas, ni hace mención expresa de “acciones positivas” o de “discriminación positiva” sino que menciona las “medidas especiales de carácter temporal”. En algunos casos, los Estados las han identificado con el sistema de cuotas y en otros casos, han remitido a planes de políticas públicas. Ante la diversidad de interpretaciones y lecturas, el Comité adoptó en 2005 la recomendación n. 25, que especifica el sentido y naturaleza de las medidas especiales[52].

De dicha recomendación pueden deducirse las características de estas medidas, que serán las siguientes:

1. Deben ser temporales, dirigidas a conseguir un fin determinado y por ello cuando se consiga la finalidad que les da vida, dejará sin efecto la medida.

2. Son medidas especiales, no por el grupo al que se dirigen que son las mujeres, cuanto por el fin que se persigue, que es la consecución de la igualdad. Por tanto, lo que perfila su “especialidad” es el resultado buscado y no tanto el grupo al que se dirigen.

3. Que se utilice el término “medidas” implica que pueden considerarse como tales, todo tipo de actos aprobados, política o legalmente, en cualquier sector y con diferente naturaleza, sea jurídica o política. Lo que significa que dichas medidas se entienden en términos amplios y nunca identificadas con una herramienta concreta.

La especificación de lo que significan las medidas especiales se incluye en el mismo artículo del Convenio en el que expresamente se señala que la protección de la maternidad no podrá considerarse discriminatoria para los hombres, subrayando de algún modo la función social de la maternidad reconocida en algunas legislaciones occidentales.

---

52 *Ibídem.*, p. 159 ss.

En todo caso, el contenido del Convenio, además de las novedades mencionadas, reconoce el ejercicio de los derechos para las mujeres en términos de igualdad con los hombres, proponiendo un elenco detallado de los diferentes derechos y libertades cuya titularidad —como se ha señalado en este texto recurrentemente— es universal, pero reclama algunas divergencias en el ejercicio de los mismos.

El texto del Convenio, incidiendo en la responsabilidad de los Estados para garantizar la igualdad y la no discriminación, quedó completada 20 años después, con la aprobación del Protocolo opcional a la CEDAW.

El Protocolo incluye dos nuevos procedimientos de actuación: el procedimiento de comunicaciones y el procedimiento de investigación.

En éste último caso, el Protocolo prevé la opción de que el Comité del CEDAW, de oficio, pueda iniciar una investigación en casos en los que hay indicios fundados de que un Estado no está respetando el contenido del Convenio y como consecuencia, pueda darse la restricción o violación de los derechos contenidos en el mismo.

En el caso del procedimiento de comunicaciones, el Protocolo abre la vía para que personas individuales o grupos de personas puedan presentar comunicaciones al Comité, en los casos en los que un Estado haya podido restringir, limitar o violar alguno de los derechos y libertades reconocidos en el Convenio.

El Protocolo recoge las condiciones de admisibilidad de las comunicaciones y también los criterios de confidencialidad del procedimiento, toda vez que el procedimiento no podrá ser considerado como una vía jurisdiccional "oficiosa", paralela a la vía ordinaria establecida en cada ordenamiento jurídico.

En los procedimientos tramitados hasta el momento, el Comité se ha manifestado a favor de quien ha presentado la comunicación en la mayor parte de los casos, después de haber confirmado el agotamiento de los recursos internos, antes de tramitar el inicio del procedimiento[53].

---

[53] Sobre el particular, cfr. P. Durán, op. cit., p. 82 ss.

Entiendo importante señalar que la aprobación del Convenio, en 1979, se llevó a cabo hace más de 40 años y, por tanto, el Protocolo de algún modo salva la actualidad del Convenio, permitiendo asumir situaciones relativas al ejercicio de los derechos y libertades para las mujeres, que quizás no estaban presentes en el momento de la aprobación del Convenio.

4. DERECHOS Y POLÍTICAS PÚBLICAS

El análisis llevado a cabo hasta ahora permite abrir la conversación sobre la eficacia de las medidas jurídicas y políticas para la promoción de la igualdad para las mujeres.

En la mayor parte de las sociedades de tradición jurídica continental hay una cierta tendencia a considerar que el reconocimiento de derechos implica una mayor protección jurídica y como consecuencia, una garantía de la igualdad para todas las personas. Sin embargo, los hechos demuestran que especialmente en el caso de los derechos sociales, su reconocimiento requiere unas políticas públicas adecuadas que permitan garantizar su implementación, con voluntad política y con recursos financieros adecuados.

Especialmente en el caso de los derechos sociales, el nacimiento del Estado del bienestar remite a la promulgación de la *New poor Law* en Reino Unido en 1834, aprobada con el objetivo de establecer un sistema de apoyo a los trabajadores más necesitados. Tuvieron que pasar 50 años, para aprobar en Europa los primeros sistemas estatales de previsión social, que, durante la Alemania de Bismarck, concretamente en 1883, cambiaron sustancialmente el planteamiento británico. Si éste pretendía apoyar a las personas trabajadoras más vulnerables, Alemania pretendía instaurar el denominado *principio contributivo*[54].

Por esta vía, se inició en Europa un proceso de intervención estatal, que ha ido ampliándose no sólo al ámbito laboral sino a las

---

54 P. Durán y Lalaguna, *Derechos sociales (Coincidencias y diferencias)*, Tirant lo Blanch, Valencia 2013.

prestaciones de los llamados derechos sociales, y más concretamente en lo que se refiere al acceso a la educación, a la salud y al empleo.

Ciertamente la igualdad para las mujeres no arranca sólo en el ámbito social, sino más bien con los reclamos de reconocimiento de derechos civiles y políticos y más concretamente con el reconocimiento del derecho al voto para las mujeres, que ha tenido trayectorias muy distintas en cada uno de los países europeos[55].

Sin embargo, los reclamos de la igualdad y la no discriminación van mucho más allá del reconocimiento de los derechos civiles. Estos han facilitado la participación de las mujeres en las tomas de decisiones en la vida pública, pero tanto las propuestas jurídicas como políticas de Naciones Unidas han promovido la transversalidad de la igualdad en todas las esferas de la vida.

Como se ha mostrado, las propuestas del Convenio CEDAW integran la igualdad no solo como un principio o una aspiración, sino como una obligación de todos los Estados. Ahora bien, dicha obligación se ha llevado a cabo de modos muy diversos.

En algunos países se ha optado por las políticas públicas de igualdad, a través de Planes y programas ambiciosos, con recursos financieros para llevarlos a cabo. En otros países, sin embargo, la opción ha estado enfocada en el reconocimiento de derechos, que ha generado múltiples lecturas de los términos en los que deba entenderse la igualdad.

El argumento ya utilizado sobre la titularidad y el ejercicio de los derechos no es baladí. La titularidad de los derechos es por definición, universal y el sujeto de derechos es el ser humano, sea mujer o sea hombre. Ahora bien, esa titularidad universal puede ofrecer diferencias en el ejercicio de los derechos, teniendo en cuenta las particularidades de cada sujeto. Lo que implicaría no tanto el reconocimiento de derechos nuevos o diferentes, sino la constatación de modos diversos de ejercitarlo[56].

---

55 Sobre el proceso en España: J.M. Gil Ruíz, *Las políticas de igualdad en España: avances y retrocesos,* Universidad de Granada, 1996.

56 A. Ventura & S. García Campá, *El nuevo concepto de igualdad efectiva de mujeres y hombres en el ordenamiento jurídico español. Su aplicación en el ámbito laboral*

En términos similares se ha planteado el debate sobre las medidas de acción positiva, no siempre identificada con la discriminación positiva y con las cuotas. En algunos casos, se ha apelado a una fórmula única con carácter universal, pero en la práctica, cada sociedad tiene su propia trayectoria histórica, cultural, social, jurídica y política. Y esa idiosincrasia promueve la necesidad de considerar las medidas necesarias en cada caso, sin pretensiones universales.

En la misma línea de argumentación, el debate entre reconocimiento de más derechos o aprobación de políticas públicas tampoco está resuelto. Ha habido sociedades en las que la situación de desequilibrio de mujeres y hombres ha reclamado medidas de "choque" o medidas más radicales, para corregir la situación de desigualdad. En otros casos, la consolidación de políticas públicas para la promoción de la igualdad, prolongadas en el tiempo, no ha planteado como necesario recurrir a las herramientas jurídicas.

Precisamente esta variedad o pluralidad en los modos de responder a las necesidades de cada grupo social confirma que el feminismo no es un movimiento social homogéneo, sino que ha tenido sus orígenes, desarrollo y consolidación de formas muy diferentes. Todas ellas sobre el fundamento de un objetivo común que ha sido la movilización social para promover la igualdad de mujeres y hombres.

En este contexto, el modo de determinar cuál sería el indicador de la eficacia del movimiento es —como sucede en tantos otros campos— el impacto en las personas. Y de ahí que lo que deba cuestionarse no es tanto si los recursos a los derechos o a las políticas públicas son los mejores instrumentos, sino más bien qué hace que una sociedad pueda ser mejor, en cuanto que mejora la igualdad de mujeres y hombres.

La variedad y pluralidad de los medios, de la idiosincrasia, o de las circunstancias culturales e históricas, o políticas y jurídicas de cada sociedad no es sino una muestra de la diversidad de la sociedad humana. En esa diversidad, la cuestión a responder es qué hace mejor

---

a través de las acciones positivas y la corresponsabilidad, Revista Internacional y Comparada de Relaciones Laborales y Derecho del empleo, vol. 9, n. 2, 2021.

a una sociedad o en su caso, qué produce una mejora de la igualdad de mujeres y hombres en un grupo social.

No resulta injusto atribuir a Naciones Unidas un importante trabajo de promoción de la igualdad, que ha condicionado las decisiones de los Estados miembros en sus ámbitos domésticos. Pero tampoco puede omitirse que Naciones Unidas es una Organización inter-gubernamental y como consecuencia, las decisiones aprobadas en su seno son fruto de la negociación y el acuerdo de sus Estados miembros. Lo que confirma que ha habido un claro apoyo desde los diferentes países para promover una igualdad de mujeres y hombres, injustamente maltratada en muchas sociedades.

En este sentido, el movimiento social feminista ha mostrado una realidad: la mejora de la igualdad de mujeres y hombres beneficia a toda la sociedad; la hace más inclusiva y, en definitiva, mejor, porque la igualdad refleja un tratamiento respetuoso con la realidad social, de la que forman parte seres humanos, mujeres y hombres.

BIBLIOGRAFÍA

Obras de autores/as:

Aristófanes, *La Asamblea de las mujeres,* Madrid, Cátedra 2020.

Badran, M., *Feminismo en el Islam,* Madrid, Cátedra 2012.

J. Ballesteros, *Postmodernidad: decadencia o resistencia,* Madrid, Tecnos 1989.

Durán y Lalaguna, P., *Las Naciones Unidas y la igualdad de oportunidades de mujeres y hombres,* United Nations International Research and Training Institute for the advancement of women (INSTRAW), 2005.

Durán y Lalaguna, P., *Sobre el género y su tratamiento en las Organizaciones Internacionales,* Madrid, Eiunsa 2007.

Durán y Lalaguna, P., *Derechos sociales (Coincidencias y diferencias),* Tirant lo Blanch, Valencia 2013.

Durán y Lalaguna, P., *Convenio sobre eliminación de todas las formas de discriminación contra las mujeres. Protocolo opcional y recomendaciones del Comité,* Olejnik ed., Santiago de Chile 2023.

Durán y Lalaguna, P., *Medidas especiales de carácter temporal. Una lectura del artículo 4 de la CEDAW,* en la monografía editada por Ana Gemma López

Martín, *La igualdad de la mujer en el siglo XXI: realidad o utopía,* Madrid, Dykinson 2024, pp. 41 ss.

Gil Ruíz, J.M., *Las políticas de igualdad en España: avances y retrocesos,* Universidad de Granada, 1996.

Gónzalez Trevijano, P., *Los principios de igualdad y no discriminación. Una perspectiva de Derecho comparado,* Servicio de estudios del Parlamento europeo, Bruselas 2020.

Instituto de la mujer (Ministerio de Trabajo y Asuntos sociales), *Conferencias mundiales de Naciones Unidas sobre las mujeres,* serie Documentos n.26, Madrid 1999.

Pizan, C. de, *La ciudad de las damas,* Madrid, Siruela 2024.

Romilly, J. de, *Los fundamentos de la democracia,* Madrid, Cupsa 1975.

Rubio Llorente, F., *La igualdad en la jurisprudencia del Tribunal Constitucional, Revista Española de Derecho Constitucional,* Año 11. Núm. 31. Enero-Abril 1991, pp. 9 ss..

Varios autores, *Sustainable development goals (Goal 5: gender equality),* NNUU & Thomson Reuters, 2019.

Saleh, W., *Feminismo e Islam. Una ecuación imposible,* Sevilla, El Paseo editorial 2022.

Ventura, A. & García Campá, S., *El nuevo concepto de igualdad efectiva de mujeres y hombres en el ordenamiento jurídico español. Su aplicación en el ámbito laboral a través de las acciones positivas y la corresponsabilidad,* Revista Internacional y Comparada de Relaciones Laborales y Derecho del empleo, vol.9, n.2, 2021

Recursos telemáticos:

- https://www.rfi.fr/es/cultura/20210410-el-c%C3%B3digo-civil-franc%C3%A9s-la-obra-maestra-de-napole%C3%B3n (última consulta, 20 de mayo 2024)
- www.un.org (Oficina del Alto Comisionado para los derechos humanos)
- https://www.unwomen.org/es/about-un-women (última consulta: 10 de enero 2024)
- https://www.unwomen.org/es/news/in-focus/women-and-the-sdgs/sdg-5-gender-equality (última consulta: 20 de mayo 2024)
- https://sdgs.un.org/goals/goal5 (última consulta: 21 de mayo 2024)

- https://www.un.org/gender/ (última consulta: 23 de mayo 2024). https://www.un.org/gender/sites/www.un.org.gender/files/gender_parity_strategy_october_2017.pdf (útima consulta: 24 de mayo 2024)
- https://documents.un.org/doc/resolution/gen/nr0/791/32/pdf/nr079132.pdf?token=VfiEWdzGQ9WU4M1XYA&fe=true (última consulta: 21 de mayo 2024)
- https://www.un.org/es/conferences/women/mexico-city1975 (última consulta: 21 de mayo 2024)
- https://www.un.org/es/conferences/women/nairobi1985 (última consulta: 21 de mayo 2024)
- www.un.org

Resoluciones y textos de Naciones Unidas:

- Documento de Naciones Unidas A/PV.29, 12 de febrero de 1946, *Carta abierta a todas las mujeres del mundo.*
- Resolución A/RES/46(I) de 11 de diciembre de 1946.
- Resolución ECOSOC, E/RES/122 G (VI), de 1 de marzo de 1948.
- Resolución ECOSOC, E/RES/121 (VI), de 10 de marzo de 1948.
- Resolución AG A/RES/2220 A (XXI), de 16 de diciembre de 1966.
- Resolución AG A/RES/2263 (XXII), de 7 de noviembre 1967.
- Resolución AG A/RES/3010 (XXVII), de 18 de diciembre de 1972.
- Resolución AG A/RES/180 (XXXIV), de 18 de diciembre de 1979.
- Resolución AG A/55/L.2, de 13 de septiembre de 2000.
- Resolución AG 70/1, 25 de septiembre de 2015.

El aprendizaje de la igualdad consolida la democracia[*]

REMEDIO SÁNCHEZ FERRIZ
Catedrática de Derecho Constitucional
Universitat de Valencia

SUMARIO: 1. PRECISIONES PREVIAS. 2. LA DEMOCRACIA NO SE CONSOLIDA ESPONTANEAMENTE. 3. RIESGOS ACTUALES Y NECESIDAD DE ASENTAR LAS RAICES DEL PENSAMIENTO EUROPEO. 4. LA EDUCACIÓN EN LOS VALORES CONSTITUCIONALES ES EDUCAR EN IGUALDAD Y LIBERTAD. 5. REFLEXIONES FINALES. BIBLIOGRAFÍA.

1. PRECISIONES PREVIAS

El director de esta obra y de las Jornadas de las que la misma trae causa conoce bien el tema de la enseñanza y sus repercusiones a largo plazo. Supongo que tal es la razón por la que, en un Congreso dedicado a afianzar las igualdades desde la perspectiva del autogobierno, me asignó la ponencia referida al sentimiento constitucional como base de la consolidación democrática. No en vano, podrán ser muchas las políticas sociales que se lleven a cabo, pero él sabe bien que solo enseñando (o, en términos de Zagrebelsky[1]) *aprendiendo* democracia es como esta llega con el tiempo a ser el modo de vida que Burdeau consideraba propio de la misma.

---

* Dedicado a la Cátedra de Educación Constitucional de Murcia, creada y encabezada por Francisco García Costa.

1 Zagrebelsky, G. (2007), *Imparare democrazia.* Torino, Einaudi.
Recientemente Durbán Martín, I. (2022). La Constitución, una signatura pendiente. *Teoría y Derecho: revista de Pensamiento Jurídico,* (32), 240 y ss., ha hecho un espléndido trabajo sobre la misma poniendo de relieve el acierto de la primera propuesta gubernamental y su posterior debilitación en el debate parlamentario.

Muchos son los países que se autodenominan democráticos, pero pocos los que practican la vida democrática con todas sus consecuencias entre las que se hallan, la lealtad institucional, el reconocimiento y garantía de los derechos… pero de los derechos entendidos como los ajenos que hemos de respetar, y no solo como los propios que son los demás los que nos los han de respetar.

Como no podía ser de otro modo, comienzo precisando lo que entiendo que es realmente la igualdad porque, también en esta como en tantos otros conceptos básicos del Derecho Constitucional, suelen cometerse errores que por la sola inercia de los usos universitarios en los que se cita y recita muchas veces lo mismo, lo hacemos sin comprobación directa de aquello que mencionamos.

Siempre se habla del derecho a la igualdad, aunque yo prefiero hablar del principio de igualdad sin que ello reste fuerza alguna a la misma, sino que, al contrario, siendo uno de los valores superiores del ordenamiento jurídico, trasciende a todo él, sin distinción de ámbitos o de sujetos[2].

Porque, bien entendido, lo que la Constitución protege es el derecho a ser diferentes como realmente somos las personas sin que podamos evitarlo (negros, blancos, asiáticos, altos bajos, saludables, enfermos, mayores y jóvenes, etc) pero también sin que de ello deriven diferencias injustificadas de tratamiento. O dicho de otro modo, se trata del derecho a no ser discriminados ni por la ley ni en la aplicación a cada uno que de la misma se haga. Y, caso de ser tratados de modo diferente, que ello acontezca con la debida y suficiente argumentación justificativa. No en vano el TC ha repetido muchas veces que la igualdad no es un derecho autónomo sino relacional y yo añadiría "en relación con todos los demás derechos sin excepción, tal como siempre he sostenido mediante un gráfico que, contenién-

---

2 Aunque la idea ya es vieja en mi caso, recientemente la he retomado haciendo uso de un esquema en el que la igualdad aparece como un velo que cubre por igual a todo el sistema constitucional de derechos y libertades. Cfr. *Estudio sobre las libertades públicas en nuestro ordenamiento constitucional (La voz de la sociedad civil)*. Valencia, Tirant, 2023, p. 184.

dolos todos, queda cubierto por una especie de velo que representa la igualdad[3].

En el caso español no podemos ignorar la excesiva atención que se ha prestado a la diferenciación y consiguiente protección de la mujer sobre el hombre. Ello en sí mismo era una deuda histórica de cuya reivindicación nada cabe reprochar; aunque las más recientes distinciones en torno a la idea de género han podido producir alguna que otra confusión en la que no voy a entrar no sin antes dejar constancia de mis dudas sobre si, respecto de la mujer, han supuesto un paso adelante o hacia atrás. Pero en todo caso, el principio de igualdad es mucho más y en España lo es tanto para las personas como para los territorios que la conforman, cuestión, esta última que hoy se halla entredicha a raíz de la presentación por el PSOE de una proposición de ley de amnistía ante el Congreso pensada exclusivamente para Cataluña.

2. TODO ESTADO CONSTITUCIONAL REQUIERE CONSOLIDARSE, EN ESPECIAL, EN SUS PILARES DOCTRINALES

Al Estado constitucional no le basta con constituirse[4], sino que ha de consolidarse y pervivir, para lo que deberán concurrir una serie de requisitos o exigencias, pues su consolidación no se logra por la sola redacción de un texto fundamental. El Estado Constitucional requiere del continuo o cotidiano cumplimiento de algunas exigencias mínimas, al menos dos.

En la base, y como punto de partida que debe seguir respetándose en todo momento, se requiere el pluralismo y, siempre, al final de cada proceso, la responsabilidad como garantía de la igualdad y de la libertad, así como del normal funcionamiento de las instituciones (no cabe en el Estado Constitucional el acto inmune, irresponsable,

---

3 *Ibidem.*

4 Hesse, K. (1983). *Escritos de Derecho Constitucional.* Madrid: Centro de Estudios Políticos y Constitucionales, 70: "Verdad es que por sí sola (la Constitución jurídica) no realiza nada sino que únicamente plantea una tarea".

que diera lugar a desigualdad y privilegios cuando no al abuso del poder y a la arbitrariedad prohibida por el art. 9.3 CE)[5].

En este mismo sentido, Aragón se refiere a algún otro aspecto que él llama "consecuencias del Constitucionalismo", a las que yo me permitiría aludir aquí también con la idea de "exigencias", porque sin alguna de ellas es muy difícil que un Estado Constitucional de nuestros días se consolide y sea capaz de conjurar todos los riesgos de que quede en simples y buenas intenciones los mandatos de una constituyente democrática. En efecto, para Aragón[6], el constitucionalismo requiere, en primer lugar, de una *cultura constitucional*:

> "La educación constitucional o, si se quiere, la cultura política democrática se presenta como la condición necesaria para la consolidación del constitucionalismo"[7].

En segundo lugar, también exige

> "una actitud, un modo de hacer política que obliga a los hombres públicos a aceptar las reglas del juego".

Aunque no basta tal constitucionalización de la política para Aragón; ha de alcanzar, asimismo, a *la cultura jurídica* o, dicho de otro modo, a los profesionales del Derecho[8]. La idea, por lo demás se halla bastante generalizada. Así en el caso de Balaguer[9]: "La penetra-

---

5 Sánchez Ferriz y Rollnert, 2022, 113. Justamente el último debate que se vive en España en forma muy polémica es la posibilidad de que se conceda la amnistía a personas concretas cuyo punto de unión no es otro que haber contravenido el ordenamiento constitucional con la comisión de no pocos tipos que se hallan bien definidos en el CP y en cuyo perdón u olvido no entrarían a ser contemplados más que ese concreto grupo situado en Cataluña.

6 Aragón Reyes, M. (1989) *Constitución y Democracia.* Madrid, Tecnos.

7 Haberle llega mucho más lejos al afirmar que junto a los tres elementos constitutivos del Estado debe añadirse con el mismo carácter un cuarto cual es la cultura (1998, 4 y ss.).

8 Häberle (1998, 3) también en este aspecto va mucho más allá. La Constitución no es solo para los profesionales sino para todo ciudadano

9 Balaguer Callejón, F. (2019) La Constitución en el tiempo de las redes sociales, en *La Constitución de los españoles. Estudios en homenaje a Juan José Solozábal.* Madrid, CEPC, p. 167.

ción de los partidos en todos los ámbitos institucionales, por ejemplo (incluso en los que deben estar por su propia naturaleza al margen de los partidos) no es un defecto de la constitución, sino un problema específico de la configuración de la cultura política en España". También de algún modo, sin negar la crisis y aun criticándola, Blanco Valdés[10] explica la situación actual a partir de un análisis histórico que permite entender las dificultades de los partidos. Sin embargo, los niveles de partidismo alcanzados en los ultimísimos años exceden con mucho las dificultades habituales y plantean serias dudas sobre su legitima actuación.

En tercer lugar, se exige una capacidad evolutiva por parte de los textos constitucionales que permita *mantenerlos vivos y ajustados a la realidad social cambiante*, no solo a través de reformas formales de los mismos, también a través de técnicas de interpretación constitucional (a ella se refiere Häberle ampliando mucho la idea de los intérpretes más allá de los profesionales del Derecho por entender que también es función de la ciudadanía defender el sistema). Zagrebelsky prefiere, en esta misma línea de pensamiento, subrayar la idea del *espíritu* constitucional democrático[11]. Este es el único que se retroalimenta por sí solo[12] Y, sin embargo, tras décadas de régimen democrático solo se ha llegado a la apatía y el hartazgo[13]. La ciudadanía no acaba de ver el interés de sus representantes en cumplimentar los mandatos constitucionales y en hacer realidad el principio de igualdad.

Me permito por mi parte insistir en la *responsabilidad que en especial incumbe hoy a los partidos políticos: el Estado Constitucional no puede convertirse en servidor de los intereses partidistas pues dejaría de serlo.* No basta tener una Constitución ni que existan varios partidos; del com-

---

[10] Blanco Valdés, R. L. (2015) La caída de los dioses: de los problemas de los partidos a los partidos como problemas, en *Teoría y realidad constitucional*, (35), p. 150 y ss.

[11] Aun cuando se intenta educar en la Constitución nunca se va más allá de las instituciones, a lo sumo apología y propaganda de politólogos y constitucionalistas. En el momento de mayor expansión de la democracia (en todo tipo de formas de gobierno) se echa de menos la convicción y la difusión del espíritu democrático (Zagrebelsky, 2007, 8).

[12] *Ibidem*, p. 10.

[13] *Ibidem*, p. 12.

portamiento de estos puede también depender su realización o su desvirtuación y ya es muy *amplia la literatura jurídica que hoy lamenta la actuación de los mismos*[14]. No en vano Rodríguez Zapata considera garantías implícitas de la Constitución: la exigencia de *comportamiento ético*[15]. En efecto, tratar de garantizar el respeto de la Constitución parece, y lo es, la obligación más difícil de cuantas competen a una comunidad porque, justamente, depende de toda ella y de todos los comportamientos sociales de sus miembros; en especial, de los que ostentan poderes públicos…[16].

La situación presente en España es francamente delicada, No siendo el partido más votado, el PSOE, sin embargo, se ha empeñado en continuar en el gobierno (lo que en sí mismo no es ilegal) pero el problema se plantea cuando, para ello haya de violar la Constitución en modos diversos y en especial el principio de igualdad a través de una amnistía para los independentistas catalanes que han incurrido en graves tipos penales pero a cambio de la cual completaría la mayoría absoluta que el maxi gobierno en funciones requiere para la investidura[17].

---

14 Por todos, Tudela Aranda, J. (2017). La democracia contemporánea. Mitos, velos y (presuntas) realidades. *Revista Española de Derecho Constitucional*, (111), 125-152

15 Rodríguez Zapata, Jorge, Teoría y Práctica del Derecho Constitucional. Madrid, Tecnos, 2011, pp. 35 y ss.

16 Sánchez y Rollnert, 2022, 135. No cabe olvidar en este sentido que el deber de permanente respeto a la Constitución (derivado del principio de constitucionalidad que a todos obliga ex art. 9.1), en especial a los poderes públicos les vincula positivamente y en forma mucho más decidida que a los ciudadanos en general.

17 La literatura mediática seria inacabable dada la inmediatez del problema. A titulo de ej.: Aragón Reyes, M.. *La Constitución no permite la Amnistía.* Diario del Derecho IUSTEL, de 29/08/2023; Conde Martín de Hijas, V. *Inconstitucionalidad de una amnistía por los delitos en Cataluña.* Diario El Mundo, de 9/10/2023; Aragón Reyes, M. y Gimbernat Ordeig, E. *La ley de amnistía que parece estar gestándose sería inconstitucional.* Confilegal, de 22/09/2023; Aragón Reyes, M. *La reforma del delito de sedición es una amnistía encubierta.* La Tribuna de Toledo, de 15/11/2023; Abad Alcalá, L., *Yéndonos por las ramas (del nogal): amnistía y Constitución.* Diario La Razón y Diario del Derecho IUSTEL, de 18/11/2023; y Garrido Mayol, V., *Diguem No…* Diario Levante-EMV, de 15/11/2023.

Aunque yo no descartaría tampoco a los ciudadanos. Por el contrario, sin cultura política bien difundida en la ciudadanía, esta queda en manos de los intereses partidistas y/o económicos. Todo joven ha de convertirse en ciudadano conociendo y percibiendo su deber de conocer las grandes líneas del sistema en que vive y los valores constitucionales en que se inspira y que, por consiguiente, ha de respetar y defender. Es lógico que ello se desarrolle lo más posible en la enseñanza secundaria porque el porcentaje de los que llegan a la Universidad es corto. Pero también en esta debería reforzarse este enfoque[18] que va mucho mas allá de las concretas disciplinas que se imparten en cada caso.

Pues, según se acaba de decir *es una cuestión más de comportamiento ético, de ejemplaridad y de convicciones* en las actuaciones[19], que de establecer más materias de estudio. Ramírez[20] hablaba de la *necesaria socialización* de las nuevas generaciones como deber y necesidad en la que se debían implicar todos y no solo la escuela. Ya he mencionado a la familia y son muchos los medios con que se podría llevar a cabo dicha socialización. También hace unas décadas reflexioné sobre las posibilidades que cabía esperar de la Televisión y lo mismo cabría decir de la radio u otros medios de comunicación. Jorge Castellanos ha reflexionado en varias ocasiones mostrando su inquietud sobre el interés que tiene *la educación para hacer reales y eficaces los derechos de participación*[21].

Y no son pocas las referencias que a todo ello cabe hallar en la doctrina con el fin de propiciar una participación ciudadana cada

---

[18] Hemos de felicitarnos por el esfuerzo y resultados logrados en el marco de la Universidad de Murcia. Cfr. https://olimpiadaconstitucional.com/

[19] Catalá i Bas, A. (2017). Armonía y Conflicto en la confluencia de lealtades de los cargos representativos. *Revista de Derecho UNED,* (21), 243-292.

[20] Ramírez Jiménez, M. (1980). La socialización política en España: una empresa para la democracia. Sistema: *Revista de Ciencias Sociales,* (34), 91-116.

[21] Entre otros trabajos Castellanos Claramunt, J. Educación y participación ciudadana... 2019. Castellanos Claramunt, J. Un enfoque jurídico de las políticas públicas en bibliotecas escolares: una pieza más del engranaje democrático, *Métodos de Información,* 12(23), 2022, 1-23.

vez más responsable; cuestión distinta son sus resultados reales[22] pero mayores son los conflictos sociales y el enfrentamiento entre distintas concepciones o modos de concebir la aplicación de tal aprendizaje sobre el que todos están de acuerdo. He de insistir en que esta no es una labor solo de la escuela sino de cuantos medios comporten el contacto con *niños y jóvenes que, hoy, además, viven exclavizados*[23] *por los móviles*[24] y toda una visión del mundo que los mismos comportan.

3. RIESGOS ACTUALES Y NECESIDAD DE ASENTAR LAS RAICES DEL PENSAMIENTO EUROPEO

Y todo ello es hoy más difícil que nunca. ROLLNERT acaba de darnos a conocer su estudio sobre los *neuro derechos*, sobre los riesgos que hoy la ciencia supone (junto a sus ventajas en el campo de la medicina) para la libertad de pensamiento hasta ahora solo eventualmente sometida a la propaganda y/o manipulación derivada de la captación por sectas o de las ilícitas actuaciones de actividades policiales de las que la segunda gran guerra nos ofreció tantos ejemplos deplorables. Ahora, la cuestión es más compleja porque se plantea en los mismos ámbitos democráticos como una suerte de progreso tecnológico que, por consiguiente, debe someterse a regulación[25].

Nunca hemos dudado hasta ahora que la libertad de pensar ofreciera problemas siempre que no fuera acompañada de manifestación

---

22 El propio Castellanos manifiesta en su última contribución la desilusión sobre el intento de fomentar bibliotecas escolares que, como reconoce el mismo, no son nada sin previo fomento de la vocación por la lectura.

23 No puede ignorarse la estrecha relación de la juventud con la visión del mundo que ofrecen hoy los móviles. González de la Garza, L.M. Cómo las tecnologías de la sociedad de la información afectan a la educación... Ya ello de por sí obliga a cambiar la perspectiva más simple con que analizábamos el problema hace dos o tres décadas

24 Me ciño al móvil por no mencionar tantos otros útiles a disposición de la juventud. El móvil les acompaña las 24 horas del día y son hoy como un ordenador, representan todo un mundo en el que probablemente su uso menos ejercitado es el de servir de teléfono.

25 Rollnert Liern, G. *Lección de Cátedra.* Valencia, octubre de 2023.

exterior. Recuerdo cuando mi maestro decía que proclamar la libertad de conciencia era una redundancia pues nadie puede negar su existencia.

Hoy se plantea el problema, según el estudio de Rollnert, en torno a la manipulación del cerebro como soporte físico de nuestro pensamiento individual. Me cuesta mucho encajar estas consideraciones en el marco de un sistema realmente democrático e, incluso, en el caso concreto de nuestra Constitución en la que sin duda podemos hallar los limites e impedimentos de tales acciones. Sin embargo, el que se trate de nuevos enfoques y estudios (que no de nuevas prácticas por cuanto ya he aludido a viejas y deplorables experiencias) me obliga a mencionarlo[26].

Cada régimen a lo largo de la historia se ha esforzado en dominar a la población y atraerla como ya aconsejaba Maquiavelo al príncipe. Pero es Montesquieu quien introduce una idea de coherencia entre el régimen que se haya de consolidar y los valores que se han de fomentar[27]. Y el primer constitucionalismo escrito introduce la idea de los Catecismos sin posible elección: es la Constitución lo que se ha de conocer; con ello se simplifica el objeto; pero las facciones, los incipientes partidos, introducen nuevos problemas sobre la interpretación interesada de la Constitución. Por no salir de nuestro siglo XIX, este ofrece abundantes ejemplos de utilización ideológica de la enseñanza[28].

---

26 Dudo que este tipo de investigaciones entren en el ámbito del Derecho constitucional democrático al que, de seguir estirándolo con elementos de orden científicos creo que acabaremos por hacerlo desaparecer. O al menos desaparecerá el modo europeo de pensar y clasificar las disciplinas puesto que todo ello tiene mas sentido en los regímenes anglosajones que carecen del sentido de Constitución escrita continental.

27 Y no me refiero solo a la división de poderes, tanto vertical como horizontal, me refiero a la búsqueda de los principios que han de presidir cada forma de gobierno: la virtud política como el principio íntimo de la república, el honor como principio esencial para la monarquía y el temor como principio vital para el despotismo.

28 El tema se halla bien estudiado. Como más reciente Capodifierro Cubero, D. (2022). Orientación ideológica y función política de la educación en la historia constitucional española. *Historia constitucional,* (23), 1-37 (sobre el periodo isabelino). Pero como estudio extenso y profundo García Trobat,

Ello deriva de la falta de políticos de vocación, de políticos formados a los que se refería Hesse en forma muy clara:

> "La Constitución se vuelve fuerza actuante cuando dicha tarea es asumida, cuando se está dispuesto a hacer determinar la conducta propia por el orden regulado por la Constitución... cuando en la conciencia general y concretamente ***en la conciencia de los responsables de la vida constitucional*** **se halla viva no solamente la voluntad de poder sino, sobre todo, *'la voluntad de Constitución'*"**[29].

Y no se me dirá que quienes así escriben desconocen los riesgos de la política o desconocen la mixtificación de ciencia y derecho que ya fue tan experimentada en el Tercer Reich.

No puedo opinar sobre cuestiones científicas, pero si dejamos que estas invadan el pensamiento jurídico este tendrá cada vez menos posibilidades de defensa. Creo que ha de reforzarse el pensamiento jurídico y los elementos garantistas que hasta ahora nos han ido ofreciendo una barrera frente a tantos cambios científicos a los que nunca podremos alcanzar.

4. LA EDUCACIÓN EN LOS VALORES CONSTITUCIONALES ES EDUCAR EN IGUALDAD Y LIBERTAD[30]

Igualdad y libertad son dos valores del ordenamiento jurídico que han de presidirlo en todos sus ámbitos y situaciones en que pueda

---

P. La educación y la Constitución de Cadiz... 2012. Sobre el momento presente es importante la consulta de trabajo ya cit. de Durbán Martín.

29 Hesse, K., ya cit., p. 71.

30 Entre los trabajos que en mi entorno hemos desarrollado sobre la cuestión, el más reciente, y de gran interés porque afecta a los países que mas recientemente se han incorporado a la Unión, el de Matei, D. (2023). *La consolidación de la democracia a través de la enseñanza de los derechos humanos en la Europa del Este después de 1989.* Madrid: Âpeiron Ediciones, 2023. El planteamiento nos recuerda los esfuerzos de don Antonio La Pérgola al querer constituir el Grupo de Venecia que ha adquirido gran predicamento en la materia.

hallarse la ciudadanía[31]; lo mismo cabe decir de los que también menciona el art. 1.1 CE (la justicia, que desde Ulpiano, es dar a cada uno lo suyo y el pluralismo que es una multiforme manifestación de la libertad); pero esos valores no son solo creencias o pensamientos sino que han de introducirse en los modos de vida y formas de pensar y actuar. Ello no es otra cosa que socializar la vida democrática, a lo que no habríamos llegado si no se nos hubiera ido exigiendo durante los últimos siglos en la práctica del constitucionalismo y en la evolución progresiva del pensamiento social. La Constitución es clara al establecer en su art. 27. 2 que

> "La educación tendrá por objeto el pleno desarrollo de la personalidad humana en el respeto a los principios democráticos de convivencia y a los derechos y libertades fundamentales"[32].

Por ello, *rebus sic stantibus*[33] mientras seamos dueños de la educación de las nuevas generaciones creo que hemos de centrarnos en estos viejos instrumentos (y no tan viejos, pues tienen una indiscutible vigencia) para que asienten a las generaciones en los valores y principios que nos han llevado hasta aquí. No por viejos son menos valiosos. Pero ahí no cabe olvidar el papel de los enseñantes y la necesidad de que, aceptando que estamos en una sociedad muy plural[34], dejen su propio modo de ver las cosas para, con talante profesional

---

31 Por todos, y sin olvidar el aspecto territorial de la cuestión, que tendría que verse complementado también por el principio de solidaridad. Vidal Prado C. (2021). Educación y valores superiores del ordenamiento: igualdad y libertad. *IgualdadES*, (4), pp. 279 y ss.

32 Sin perjuicio de mis propios estudios sobre la cuestión, más reciente es el de López Castillo, A. (2009). Libertad de Enseñanza en Rodríguez-Piñero y Bravo-Ferrer, M. y Casas Baamonde, Mª E. (dirs). *Comentarios a la Constitución española.* Madrid: Fundación Wolters Kluwer España, 983-1031.

33 Hoy la difusión de las comunicaciones por la red exige también la reivindicación en ella del mismo principio complicando algo más el seguimiento de los jóvenes por parte de enseñantes y familia. Por todos, Fuertes López, M. (2014). En defensa de la neutralidad de la red. *Revista Vasca de Administración Pública*, (99-100), 1397-1412.

34 Sánchez Férriz, R. (2023), *op. cit.*

y respeto a las instituciones más que a las propias ideas, ejercer una enseñanza neutral y plural en la que todos quepamos[35].

La neutralidad es un principio y un modo de actuar que debe presidir toda acción pública y la enseñanza lo es sin duda alguna[36]. He sostenido muchas veces que los órganos constitucionales vinculados a la justicia no deberían tener vinculación política alguna (aunque la realidad parece bien distinta). Es excesivo sin duda aplicar algo así a los enseñantes, pero sí es necesario que la profesionalidad de los mismos les permita distinguir sus propias ideas y convicciones de las que con neutralidad y la mayor objetividad posible han de transmitir a los jóvenes[37]; aunque resulta más complejo hoy al tener que introducir las advertencias propias de los riesgos que comportan las redes sociales[38].

---

35 Vidal Prado, ya cit. p. 280 observa que el pluralismo no solo lo es *ad intra* sino también en todas las posibilidades de enseñar en libertad: "El Estado no solo debe ocuparse de la enseñanza pública, sino de favorecer el pluralismo, a través de nuevas iniciativas sociales. Se trataría, una vez más, de combinar igualdad, solidaridad y subsidiariedad".

36 Rollnert Liern, G. (2007) La neutralidad ideológica del Estado y la objeción de conciencia a la «Educación para la Ciudadanía», en *Cuadernos constitucionales de la Cátedra fadrique Furió Ceriol*, (60-61), 271-302. Vivancos Comes M. (2020). «Pacto educativo y consenso constitucional» en *Constitución, política y administración: repensando la Constitución. Más de cuatro décadas después.* Valencia, Tirant lo Blanch, pp. 349-362.

37 Vidal Prado, C. El diseño constitucional de los derechos educativos ante los retos presentes y futuros, en UNED. *Revista de Derecho Político,* (100), p. 750, precisa que "El Estado democrático, pues, no sería neutral en este aspecto, y obligaría a educar a los menores en la cultura democrática y en el respeto a los derechos humanos, para lograr el libre desarrollo de la personalidad y la dignidad humana, de modo que la educación sería el mejor mecanismo preventivo para proteger la democracia, y en el caso del artículo 27 la educación sería el hilo conductor, y no la enseñanza. De este modo se interpreta que el constituyente habría que-rido dar una especial protección al derecho (de prestación) a la educación, mientras que la libertad (de enseñanza) tendría un carácter complementario..."

38 Serra Cristóbal, R. (2021). De falsedades, mentiras y otras técnicas que faltan a la verdad para influir en la opinión pública. *Teoría y Realidad Constitucional,* (47), 199-235.

De ahí que, siendo los mismos principios los que se han de seguir implantando, sea cada vez más difícil en las nuevas formas de vida para lograr alejar a la juventud de tantas tentaciones como hoy ofrecen las nuevas tecnologías. Hemos de ser beligerantes en la neutralidad y ello exige poner por delante la profesionalidad a los criterios propios, permitir que nada pueda anular la lealtad que a la Constitución y a las instituciones debemos.

Porque la Constitución como norma suprema ha de ser respetada y aplicada por todos, no solo por los representantes políticos en los diversos órganos que ocupan; y, en el mismo sentido aunque sin la fortaleza del vinculo de los anteriores, todos los funcionarios están obligados a cumplir sus deberes de servir con neutralidad y objetividad. Esa es la normatividad a que se refería Hesse que debía pervivir a los cambios sociales y a la posibilidad de un pluralismo político que ella misma había de presidir y regir.

La situación actual de polarización social a que la realidad española y sus partidos poco "constitucionales" (a veces) y poco respetuosos con el ordenamiento constitucional[39] nos trae a la mente una importantísima reflexión de Hesse que pone el centro del problema en la falta de respeto a lo ajeno:

> "la *Constitución no puede construirse sobre estructuras unilaterales*. Si la Constitución pretende que sus principios fundamentales mantengan su fuerza normativa tendrá que admitir, tras sopesarlo cuidadosamente, algún elemento de la estructura contraria (Gegenstruktur). Los derechos fundamentales no pueden existir sin deberes, la división de poderes sin la posibilidad de la reunión de los poderes, el federalismo sin una cierta cantidad de unitarismo. *Si la Constitución tratase de realizar uno de estos principios en toda su pureza*, como muy tarde la situación de necesidad vendría a mostrar que *los límites de su fuerza normativa han quedado rebasados. Su normatividad se vería arrinconada por la realidad; los principios que pretende realizar se verían suprimidos...*"[40]

---

39 Català i Bas, A. (2019) La lealtad como límite a la libertad de expresión de los militantes de los partidos políticos.: Malos tiempos para los versos libres, en *Una vida dedicada al Parlamento: Estudios en homenaje a Lluís Aguiló i Lúcia*, pp. 109-124.

40 Hesse, K. (1983, 73). He subrayado en el texto frases que creo que son de lo mas oportunas para la realidad política de España en la actualidad.

Desde esta perspectiva se ha apuntado por la doctrina en los últimos años la oportunidad de que los grandes partidos hubieran coalicionado para reforzar los valores y poder llegar a acuerdos de Estado en cuestiones de extraordinario interés como es el de la enseñanza. Pero no parece que esa haya sido en los últimos años la vía seguida entre nosotros, sino la contraria, la de una polarización social y política que hará difícil reflexionar sobre los consejos de Hesse. El predominio de uno de los dos polos ideológicos se ha convertido en la base de los enfrentamientos políticos[41] y de la escasa serenidad que acompaña el momento de elección de los padres para sus menores, así como la continuidad de enfoques a que se deben atener los docentes.

5. REFLEXIONES FINALES

La igualdad, como prohibición absoluta de discriminación comporta en el mundo de la enseñanza la necesidad de facilitar los medios y atención al alumnado de las necesidades propias que las peculiaridades de cada alumno exijan. No siempre es fácil este trabajo de aula, pero ha de garantizarse el trato igual a todos y la atención especial (o desigual, ex art. 9.2 CE) para aquellos que lo necesiten con el fin de posibilitar su integración en el grupo y su preparación en los modos posibles para que puedan desarrollar su personalidad y que puedan integrarse lo más posible en la sociedad democrática en que vivimos[42].

Estos son buenos deseos que se deducen del texto constitucional y de su espíritu; pero la realidad no deja de plantearnos serios problemas en el ámbito educativo, y no solo en lo que se refiere a la forma de aplicar el principio de igualdad.

---

41 Vidal Prado El diseño constitucional…., ya cit., p 742: "los conflictos son frecuentes en el debate político, prueba de ello es que se han recurrido al Tribunal Constitucional casi todas las leyes educativas, y se han magnificado algunas diferencias entre los partidos, aunque éstas no fuesen esenciales en lo que se refiere al sistema educativo en su conjunto".

42 Rollnert Liern, G. (2010). El proceso de Bolonia: riesgos, responsabilidades y oportunidades. *Revista General de Derecho Constitucional*, (9), 2.

Aunque no he de entrar en esta cuestión compleja ahora, sí he de recordar que en ocasiones se está interpretando la igualdad en el mundo escolar en forma tan rígida que no solo desconoce problemas de grupos que merecen atención especial, sino que en muchas ocasiones se impone primando y sin cohonestarse con el principio de libertad. No en vano se ha generalizado el primado del derecho a la educación frente a la libertad de enseñanza.

Es cierto que estamos ante una libertad cuyo fin es favorecer la educación; pero también la educación ha de desarrollarse en libertad y desde la libertad. La libertad es ancillar respecto de la educación, pero esta pierde el marco constitucional que la Ley Fundamental le traza si se anula la libertad tanto del discente como de sus tutores[43].

BIBLIOGRAFÍA

Aragón Reyes, M. (1989) *Constitución y Democracia.* Madrid, Tecnos.

Balaguer Callejón, F. (2019) La Constitución en el tiempo de las redes sociales, en *La Constitución de los españoles. Estudios en homenaje a Juan José Solozábal.* Madrid: Centro de estudios Políticos y Constitucionales.

Blanco Valdés, R. L. (2015). La caída de los dioses: de los problemas de los partidos a los partidos como problemas. *Teoría y Realidad Constitucional,* (35), 150 y ss.

Capodifierro Cubero, D. (2022). Orientación ideológica y función política de la educación en la historia constitucional española. *Historia Constitucional,* (23).

Castellanos Claramunt, J. (2019). Educación y participación ciudadana: Mejorar la docencia universitaria de la mano de los Derechos Humanos. *Revista de Educación y Derecho* (19).

Castellanos Claramunt, J. (2022). Un enfoque jurídico de las políticas públicas en bibliotecas escolares: una pieza más del engranaje democrático, *Métodos de Información,* 12(23), 1-23.

---

43 Estoy trabajando estas cuestiones en un sentido mucho mas amplio y profundo y plantea serias preocupaciones las limitaciones que se introducen a la libertad aunque es cierto que ello afecta mucho mas a los estudios universitarios y a la interpretación (en algunos aspectos, a mi juicio) errada que se ha venido haciendo del art. 27.10 CE.

Catalá i Bas, A. (2017). Armonía y conflicto en la confluencia de lealtades de los cargos representativos. *Revista de Derecho UNED,* (21), 243-292.

Durbán Martín, I. (2022) La constitución, una asignatura pendiente. Teoría y Derecho: *Revista de Pensamiento Jurídico,* (32), 240 y ss.

Fuertes López, M. (2014). En defensa de la neutralidad de la red. *Revista Vasca de Administración Pública,* (99-100), 1397-1412.

García Trobat, Mª P., (2012). *Constitución de 1812 y educación política.* Madrid: Congreso de los Diputados.

González de la Garza, L.M. (2022). Cómo las tecnologías de la sociedad de la información afectan a la educación: ideas para corregir los problemas. *Asamblea: revista parlamentaria de la Asamblea de Madrid,* (42), 15-66.

Häberle, Peter (1998), *Libertad, igualdad, fraternidad.* Barcelona: Trotta.

Hesse, G. (1983). *Escritos de Derecho Constitucional.* Madrid: Centro de Estudios Políticos y Constitucionales.

Ramírez, M. (1980). La socialización política en España: una empresa para la democracia. *Sistema: Revista de Ciencias Sociales,* (34), 91-116.

Rodríguez Zapata, J. (2011). *Teoría y Práctica del Derecho Constitucional.* Madrid: Tecnos.

Rollnert Liern, G. (2007) La neutralidad ideológica del Estado y la objeción de conciencia a la «Educación para la Ciudadanía». *Cuadernos constitucionales de la Cátedra Fadrique Furió Ceriol,* (60-61), 271-302.

Rollnert Liern, G. (2010). El proceso de Bolonia: riesgos, responsabilidades y oportunidades. *Revista General de Derecho Constitucional,* (9).

Rollnert Liern, G. (2023). *Los neuroderechos y la libertad del pensamiento.* Madrid: Dickynson.

Sánchez Ferriz, R. (2023). *Estudio sobre las libertades públicas en nuestro ordenamiento constitucional (La voz de la sociedad civil).* Valencia: Tirant lo Blanch.

Sánchez Ferriz, R. y Rollnert Liern, G. (2022). *El Estado Constitucional.* Valencia: Tirant lo Blanch.

Serra Cristóbal, R. (2021). De falsedades, mentiras y otras técnicas que faltan a la verdad para influir en la opinión pública. *Teoría y Realidad Constitucional,* (47), 199-235.

Tudela Aranda, J. (2017). La democracia contemporánea. Mitos, velos y (presuntas) realidades. Revista Española de Derecho Constitucional, (111), 125-152.

Vidal Prado, C. (2017). El diseño constitucional de los derechos educativos ante los retos presentes y futuros. *Revista de Derecho Político, 1*(100), 739-766.

Vivancos Comes, M. (2020). «Pacto educativo y consenso constitucional» en *Constitución, política y administración: repensando la Constitución. Más de cuatro décadas después*. Valencia: Tirant lo Blanch, 349-362.

Vivancos Comes, M. (2024). *10 años de vigencia de la carta valenciana de Derechos Sociales. De la letra de la Ley a su despliegue normativo*. Valencia: Tirant lo Blanch.

Zagrebelsky, G. (2007). *Imparare democrazia*. Torino: Einaudi.

Educación constitucional en valores y principios democráticos en favor de la igualdad

CLARA SOUTO GALVÁN
Profesora Derecho constitucional
Universidad Rey Juan Carlos

1. ANÁLISIS Y ENFOQUE DEL MARCO NORMATIVO

La educación constitucional en valores y principios democráticos en favor de la igualdad no solo busca transmitir conocimiento, sino también fomentar actitudes y comportamientos que reflejen un compromiso con los valores de la democracia y la igualdad[1]. Esto se logra a través de un enfoque educativo integral que abarca desde el currículo formal hasta la participación comunitaria y la vida cotidiana de los estudiantes. El objetivo es desarrollar ciudadanos informados, conscientes y responsables que valoren y practiquen la igualdad en todos los aspectos de la vida social, política y económica, por lo que es importante enseñar a los estudiantes sobre los derechos y libertades fundamentales, sobre la equidad y la imparcialidad y fomentar

---

1 De la Iglesia Chamarro, A. "Los elementos de la identidad constitucional como contenido necesario de la educación", pp. 217-237. En Díaz Revorio, F.J. y Vidal Prado, C. Enseñar la Constitución, educar en democracia, Thomson Reuters Aranzadi, Navarra, 2021.

el respeto mutuo, la dignidad y los derechos de todos los individuos sin importar su origen, género, religión y promover la igualdad de oportunidades para todas las personas.

Los medios para enseñar en valores democráticos son, entre otros, ofrecer un profundo conocimiento sobre la Constitución, sus principios y cómo garantizar los derechos y libertades, desarrollar habilidades, para analizar críticamente las leyes y las políticas en el contexto de los principios constitucionales, incorporar valores y principios en el currículo educativo en todos los niveles y enseñar a los docentes, para que puedan impartir esta educación. En palabras de las profesoras Moretón y Espinosa "Este nuevo impulso nos devuelve a la necesidad de plantear la eventual inclusión en el currículo educativo del contenido constitucional donde se plasman los valores y principios generales democráticos y se recoge el marco socio-político general de convivencia"[2].

En este caso, me voy a centrar en el marco normativo, desde el ámbito internacional al estatal, en el que destacaré la regulación del art. 27 de la Constitución y la nueva ley de educación: la LOMLOE.

La explicación de este desarrollo normativo es conveniente porque:

- expone la necesidad de que todos los seres humanos puedan acceder a la educación y no sean discriminados por ningún motivo de raza, sexo, edad, religión
- porque el Estado debe velar por el interés de sus ciudadanos y poner los medios necesarios para que toda persona pueda acceder a los mismos y para que puedan equipararse todos sus derechos.
- Y así viene reconocido en nuestra Constitución española, en el art. 27, en el que se reconoce el derecho a la educación y la libertad de enseñanza a todas las personas por igual, puesto que

---

2 Moretón Toquero, A y Espinosa Bayal, A. "La incorporación del contenido constitucional en el currículo educativo desde la perspectiva evolutiva", p. 410. En Díaz Revorio, F.J. y Vidal Prado, C. Enseñar la Constitución, educar en democracia, Thomson Reuters Aranzadi, Navarra, 2021.

la igualdad constituye un principio fundamental del sistema democrático que nuestra Constitución garantiza en su artículo 14, excluyendo cualquier tipo de discriminación, que pueda atentar contra este principio, reconocido como valor superior del ordenamiento jurídico en su artículo 1.1.

1.1. Horizonte internacional

La educación constitucional es un elemento esencial en el currículo educativo en muchos países, aunque la forma y el enfoque varían. A través de diversas asignaturas[3], los estudiantes aprenden sobre sus constituciones, los principios democráticos, y el funcionamiento de sus sistemas políticos, lo que es fundamental para formar ciudadanos informados y activos.

Desde la creación de Naciones Unidas han sido numerosos los textos en los que se ha definido el concepto de educación, el art.26.2 de la Declaración Universal de Derechos Humanos, tanto desde una perspectiva individual al establecer que "la educación tendrá por objeto el pleno desarrollo de la personalidad humana y el fortalecimiento del respeto a los derechos humanos y a las libertades fundamentales"; como desde una perspectiva social, al disponer que "favorecerá la comprensión, la tolerancia y la amistad entre todas las

---

[3] Entre otras asignaturas que se imparten en muchos países, quería destacar las siguientes: *Citizenship education* (educación para la ciudadanía) esta asignatura abarca el funcionamiento del sistema político británico, los derechos y deberes de los ciudadanos, y la comprensión de la Constitución no escrita en Reino Unido. En Italia, se imparte a través de la asignatura *Educazione Civica*, que abarca una amplia gama de temas relacionados con la Constitución y los valores democráticos y en Francia, la *Éducation civique, juridique et sociale* que cumple con un papel similar, proporcionando a los estudiantes un conocimiento profundo sobre el sistema político y jurídico y promoviendo los valeres republicanos y democráticos. *Civics and Citizenship education* es una asignatura que se imparte en Ontario, Canadá,,https:// www.dcp. edu.gov.on.ca/en/curriculum/canadian-and-world studies/ courses/chv2o/overview, los estudiantes de secundaria toman cursos que incluyen el estudio de la Constitución canadiense, la Carta canadiense de los derechos y libertades, y el funcionamiento del gobierno federal y provincial.

naciones y todos los grupos étnicos o religiosos". Partiendo de la definición que da Naciones Unidas del derecho a la educación como "un derecho humano fundamental, esencial para poder ejercitar todos los demás derechos[4].

Los instrumentos legislativos son sin duda el primer paso para la consecución y la implementación del derecho a la educación en la medida que incorporan mandatos concretos que obligan a los poderes públicos a promover no sólo una educación de calidad sino una educación para todas las personas, como ya rezaban los textos internacionales, en los que se reconoce tanto el pleno desarrollo de la personalidad junto con el respeto a los principios democráticos, y es que "no puede haber un pleno desarrollo de la personalidad sin respeto a estos principios, derechos y libertades"[5].

El Pacto Internacional de derechos económicos, sociales y culturales, en su artículo 13.2.a, establece que la educación primaria deberá ser obligatoria y asequible a todas las personas gratuitamente y la Convención de las Naciones Unidas sobre los derechos del niño de 1989, protege los derechos educativos de los niños en dos artículos, el 28 y el 29, al igual que el Pacto, de los que se destaca una interpretación clara sobre el derecho a la educación de todos los niños y niñas ha de estar encaminada a:

> *"a) Desarrollar la personalidad, las aptitudes y la capacidad mental y física del niño hasta el máximo de sus posibilidades;* no sólo se trata de adquirir conocimientos académicos, sino de fomentar el crecimiento personal, las habilidades y capacidades tanto mentales como físicas, se destaca en este apartado la importancia de una educación que potencie todas las dimensiones del niño. La Constitución española especifica en el artículo 27.2 que la educación tendrá por objeto el pleno desarrollo de la personalidad humana y en el art. 39.4 CE reconoce la

---

[4] En este sentido hace un análisis muy interesante Rodríguez Patrón, P., sobre las similitudes del art. 26 de la DUDH y el art. 27. 2 de la CE, en Rodríguez-Patrón, P. (2021), "La educación cívica en EE.UU.: participación y "freedom of speach" en la escuela. Una visión desde el art. 27.2 CE". En Díaz Revorio, F.J. y Vidal Prado, C., Enseñar la Constitución, educar en democracia, Thomson Reuteurs Aranzadi, 2021, p. 300.

[5] Rodríguez-Patrón, P. "La educación cívica en EE.UU.: participación…", op. cit. p. 301.

protección integral de los hijos, prevista en los acuerdos internacionales, lo que incluye garantizar su pleno desarrollo.
b) Inculcar al niño el respeto de los derechos humanos y las libertades fundamentales y de los principios consagrados en la Carta de las Naciones Unidas; se destaca la necesidad de que la educación promueva el respeto y la adhesión a los derechos humanos y las libertades fundamentales. Los niños deben ser educados en un entorno que respete estos derechos y que los motive a defenderlos y practicarlos en su vida diaria[6].
c) Inculcar al niño el respeto de sus padres, de su propia identidad cultural, de su idioma y sus valores, de los valores nacionales del país en que vive, del país de que sea originario y de las civilizaciones distintas de la suya; en este apartado se enfatiza la importancia de educar a los niños en el respeto por su propia identidad cultural y por la diversidad cultural. La educación debe fomentar la apreciación y el respeto por las diferencias culturales y por los valores propios y ajenos.
d) Preparar al niño para asumir una vida responsable en una sociedad libre, con espíritu de comprensión, paz, tolerancia, igualdad de los sexos y amistad entre todos los pueblos, grupos étnicos, nacionales y religiosos y personas de origen indígena: este apartado establece que la educación debe preparar a los niños para vivir de manera responsable en una sociedad democrática y libre. Los valores de compresión, paz, tolerancia e igualdad deben ser inculcados para fomentar una convivencia armónica y respetuosa entre todas las personas, independientemente de sus diferencias. Así se reflejan estos valores en nuestra propia constitución, en el preámbulo promueve la convivencia democrática, la justicia, la libertad y la seguridad, valores fundamentales para una sociedad libre y democrática.
e) Inculcar al niño el respeto del medio ambiente natural" En este último apartado se resalta la importancia de educar a los niños en el respeto y cuidado del medio ambiente. La conciencia ambiental es crucial para la sostenibilidad y el bienestar de futuras generaciones. La Constitución española en su art. 45 también reconoce el derecho a disfrutar de un medio ambiente adecuado y el deber de conservarlo[7]. Este artículo también obliga a los poderes públicos a velar por la utilización racional de todos los recursos naturales."

El análisis de este artículo pone de manifiesto la relación entre la educación del niño y los principios democráticos consagrados en las normativas nacionales e internacionales. La Constitución española,

---

6 SINDIC. Informe sobre los derechos del niño, SINDIC el Defensor de les persones, 2013, p. 69.

7 Véase Rastrollo Ripollés, A. Sinopsis artículo 45, 2017 https://app. congreso.es/consti/constitucion/indice/sinopsis/sinopsis.jsp?art=45&tipo=2

como se ha remarcado en diferentes artículos, refleja estos principios y subraya la importancia de una educación que no solo transmita conocimientos, sino que también forme ciudadanos responsables, respetuosos y comprometidos con los valores democráticos y los derechos humanos. La educación constitucional, por tanto, debe ser un pilar fundamental en la formación de una sociedad democrática, inclusiva y sostenible.

La educación es un derecho humano intrínseco y un medio indispensable de realizar otros derechos humanos. Como derecho del ámbito de la autonomía de la persona, la educación es el principal medio que permite a adultos y menores marginados, económica y socialmente salir de la pobreza y participar plenamente en sus comunidades[8].

Esta educación tendrá que apoyarse en unos valores democráticos que asuma libremente cada persona, entre los que deberán comprender el respeto de los derechos humanos, potenciar su identidad y pertenencia, y su integración en la sociedad e interacción con otros y el medio ambiente[9].

En aplicación de los principios de no discriminación, igualdad de oportunidades y participación real de todos en la sociedad, el Estado tiene la obligación de velar porque la libertad consagrada en el párrafo 4 del artículo 13 pacto internacional, no provoque disparidad de posibilidades en materia de enseñanza para algunos grupos de la sociedad.

Este desarrollo normativo expone la necesidad de que todos los seres humanos puedan acceder a la educación y no sean discriminados por ningún motivo de raza, sexo, edad, religión. El Estado debe velar por el interés de sus ciudadanos y poner los medios necesarios para que toda persona pueda acceder a los mismos y para que pue-

---

8 Así lo reconoce el Comité de Derechos Económicos, Sociales y Culturales, en "Acerca del derecho a la educación y los derechos humanos". Relatora Especial sobre el derecho a la educación https://www.ohchr.org/es/special-procedures/sr-education/about-right-education-and-human-rights

9 Rodríguez-Patrón, P. "La educación cívica en EE.UU.: participación y ...", op. cit., p. 302

dan equipararse todos sus derechos y sean educados en igualdad en todos los aspectos de la vida social, política y económica.

1.2. Los ODS

Para continuar luchando por la consecución de estos derechos y valores por parte de todos los países, en 2015, en la reunión 70ª de la Asamblea General de Naciones Unidas se adoptaron los Objetivos de Desarrollo sostenible.

La Agenda 2030 para el Desarrollo Sostenible es un compromiso intergubernamental y un "plan de acción a favor de las personas, el planeta y la prosperidad". Se han comprometido con esta Agenda no solo todos los Estados miembros, sino también la totalidad del sistema de Naciones Unidas, se incluyen 17 Objetivos de Desarrollo Sostenible (ODS) que "son de carácter integrado e indivisible y conjugan las tres dimensiones del desarrollo sostenible: económica, social y ambiental".

El Objetivo de Desarrollo Sostenible 4 lo que pretende es garantizar una educación de calidad a todos los niveles formativos mediante un aprendizaje inclusivo, fomentando la igualdad como principio de no discriminación, y así promover una serie de metas para alcanzar hasta 2030, para lo que es necesario que la educación sea gratuita y no se encuentren en desventaja los niños y las niñas que pertenezcan a familias con menor poder adquisitivo.

Es importante recalcar que la educación es obligatoria, y que se aboga por una educación de calidad que ofrezca todos los servicios necesarios para la atención de todos los estudiantes de primaria y secundaria. También se debe fomentar la igualdad de género para que el acceso a estudios superiores sea en igualdad de condiciones entre hombres y mujeres, es decir, que no haya barreras que supongan un impedimento para la consecución de la igualdad.

Este objetivo se enfoca en garantizar una educación inclusiva, equitativa y de calidad, y promover oportunidades de aprendizaje permanente para todas las personas. Este objetivo reconoce la educación como un derecho humano fundamental y una fuerza impulsora para el desarrollo sostenible.

Uno de los aspectos clave del ODS 4 es lograr una educación de calidad, se centra en mejorar la calidad de la educación, garantizando que todos los estudiantes adquieran los conocimientos y habilidades necesarios. Podemos considerar que uno de los elementos que contribuye a generar esta educación de calidad es la educación constitucional, que se enfoca a enseñar a la ciudadanía sobre sus derechos, responsabilidades y en el funcionamiento del gobierno según la constitución de un país. Esto se debe a que contribuye a formar ciudadanos informados, empoderados y activos que pueden participar de manera efectiva en la sociedad democrática, una meta que está en consonancia con el espíritu de los ODS.

Por lo que, dentro del ODS 4, no hay una mención específica a la enseñanza constitucional, sin embargo, en este objetivo hay un énfasis general en proporcionar "una educación de calidad", "inclusiva y equitativa" y que "promueve la cultura de paz y no violencia". Muchos de los principios y valores inherentes a la educación constitucional están implícitos en varios de los ODS, como el respeto a los derechos humanos, la justicia, la equidad, la inclusión y la promoción de una cultura cívica informada. Así, el ODS 16 aborda la promoción de sociedades pacíficas e inclusivas, el acceso a la justicia para todas las personas y la construcción de instituciones eficaces, responsables e inclusivas a todos los niveles. Por lo que la formación en principios y valores constitucionales puede contribuir de manera significativa a lograr una ciudadanía global más informada, empoderada y comprometida con el desarrollo sostenible.

En resumen, aunque la educación constitucional no se menciona explícitamente en los ODS, se puede conectar y alinear con el ODS 4 y otros objetivos relacionados con la promoción de la justicia, la paz y las instituciones sólidas. Es una herramienta valiosa para educar y empoderar a los ciudadanos, promoviendo la igualdad, la justicia y la sostenibilidad.

1.3. Legislación estatal

1.3.1. El artículo 27 de la Constitución española

La Constitución española reconoce y garantiza los derechos fundamentales de la persona en una declaración en la que se establece que: "la dignidad de la persona, los derechos inviolables que le son inherentes, el libre desarrollo de la personalidad, el respeto a la ley y a los derechos de los demás son fundamento del orden político y de la paz social" (art. 10).

Tras esta declaración preliminar se desgranan los derechos fundamentales garantizados constitucionalmente, entre los que se encuentran el derecho a la educación (art. 27). Para una interpretación correcta de estos derechos deberá tenerse en cuenta que, según prescribe el art. 10.2, "se interpretarán de conformidad con la Declaración Universal de Derechos Humanos y los tratados y acuerdos internacionales sobre las mismas materias ratificadas por España" (art. 10.2).

La libertad de enseñanza y el derecho a la educación son dos dimensiones de un mismo derecho, que como recuerda la jurisprudencia española, garantizan el pluralismo ideológico. La Constitución española de 1978 reconoce por primera vez de modo conjunto una dualidad de derechos: el derecho a la educación y la libertad de enseñanza[10].

El artículo 27 establece en sus tres primeros puntos que "1. Todos tienen el derecho a la educación. Se reconoce la libertad de enseñanza. Implica que la educación es accesible para todas las personas, sin que quepa ningún tipo de discriminación. 2. La educación tendrá por objeto el pleno desarrollo de la personalidad humana en el respeto a los principios democráticos de convivencia y a los derechos y libertades fundamentales". Es decir, que la educación debe estar orientada no solo a la transmisión de conocimientos sino también al desarrollo integral de la persona, en este sentido, la educación

---

10 Vidal Martín, T. "Los derechos educativos en el ámbito de las autonomías". En Díaz Revorio, F.J. y Vidal Prado, C. Enseñar la Constitución, educar en democracia, Thomson Reuteurs Aranzadi, Navarra, 2021, pp. 508-509.

debe inculcar un respeto profundo y un compromiso con los valores y principios democráticos. Se debe enseñar a los estudiantes sobre sus derechos y libertades fundamentales y cómo estos se integran en una sociedad democrática, además de educar para la convivencia, la tolerancia, la igualdad y el respeto mutuo.

También se establece que la educación debe ser obligatoria y gratuita y la participación de profesores, padres y alumnos en el control y gestión de los centros, entre otros. Pero en lo que aquí nos concierne, es importante destacar el apartado 2 del art. 27 "el pleno desarrollo de la personalidad humana...", porque destaca la visión de una educación que va más allá de lo académico y se adentra en la formación de ciudadanos conscientes, éticos y responsables. Implica un compromiso con la democracia, los derechos humanos y los principios de convivencia que son fundamentales para una sociedad justa, libre y equitativa. Es un mandato para que la educación parta de los valores y principios democráticos y para que encamine su participación en la sociedad.

En palabras del Profesor Aláez "el objeto del derecho del artículo 27 CE está compuesto por una esfera vital que no consiste ni exclusivamente en ejercer la libertad de enseñanza, ni exclusivamente en recibir una prestación educativa, sino en la recepción de una formación cívica basada en los valores democrático-constitucionales —derecho prestacional a la educación, ideario educativo constitucional, poder estatal de organización y planificación de la enseñanza, etc.—, que no es posible sin un proceso libre de transmisión de conocimientos —libertad de enseñanza, libertad de creación de centros docentes"[11].

La vinculación entre la educación y el desarrollo de la personalidad es vista como un presupuesto fundamental para el ejercicio de la democracia y la garantía de los derechos fundamentales[12]. Este enfoque resalta cómo la educación, más allá de proporcionar conocimientos y habilidades, juegan un papel crucial en la formación de

---

11 Aláez Corral, B. "El ideario educativo constitucional como límite a las libertades educativas", *Revista europea de derechos fundamentales*, nº17, 2011, p. 96.

12 *Ibidem*, p. 109.

los individuos autónomos y críticos, capaces de participar activa y responsablemente en la sociedad. La participación de la ciudadanía en la vida política del Estado español es ejercida mediante el derecho de sufragio activo y pasivo.

Para desempeñar correctamente este papel, los individuos deben estar correctamente formados e informados. Formados a través de una educación en derechos fundamentales, en principios democráticos de convivencia[13] y valores constitucionales, porque les proporciona las condiciones básicas para el desarrollo de la personalidad, garantizando el respeto por la dignidad humana, la igualdad y la justicia, que busca promover una sociedad justa, libre y democrática.

El pleno desarrollo de la personalidad facilita esta participación, permitiendo a los individuos ejercer sus derechos civiles y políticos de manera informada y responsable, por lo que, no sólo es fundamental la educación, sino también, que estén correctamente informados, es decir, que reciban una información veraz a través de los medios de comunicación.

Este aspecto es crucial para una sociedad democrática libre, por lo que el papel de los medios de comunicación es esencial para que la ciudadanía se forme una opinión pública libre y pueda ejercer su derecho al voto sin censura, sin ninguna restricción por parte de los poderes públicos. El pueblo debe ser informado de manera plural, libre y mediante informaciones contrastadas y veraces.

Por ello es importante enseñar a la ciudadanía sobre los derechos y libertades fundamentales, sobre la equidad y la imparcialidad y fomentar el respeto mutuo, la dignidad y los derechos de todos los individuos sin importar su origen, género, religión y promover la igualdad de oportunidades para todas las personas.

Los medios para formar en valores democráticos son, entre otros:

- ofrecer un profundo conocimiento sobre la Constitución.
- sus principios y cómo garantizar los derechos y libertades.

---

13 Vid Burguera Ameave, L. "Educación y adhesión a los principios y valores constitucionales", en Díaz Revorio, F.J y Vidal Prado, C. Enseñar la Constitución, Educar en democracia, Aranzadi, 2021, pp. 90-91.

- desarrollar habilidades para analizar críticamente las leyes y políticas en el contexto de los principios constitucionales.
- incorporar valores y principios en el currículo educativo en todos los niveles, enseñar a los docentes para que puedan impartir esta educación.

Esto significa que la educación debe estar orientada no solo a la transmisión de conocimientos sino también al desarrollo integral de la persona. Por lo tanto, la educación constitucional debe estar orientada a inculcar un respeto profundo y un compromiso con los valores y principios democráticos. Debe enseñar a los estudiantes sobre sus derechos y libertades fundamentales y cómo estos se integran en una sociedad democrática[14]. Implica, a su vez, educar para la convivencia, la tolerancia, la igualdad y el respeto mutuo.

1.3.2. LOMLOE

Ley Orgánica 3/2020, de 29 de diciembre, por la que se modifica Ley Orgánica 2/2006, de 3 de mayo, de Educación. La ley se estructura en un artículo único con noventa y nueve apartados que modifican parcialmente setenta y seis artículos de la Ley orgánica 2/2006. Una ley sobre la que han surgido muchas polémicas y mucho rechazo por parte de la oposición, y por muchos sectores[15].

El texto del Preámbulo comienza reconociendo la importancia de la educación en las sociedades actuales, tanto para el bienestar individual como colectivo. Se hace un repaso histórico de la evaluación de los sistemas educativos, destacando la universalización de la enseñanza primaria y secundaria y la creciente importancia de la calidad educativa. También se argumenta la necesidad de actualizar la legislación educativa para responder a los desafíos actuales y revertir algunos de los cambios introducidos por la LOMCE y reconoce el

---

14 Véase Vidal Prado, C. "La educación cívica y constitucional en España". *Revista De Las Cortes Generales*, 116, 2023, pp. 135-169.

15 Véase Vivancos Comes, M. Límites a la libertad de enseñanza y Ley Orgánica de Educación (LOMLOE). Un debate constitucional en permanente definición, Revista de Derecho Político, 114, 2022, pp. 89-117.

impacto de la crisis económica y el uso generalizado de las tecnologías de la información en la educación, subrayando la necesidad de adaptar el sistema educativo a todos estos cambios.

La LOMLOE hace hincapié en una educación de calidad, en ella se considera que la calidad y excelencia de un sistema educativo han de encontrarse vinculadas a la equidad, es decir "sin que exista discriminación alguna por razón de nacimiento, sexo, origen racial o étnico, discapacidad...". Se debe garantizar "el derecho a la igualdad entre todos los ciudadanos a recibir una educación de calidad y el derecho a las diferencias sin que provoquen desigualdades ni discriminaciones"[16].

Se asumen así algunas tesis doctrinales ya expuestas anteriormente, por ejemplo, Fernando Rey considera que "la educación inclusiva y de calidad son dos caras de la misma moneda, sin inclusión no puede haber calidad"[17]. También se presta especial atención a la "participación, calidad, equidad, no discriminación e igualdad efectiva en el acceso y permanencia en el sistema educativo".

El objetivo fundamental para lograr una educación de calidad en la escuela, como dice Muntaner "es promover y conseguir el aprendizaje de todos los alumnos". Este autor continúa matizando que "esta educación de calidad solo será posible si se mantiene una relación de equilibrio entre los extremos de las dicotomías planteadas" y entiende la diversidad "como una solución, que nos conduce a una educación más de calidad cuanto más comprensiva, integral y promocionadora sea"[18]. El éxito dependerá también en buena medida de la inversión que se prevea en el ámbito educativo. Sin ella, será difícil alcanzar los objetivos.

De esta manera, la ley entre otros aspectos hace especial énfasis en la educación en valores cívicos y éticos, con un enfoque en la

---

16 Gimeno Sacristán, J, "El desarrollo curricular y la diversidad". En Muñoz, E., Rue, J., Educació en la diversitat i escola democrática, Barcelona: ICE-UAB, 1993, pp. 44.

17 Rey, F. Segregación escolar en España. Marcial Pons, Madrid, 2021, p. 14.

18 Muntaner J.J. "La igualdad de oportunidades en la escuela de la diversidad", Profesorado, Revista de currículum y formación del profesorado, 4(1), 2000, p. 5.

inclusión, la equidad y la calidad educativa. Incorpora la asignatura de "Educación en valores" tanto valores cívicos como éticos como un componente esencial para mejorar la calidad educativa, preparando a los estudiantes para ser ciudadanos responsables y conscientes.

La LOMLOE se enfoca en mejorar la calidad educativa a través de la promoción de la inclusión, la equidad, la adaptabilidad y la formación integral de los estudiantes. Se esfuerza por asegurar que cada estudiante tenga acceso a una educación que se adapte a sus necesidades y potencialidades, con el objetivo de promover el éxito y el desarrollo personal de todos los estudiantes.

La nueva ley educativa hace especial énfasis en la educación en valores cívicos y éticos, con un enfoque en la inclusión, la equidad y la calidad educativa. Además, incorpora la asignatura de "Educación en valores cívicos y éticos", incorporando así tanto valores cívicos como éticos como un componente esencial para mejorar la calidad educativa, preparando a los estudiantes para ser ciudadanos responsables y conscientes. A juicio de Burguera Ameave "esta materia debe situarse en el artículo 27.2 en conexión directa con el primer párrafo del mismo precepto pues con carácter general, si bien el primero de los párrafos proclama el derecho de todos/as a la educación y a la libertad de enseñanza, los objetivos de la primera quedan fijados en el apartado segundo en el que se establece el pleno desarrollo de la personalidad humana[19].

Según Vidal Prado, la educación cívica es fundamental para combatir la desafección política y promover la participación democrática, especialmente entre los jóvenes. Lo considera un medio esencial para inculcar valores democráticos y reforzar la identidad nacional[20]. Por este motivo, examina por qué la educación cívica ha sido un tema de conflicto en España, especialmente desde la introducción de la asignatura "Educación para la Ciudadanía" en 2006, pues pare-

---

19 Burguera Ameave, L. "Educación y adhesión a los principios y valores constitucionales", en Díaz Revorio, F.J y Vidal Prado, C. Enseñar la Constitución, Educar en democracia, Aranzadi, 2021, pp. 90-91.

20 Vidal Prado, C. La educación cívica en la última reforma educativa: una (nueva) oportunidad perdida", *Anuario de Derecho Eclesiástico del Estado*, vol. XXXIX, 2023, p. 499.

ce que está siempre vinculada a la polémica y al conflicto político[21], a diferencia de otros países europeos. También aborda cómo se ha introducido en la reciente reforma educativa de la LOMLOE y considera que se aleja de lo que debería ser la educación cívica[22], porque es una asignatura que podría facilitar la construcción de la identidad de las nuevas generaciones y el desarrollo de una sociedad intercultural, siempre que su objetivo fundamental sea la transmisión objetiva de los contenidos constitucionales y los valores democráticos, cosa que no se ha hecho en España, al dedicar más espacio a las cuestiones éticas e ideológicas, que son las que plantean los conflictos[23].

La asignatura de "Educación en valores cívicos y éticos" que ha incluido la LOMLOE se imparte como una materia obligatoria en uno de los cursos de la etapa de Educación Primaria y en uno de los cursos de la etapa de Educación Secundaria Obligatoria (ESO). Se centra en el desarrollo de los valores cívicos y éticos, como el respeto a los derechos humanos, la igualdad entre hombres y mujeres, la prevención del acoso escolar, el respeto a la diversidad y la importancia de la sociedad democrática. La asignatura busca promover una formación integral de los estudiantes en aspectos éticos, sociales y cívicos, fomentando el pensamiento crítico, la tolerancia, la solidaridad y el compromiso social[24]. La asignatura es de carácter obligatorio y evaluable, por lo que las calificaciones obtenidas por los estudiantes influirán en su expediente académico.

La introducción de esta asignatura ha sido parte de un debate más amplio en España sobre la educación en valores y la formación cívica y ética en las escuelas[25], sobre todo ha habido una especial con-

---

21 *Ibidem*, p. 499.

22 *Ibidem*, p. 500.

23 *Ibidem*, p. 503.

24 Ley Orgánica 3/2020, de 29 de diciembre, por la que se modifica la Ley Orgánica 2/2006, de 3 de mayo, de Educación, preámbulo.

25 Para Vidal Prado "la educación para la ciudadanía democrática debería consistir en la transmisión objetiva de conocimientos, para enseñar lo que es nuestra Constitución y su corolario indispensable". Para un estudio más profundo, Vid. Vidal Prado, C. "La educación cívica en la última reforma educativa..."

troversia en relación con la inclusión de temas como la educación sexual, la igualdad de género y el respeto a la diversidad.

Y aunque representa un paso importante hacia la inclusión de una educación más reflexiva en el currículo escolar, sin embargo, su implementación y desarrollo práctico en las aulas continúan siendo temas de discusión y evolución en el contexto educativo de España.

2. EDUCACIÓN CONSTITUCIONAL

La educación constitucional es un instrumento esencial para la promoción de los principios democráticos en una sociedad. Estos principios no solo configuran un aspecto fundamental de los sistemas democráticos, sino que también garantizan la cohesión y el respeto mutuo entre los ciudadanos. La educación constitucional se refiere a un proceso educativo centrado en la enseñanza y el aprendizaje de los principios, valores, derechos y deberes establecidos en una constitución, así como en el funcionamiento de las Instituciones del Estado y el marco legal que regula la convivencia democrática en una sociedad. Esta forma de educación tiene como objetivo principal formar a los ciudadanos informados, críticos y comprometidos con la defensa y promoción del orden constitucional y los derechos humanos.

Por lo tanto, los elementos clave de la Educación constitucional son, por un lado, la enseñanza de los principios y valores fundamentales recogidos en la Constitución, que abordaremos a continuación:

2.1. La igualdad

El principio de igualdad es uno de los pilares fundamentales sobre los que se asienta el ordenamiento jurídico español. Este principio está consagrado en la Constitución española de 1978 y se desarrolla principalmente en su art. 14, aunque también se encuentra respaldado en otros preceptos constitucionales como en el artículo 1.1, como valor superior del ordenamiento jurídico y en el artículo 9.2 como igualdad material, entre otros.

El art. 14, el principio de igualdad y no discriminación, implica que todas las personas deben ser tratadas de la misma manera en las mismas circunstancias. Este aspecto del principio de igualdad se centra en la no discriminación y la prohibición de trato desigual.

La igualdad material reconocida en el art. 9.2 CE va más allá de la mera igualdad formal y busca asegurar que todas las personas tengan oportunidades reales y efectivas de desarrollo. Para alcanzar esta igualdad sustantiva, el Estado puede y debe adoptar medidas de acción positiva que corrijan desigualdades de hecho existentes en la sociedad.

Educar a la ciudadanía en derechos constitucionales contribuye a promover la igualdad, garantizando que todos los niños y las niñas completen su educación en igualdad de condiciones, eliminando las disparidades de género en la educación y en el acceso igualitario a todos los niveles de educación y formación profesional para los más vulnerables.

Es necesario hacer hincapié también en la educación en igualdad y violencia de género, es decir, educar en igualdad para intentar erradicar la violencia de género. En este sentido, siguiendo el esquema anterior, si al ODS 4, le añadimos el ODS 5 sobre igualdad de género, podemos resaltar la necesidad de incorporar la igualdad como instrumento educativo mediante los currículos educativos[26]. Así viene reflejado en la LOMLOE, en la que en su art. 25 apartado c) establece que "se debe fomentar la igualdad efectiva de derechos y oportunidades de mujeres y hombres, analizar y valorar críticamente las desigualdades existentes, así como el reconocimiento y enseñanza del papel de las mujeres en la historia e impulsar la igualdad real y la no discriminación por razón de nacimiento, sexo, religión o creencias, orientación sexual o identidad de género o cualquier otra condición o circunstancia personal o social".

Así lo señala la profesora Martín "la perspectiva de género debe darse en todos los espacios, también en educación. Los sistemas educativos y cualquier aspecto relacionado con ellos han de tener en

---

26 Souto Galván, C. *El derecho a una educación universal inclusiva*, Dykinson, 2023, pp. 202-205.

cuenta las cuestiones de género, atendiendo las necesidades específicas de mujeres y niñas, diferentes a las que puedan tener los hombres y los niños". Y continúa remarcando que "la introducción de este enfoque en la educación, sin duda, es un factor potencialmente transformador de las sociedades"[27].

En los últimos años se han logrado avances en materia de igualdad de género mediante la creación y la reforma de la legislación en muchos países. Sin embargo, los recursos y presupuestos para conseguir los compromisos contraídos para los derechos de la mujer aún no son suficientes.

Una de cada cinco mujeres y niñas a nivel mundial ha experimentado violencia física o sexual por parte de su pareja en el último año. Además, 200 millones de mujeres continúan siendo afectadas por prácticas perjudiciales como la mutilación genital femenina y enfrentan barreras con relación a sus derechos sexuales y reproductivos[28].

El ODS 5 pretende facilitar a las mujeres y niñas igualdad en el acceso a la educación y atención médica, en las oportunidades para conseguir un trabajo digno y en la representación en los procesos de adopción de decisiones políticas y económicas[29].

Por lo que dentro del ODS 4 y el ODS 5 hay un énfasis general en proporcionar "una educación de calidad" "inclusiva y equitativa" y que "promueve la cultura de paz y no violencia". Muchos de los principios y valores inherentes a la educación constitucional están implícitos en varios de los ODS, como el respeto a los derechos humanos, la justicia, la equidad, la inclusión y la promoción de una cultura cívica informada.

Además, en la LOMLOE se dispone que la promoción de la calidad y excelencia del sistema educativo ha de encontrarse vinculada a

---

27 Martín Sánchez, M. "Atención a la diversidad, inclusión y género en la educación", en Díaz Revorio, F.J y Vidal Prado, C. Enseñar la Constitución, Educar en Democracia, Aranzadi, 2021, p. 149.

28 Pacto Mundial, Red española, ODS 5, Igualdad de género, disponible en: https://www.pactomundial.org/ods/5-igualdad-de-genero/ consultado 09/12/2023.

29 *Ibidem.*

la equidad, es decir "sin que exista discriminación alguna por razón de nacimiento, sexo, origen racial o étnico, discapacidad…". Y, por lo tanto, como hemos visto en el apartado dedicado a esta Ley, la igualdad se incorpora en los currículos educativos de manera transversal. Asimismo, la Ley Orgánica de Universidades (LOSU) establece requisitos en materia de igualdad entre mujeres y hombres previos a la creación de una universidad, como los planes de igualdad, o la eliminación de la brecha salarial y de toda forma de acoso.

Todas estas medidas permiten una convivencia en valores democráticos y buscan garantizar el principio de igualdad y no discriminación. Además, persiguen rectificar cualquier situación de desventaja y de acoso, tanto del alumnado como del profesorado. Todo ello, para erradicar la violencia de género, que vulnera abiertamente los derechos fundamentales de las mujeres, como es el derecho a la vida, a la integridad física y psíquica. Esto genera una obligación al Gobierno y los poderes públicos, que deben llevar a cabo la aplicación de medidas que hagan reales y efectivos los derechos jurídicamente reconocidos, asegurando el pleno ejercicio de su condición de ciudadanas.

2.2. La dignidad[30]

La dignidad es un valor superior del ordenamiento jurídico y la base sobre la cual se asientan los derechos fundamentales[31]. En el contexto de la Constitución española de 1978, la dignidad de la persona es el núcleo central que guía la interpretación de todos los derechos fundamentales.

El art. 10.1 de la CE establece que "la dignidad de la persona, los derechos inviolables que le son inherentes, el libre desarrollo de la

30 Véase al respecto un estudio Oehling de los Reyes. A. La dignidad de la persona: evolución histórico-filosófica, concepto, recepción constitucional y relación con los valores y derechos fundamentales. Dykinson, 2010.

31 Campos Monge, J. "El concepto de dignidad de la persona humana a la luz de la teoría de los derechos humanos, PRO HUMANITAS, Revista Especializada de la Comisión de Derechos humanos, Justicia y Políticas Carcelarias, nº1, 2007, pp. 27-29.

personalidad, el respeto a la ley y a los derechos de los demás son fundamento del orden político y de la paz social". Este precepto coloca la dignidad humana en un lugar primordial dentro del sistema constitucional. La STC 53/1985[32] reconoce el derecho que tiene cada uno de establecer libremente su vida de manera responsable y a obtener el respeto de los demás, y manifiesta que "es la proyección de un valor superior del ordenamiento jurídico constitucional —la vida humana— y constituye el derecho fundamental esencial y troncal en cuanto es el supuesto ontológico sin el que los restantes derechos no tendrían existencia posible".

La dignidad humana es inherente a todas las personas por el mero hecho de serlo. No es otorgada por el Estado ni puede ser condicionada o retirada. Esta perspectiva ontológica resalta que cada individuo posee un valor intrínseco que sebe ser respetado y protegido por todas las instituciones.

Desde una perspectiva jurídica, la dignidad se manifiesta en la protección de los derechos fundamentales. El Tribunal Constitucional ha subrayado en varias ocasiones que cualquier vulneración de los derechos fundamentales afecta directamente a la dignidad de la persona. La Constitución y el ordenamiento jurídico español establecen diversas garantías para proteger esta dignidad, como reza el artículo 15 de la CE en él se prohíbe expresamente la tortura y los tratos inhumanos o degradantes, subrayando la inviolabilidad de la dignidad personal.

El Tribunal Constitucional ha desarrollado una extensa jurisprudencia que profundiza en el concepto de dignidad y su aplicación práctica. Como hemos visto en la Sentencia 53/1985, se establece que "la dignidad de la persona, como valor superior del ordenamiento jurídico, debe informar la interpretación de los derechos y libertades fundamentales". Asimismo, en la STC 120/1990, el tribunal resaltó que la dignidad humana es un valor que no puede ser objeto de

---

32 SENTENCIA 53/1985, de 11 de abril (BOE núm. 119, de 18 de mayo de 1985). Fundamento jurídico 3.

negociación ni vulneración por razones de utilidad pública o interés general, reafirmando su carácter absoluto e inalienable[33].

La dignidad es el pilar sobre el cual se construye el sistema de derechos y libertades en la Constitución española. Su reconocimiento y protección son esenciales para garantizar una convivencia justa y respetuosa, basada en el respeto mutuo y la igualdad[34].

2.3. La solidaridad

La solidaridad y la libertad son también principios consagrados en la Constitución española, y su enseñanza mediante la educación constitucional es esencial para formar ciudadanos comprometidos con una convivencia democrática y justa[35]. Estos principios no solo reflejan valores éticos y sociales, sino que también tienen una dimensión jurídica que orienta la interpretación y aplicación del derecho.

La solidaridad se menciona explícitamente en el art. 2 de la CE y afirma que la Constitución "se fundamenta en la indisoluble unidad de la Nación española, patria común e indivisible de todos los españoles, y reconoce y garantiza el derecho a la autonomía de las nacionalidades y regiones que la integran y la solidaridad entre todas ellas". Este precepto subraya la interdependencia y el apoyo mutuo entre las diversas comunidades autónomas y los ciudadanos. La solidaridad implica una redistribución justa de los recursos y oportunidades, asegurando que todas las personas puedan vivir con dignidad. El art. 138 CE establece que "el Estado garantiza la realización efectiva del principio de solidaridad consagrado en el art. 2, velando por el establecimiento de un equilibrio económico, adecuado y justo entre

---

33 SENTENCIA 120/1990, de 27 de junio (BOE núm. 181, de 30 de julio de 1990). Fundamento jurídico 4.

34 Carpizo, J. "Los Derechos Humanos: naturaleza, denominación y características", *Cuestiones Constitucionales, Revista Mexicana de Derecho Constitucional*, 25, 2011, pp. 5-7.

35 Véase Equipo Editorial de Tendencias Pedagógicas. El debate sobre el derecho a la educación en la elaboración de la Constitución Española de 1978. Tendencias Pedagógicas, 32, 2018, pp. 202-256.

las diversas partes del territorio español". Este equilibrio se busca a través de políticas de cohesión social y territorial.

Por lo que es importante el conocimiento de la solidaridad, pues fomenta la cohesión social, enseñando a los estudiantes la importancia de la ayuda mutua y la responsabilidad compartida, además aprenden a reconocer las desigualdades sociales y económicas promoviendo una distribución equitativa de recursos y oportunidades.

La solidaridad en la educación constitucional motiva a los ciudadanos a participar activamente en la comunidad y a contribuir al bienestar colectivo.

2.4. *La libertad*

A su vez, es necesario enseñar qué es la Libertad, como uno de los valores superiores del ordenamiento jurídico español, establecido en el art. 1.1 CE, que afirma que España se constituye en un Estado social y democrático de Derecho que propugna como valores superiores de su ordenamiento jurídico "la libertad, la justicia, la igualdad y el pluralismo político".

La libertad se concreta en diversos derechos fundamentales, tales como la libertad de expresión (art.20), la libertad de asociación (art. 22), la libertad de reunión (art. 21) y la libertad religiosa (art. 16). Estos derechos son esenciales para el desarrollo individual y la participación democrática. Por lo que la enseñanza de la libertad promueve el pensamiento crítico, la autonomía personal y la capacidad de los estudiantes para tomar decisiones informadas y responsables, todas ellas competencias específicas de la LOMLOE. Además, la educación en libertad fomenta el respeto a la diversidad de opiniones y creencias.

Desde una perspectiva constitucional, la solidaridad y la libertad son principios fundamentales que deben ser enseñados mediante la educación constitucional para garantizar una sociedad democrática y justa.

Además, es fundamental en el desarrollo de la educación constitucional, enseñar los derechos y los deberes de los ciudadanos, así como las garantías para su protección. La comprensión del diseño y las funciones de las instituciones del Estado, incluyendo el poder legislativo, el poder ejecutivo y el poder judicial. La profesora de la Iglesia menciona que "la democracia constitucional sigue siendo, a pesar de sus crisis, el modelo que mejor ha garantizado a lo largo de la historia, los derechos y libertades de los ciudadanos. Por eso, es necesaria su enseñanza en las distintas fases educativas"[36].

El conocimiento de estos principios forma la base de una educación completa, no solo basada en conocimientos teóricos, sino también mediante competencias prácticas y valores éticos, instrumentos que les ayuden a reflexionar y participar, preparándolos para ser ciudadanos informados y comprometidos con la sociedad democrática.

3. HERRAMIENTAS PARA LA INCLUSIÓN DEL ESTUDIO DE UNA EDUCACIÓN CONSTITUCIONAL

Como aspecto fundamental de una educación de calidad podemos destacar la educación constitucional, que se enfoca en enseñar a la ciudadanía sobre sus derechos, responsabilidades y en el funcionamiento del gobierno, según la constitución de un país. Esto se debe a que contribuye a formar ciudadanos informados, empoderados y activos que pueden participar de manera efectiva en la sociedad democrática, una meta que está en consonancia con el espíritu de los ODS.

La asignatura de Educación para la Ciudadanía ha sido una de las más controvertidas y discutidas en el sistema educativo español desde su introducción en las diferentes leyes de educación. Esta Asignatura se diseñó con el objetivo de proporcionar a los estudiantes una formación integral en valores democráticos y derechos humanos, fomentando así una ciudadanía activa y responsable.

La Ley Orgánica 2/2006, de 3 de mayo, de Educación (LOE), fue una norma que introdujo la asignatura de Educación para la Ciu-

---

36 De la Iglesia Chamarro, A. "Los elementos de la identidad constitucional como contenido necesario de la educación", op. cit., p. 226.

dadanía y los Derechos Humanos. Esta asignatura se incluyó en los currículos de la Educación Primaria y Secundaria Obligatoria (ESO). El objetivo principal, según la LOE, era "preparar a los alumnos para el ejercicio de la ciudadanía y para la participación activa en la vida económica, social y cultural, con actitud crítica y responsable".

Los contenidos de la asignatura se centraban en el conocimiento de los derechos humanos, los valores democráticos, la igualdad de género, el respeto por la diversidad y la educación en valores cívicos y éticos. Se dividía en varias temáticas: convivencia, respeto a la diversidad, los derechos y deberes ciudadanos, y la democracia y sus instituciones.

La asignatura se implementó en el curso escolar 2007-2008. En Primaria, se introdujo en el tercer ciclo, y en la ESO, se distribuyó en uno de los cursos de 1° o 3°. Los métodos de la enseñanza iban enfocados a una participación más activa por parte del alumnado y un pensamiento crítico, utilizando debates, trabajos en grupo y análisis de casos prácticos[37].

Según los objetivos establecidos en el texto inicial de la LOE, en la etapa de Educación Secundaria Obligatoria se destaca en el art. 23 a "Asumir responsablemente sus deberes, conocer y ejercer sus derechos en el respeto a los demás, practicar la tolerancia, la cooperación y la solidaridad entre las personas y grupos, ejercitarse en el diálogo afianzando los derechos humanos como valores comunes de una sociedad plural y prepararse para el ejercicio de la ciudadanía democrática" y así, se verá reflejado en el art. 24 en su apartado 3 "En uno de los tres primeros cursos todos los alumnos cursarán la materia de educación para la ciudadanía y los derechos humanos en la que se prestará especial atención a la igualdad entre hombres y mujeres".

---

37 Art. 23 de la Ley Orgánica 2/2006, de 3 de mayo, de Educación (LOE), apartado b) Desarrollar y consolidar hábitos de disciplina, estudio y trabajo individual y en equipo como condición necesaria para una realización eficaz de las tareas del aprendizaje y como medio de desarrollo personal y g) Desarrollar el espíritu emprendedor y la confianza en sí mismo, la participación, el sentido crítico, la iniciativa personal y la capacidad para aprender a aprender, planificar, tomar decisiones y asumir responsabilidades

La introducción de la asignatura generó un amplio debate social y político. Algunos sectores consideraban que ciertos contenidos, especialmente aquellos relacionados con la educación afectivo-sexual y la igualdad de género, eran una intromisión en la libertad de educación y en los derechos de los padres a educar a sus hijos según sus propias-convicciones[38]. Este debate llevó a que algunas comunidades autónomas[39] y grupos de padres presentaran objeciones y solicitaran la exención de sus hijos de esta asignatura.

En 2013 con la aprobación de la Ley Orgánica para la Mejora de la Calidad Educativa (LOMCE), se introdujeron cambios significativos en la estructura curricular. La LOMCE sustituyó la asignatura de Educación para la Ciudadanía por dos nuevas materias: Valores sociales y cívicos en Primaria y valores éticos en la ESO.

Estas asignaturas mantienen algunos de los objetivos originales de Educación para la Ciudadanía, pero con un enfoque menos polémico y más consensuado, centrado en valores éticos universales y derechos humanos.

---

38 Entre otros véase Cámara Villar, G. "El debate sobre los valores en el currículo sobre Educación para la Ciudadanía y los Derechos Humanos". En V. Mayoral et al. La Sentencia. Educación para la Ciudadanía, Wolters Kluwer, pp. 47-62, 2009, Madrid. Cordero, C. Educación para la ciudadanía. Una asignatura a debate: normativa, libros de texto y opiniones del profesorado, del alumnado y las familias (Tesis Doctoral), UNED, 2015, Madrid. Hernández Beltrán, J. C. A vueltas con Educación para la ciudadanía. Política y Pedagogía. Aula, *Revista de Pedagogía de la Universidad de Salamanca,* 15, 2009, pp. 175-200. Nuevo López, P. La introducción de la asignatura "Educación para la ciudadanía" y la concepción constitucional del pluralismo político, *Cuadernos constitucionales de la Cátedra Fadrique Furió Ceriol,* nº 56, 2006, pp. 61-79.

39 Véase el estudio de Gómez Rodríguez, A. E. y García Ruiz, C R. Didáctica de las Ciencias Experimentales y Sociales, 37, 2019, pp. 51-66. En el que refleja la actuación de las CCAA ante la implementación de la LOE "Las comunidades gobernadas por el PP adoptaron medidas para retrasar, impedir o transformar la materia (Castilla y León, País Valenciano, Madrid, La Rioja y Murcia). Otras como Galicia y Baleares, al perder el gobierno el PP las derogaron. Navarra, donde la Iglesia tiene fuerte arraigo y gobernaba la derecha, mantuvo una postura independiente. En los primeros momentos, la oposición institucional no tuvo plan prefijado, actuando cada autonomía de manera descoordinada".

En 2020, se produce de nuevo un cambio importante respecto a la implementación de esta asignatura, con la llegada de la Ley Orgánica 3/2020, de 29 de diciembre, por la que se modifica la Ley orgánica de Educación, y se mantiene la importancia de la educación en valores cívicos y éticos. Se recupera la relevancia de la formación en derechos humanos, igualdad de género y diversidad. La LOMLOE reintroduce la materia de educación en valores cívicos y éticos en el currículo de la Educación primaria y secundaria obligatoria, fortaleciendo el objetivo de formar a los estudiantes en una ciudadanía activa y comprometida con los valores democráticos.

Uno de los principales retos sigue siendo la superación de las controversias políticas y sociales en torno a los contenidos de la asignatura. Es fundamental alcanzar un consenso amplio que permita consolidar una educación cívica y ética inclusiva y respetuosa con la diversidad de la sociedad española.

En el preámbulo de la LOMLOE se establece que "Asimismo, en la disposición adicional cuadragésima primera se añade la necesidad de que la comunidad educativa tenga un conocimiento profundo de la historia de la democracia en España desde sus orígenes hasta la actualidad. El estudio y análisis de nuestra memoria democrática permitirá asentar los valores cívicos y contribuirá en la formación de ciudadanas y ciudadanos más libres, tolerantes y con sentido crítico. El estudio de la memoria democrática deberá plantearse, en todo caso, desde una perspectiva de género, haciendo especial hincapié en la lucha de las mujeres por alcanzar la plena ciudadanía"[40].

Lo que se establece en la Ley, respecto a la inclusión de esta asignatura, es fortalecer la educación en valores democráticos, promoviendo una ciudadanía activa y comprometida con la defensa de los derechos humanos y el respeto a la diversidad. Según el informe de la Fundación CIVES, la asignatura ha contribuido significativamente a mejorar el conocimiento de los derechos humanos y la participación democrática entre los jóvenes[41]. Sin embargo, las evaluaciones

---

40 Ley Orgánica 3/2020, de 29 de diciembre, por la que se modifica la Ley Orgánica 2/2006, de 3 de mayo, de Educación.

41 Fundación CIVES, Educación, Ciudadanía y Memoria Democrática: Programa de apoyo al profesorado para la incorporación de la Memoria Demo-

también han señalado la necesidad de mejorar la formación del profesorado y los recursos didácticos para garantizar una implementación efectiva y coherente de los objetivos de la asignatura[42].

En cuanto al material que se utiliza para impartir la asignatura de Valores Cívicos y Éticos son libros de texto y manuales[43]. También se utilizan muchos recursos Audiovisuales y Digitales, como vídeos educativos y documentales que explican valores cívicos y éticos a través de historias y ejemplos prácticos y plataformas educativas online Educaixa y Civitas que ofrecen recursos interactivos sobre valores cívicos y éticos[44]. Y también utilizan recursos en línea y bases de datos, así el Ministerio de Educación y Formación Profesional ha elaborado una serie de recursos oficiales y materiales educativos que están disponibles en el portal del Ministerio[45].

---

crática al currículo Escolar, Secretaría de Estado de Memoria Democrática y la Fundación CIVES, 2023, pp. 9-10.

42 Véase García Álvarez, D. Educación para la ciudadanía y dimensión europea en el nuevo currículo para la Enseñanza Secundaria Obligatoria (ESO). *Gestión y Análisis de Políticas Públicas*, 32, 2023, pp. 68-80, en el que comenta que "la publicación de la nueva ley de educación implica el desarrollo de un nuevo currículo educativo, el cual ha sido recientemente aprobado por el Gobierno central (RD 217/2022). Actualmente, el currículo se está comenzando a implementar de forma efectiva, una vez completado su desarrollo a nivel autonómico y de centro".

43 VV. AA, Educación en valores Cívicos y Éticos 1º / 2º proyecto, Revuela, Madrid, Ediciones SM, Madrid, 2023. Equipo Editorial, "Educación En Valores Cívicos y Éticos", Editorial Vicens Vives, 2022.
VV.AA. Educación En Valores Cívicos Y Éticos 2º ESO Construyendo Mundos, Ediciones Grazalema, S.L, 2024. Grupo Pandora, Educación en valores cívicos y éticos, Editorial: AKAL, 2023, entre otros, porque depende de cada CCAA cómo impartir las asignaturas, en cuanto al contenido.

44 Educación 3.0 https://www.educaciontrespuntocero.com/recursos/cortometrajes-educar-en-valores/#google_vignette, Escritorio GENiOX https://www.youtube.com/watch?v=d8kch-5fFr0 EduCaixa https://educaixa.org/es/-/recurso/visualizacion-4 https://educaixa.org/es/-/8-peliculas-para-educar-en-valores-a-jovenes

45 https://educagob.educacionfpydeportes.gob.es/ensenanzas/secundaria/recursos-educativos.html. Y de otros Ministerios que también han elaborado material didáctico https://www.miteco.gob.es/es/ceneam/recursos/pag-web/guia-educacion-valores-cooperacion-milenio.html, Ministerio para la Transición Ecológica y el Reto Demográfico.

Como vemos, se ha elaborado abundante material para enseñar en valores cívicos y éticos y alcanzar las competencias recogidas en la LOMLOE, el problema, en palabras del profesor Vidal "no es solamente del diseño curricular, sino su reflejo en los libros de texto, que solo de modo muy excepcional han afrontado con rigor y de modo adecuado este tipo de enseñanzas sobre nuestra Norma Suprema"[46].

La enseñanza de la asignatura de Valores Cívicos y Éticos es fundamental para formar ciudadanos responsables, críticos y comprometidos con la convivencia democrática. Los libros de texto, manuales, recursos audiovisuales y digitales, y materiales didácticos complementarios son esenciales para proporcionar una educación integral en estos valores. Estos recursos permiten a los estudiantes a entender y aplicar principios como el respeto, la igualdad, la justicia y la responsabilidad social, promoviendo así una sociedad más justa y comprometida con la comunidad política.

Pero ¿realmente se están enseñando de "modo adecuado" estos valores y principios democráticos?

Como dice el profesor Vidal, solo de "modo muy excepcional" se han impartido las enseñanzas sobre la Constitución, por lo que desde diferentes sectores de la Universidad se han elaborado herramientas[47]

---

46 Vidal Prado, C. "La educación cívica y constitucional en España. *Revista De Las Cortes Generales,* (116), 2023, pp. 135-169.

47 Entre otros, *Conoce la Constitución española de 1978: Guía didáctica para estudiantes,* Dykinson, Madrid, 2023. Díaz Revorio, F.J. y Vidal Prado, C. *Enseñar en la Constitución, educar en democracia,* Aranzadi, Navarra, 2021. García Costa, F.M y González García, I., *Olimpiada Constitucional: La enseñanza de la Constitución en la Educación Secundaria en tiempos de crisis y reformas constitucionales,* Tirant lo Blanch, 2021. Fernando Rey, Catedrático de Derecho Constitucional por la UVA promovió la elaboración de materiales, en el marco del programa '40 años de Constitución' sobre el sistema constitucional español dirigido a profesorado de Secundaria y Bachillerato, que se plasmó en diferentes cursos de formación de profesorado, y que sigue disponible en la web de la Junta de Castilla y León: https://constitucion40.crfptic.es/ El principal objetivo de estos materiales y de los cursos es dar a conocer el sistema constitucional español al profesorado para su posterior traslado a los alumnos y en ellos se trabajan las competencias didácticas, de trabajo en equipo y social-relacional.

y se han puesto en marcha proyectos de investigación[48], que ayudan a orientar la educación constitucional de manera correcta y preservando los principios y valores constitucionales y que estos "contenidos no son sólo específicos, sino también transversales, que aborden los valores plasmados en la Constitución de cada país"[49].

Vidal, también se cuestiona el nombre de la asignatura, porque al incluir la palabra "éticos", desvirtúa el estudio en valores democráticos y constitucionales, y no está dirigido a la enseñanza de la Constitución[50]. Y continúa dando ejemplos de nombres que serían más adecuados para impartir el conocimiento de la Constitución... "debería llamarse «valores cívicos y democráticos», o «Educación cívica y en valores democráticos» o incluso «Educación constitucional»". En mi opinión, nombres más adecuados que no desvirtúan la enseñanza constitucional y permiten una clara inclusión en el currículo educativo de los principios y valores democráticos y de la educación constitucional.

4. REFLEXIONES FINALES: IMPACTO SOCIAL Y CIUDADANÍA

La enseñanza de la educación constitucional es esencial para la formación de ciudadanos conscientes, responsables y comprometidos con los valores democráticos y los derechos humanos. Para lo que es necesario partir un análisis profundo de los principios funda-

---

48 Proyecto de investigación «Educar en valores, construir ciudadanías», Ministerio de Ciencia e Innovación. Agencia Estatal de Investigación. Proyectos de Generación de Conocimiento 2021. Referencia: PID2021-127680OB-I00. Vid. la página web del proyecto, con numerosa información y recursos: https://civiceducation.es/

49 Vidal Prado, C., "La educación cívica y constitucional en España ...", op. cit., pp. 135.

50 *Ibidem*, p. 147. Y continúa dando ejemplos de nombres que serían más adecuados para impartir el conocimiento de la Constitución... "debería llamarse «valores cívicos y democráticos», o «Educación cívica y en valores democráticos» o incluso «Educación constitucional»". En mi opinión, nombres más adecuados que no desvirtúan la enseñanza constitucional.

mentales de la Constitución española, como la dignidad, la libertad, la igualdad y la solidaridad.

Como vemos, todo el marco normativo refleja la necesidad de mejorar la calidad educativa y, por lo tanto, se constata su empeño en remarcar la necesidad de educar en valores y principios democráticos, y con ello también en igualdad de condiciones y de oportunidades a todas las personas, sin discriminación alguna.

La educación constitucional proporciona a los estudiantes un conocimiento sólido sobre el funcionamiento del Estado, de las instituciones y los derechos y deberes de los ciudadanos. Este conocimiento es fundamental para que puedan participar activamente en la vida democrática, tomar decisiones informadas, ejercer sus derechos y asumir sus deberes constitucionales con responsabilidad[51].

Al enseñar principios y valores como la libertad, la igualdad, la justicia y la solidaridad, la educación constitucional inculca valores esenciales para la convivencia democrática. Asimismo, la educación en derechos fundamentales y libertades contribuye a la protección y promoción de los derechos humanos, con la intención de que aprendan a respetar la dignidad de las personas y a actuar en contra de cualquier forma de discriminación o injusticia social.

Los problemas, o las dudas que surgen se centran, como hemos visto, en si realmente se enseña la Constitución mediante las asignaturas recogidas en los currículos educativos que desarrolla la LOMLOE.

En principio, entre las asignaturas que hemos señalado como en "Valores Cívicos y Éticos" sí se reconoce (aunque sea parcialmente) el estudio de estas materias[52]. Enseñan habilidades para la convivencia pacífica, la resolución de conflictos y el diálogo constructivo, se enfatiza en la necesidad de respetar y proteger los derechos de todos los individuos, independientemente de su origen, sexo, religión o

---

51 Moretón Toquero, A y Espinosa Bayal, A. "La incorporación del contenido constitucional en el currículo educativo desde la perspectiva evolutiva" ...p. 413.

52 Real Decreto 243/2022, de 5 de abril, por el que se establecen la ordenación y las enseñanzas mínimas del Bachillerato.

condición social. Además, en Bachillerato se especifica como objetivo desarrollar capacidades para que el alumnado pueda "ejercer la ciudadanía democrática, desde una perspectiva global, y adquirir una conciencia cívica responsable, inspirada por los valores de la Constitución Española, así como por los derechos humanos, que fomente la corresponsabilidad en la construcción de una sociedad justa y equitativa"[53].

Por lo que hay que remarcar la importancia de impartir estas asignaturas, pero centrándose especialmente en la necesidad de enseñar la Constitución y Educar en Democracia, sin desvirtuar las competencias reconocidas, ni en la LOMLOE, ni en el Real Decreto y adecuar el material docente a una correcta inclusión de la enseñanza de la Constitución.

Los estudiantes concluyen su educación escolar justo al borde de alcanzar la mayoría de edad, momento en el que adquieren una responsabilidad democrática significativa, así como el derecho de sufragio activo. Sin una adecuada instrucción sobre el significado de este derecho, la noción de soberanía popular y la importancia de su participación en el sistema democrático, se corre el riesgo de generar un vacío político. La educación constitucional es, por tanto, esencial para sostener una ciudadanía que se integra por primera vez en la esfera política, y que debe ser plenamente consciente de sus obligaciones y responsabilidades inherentes a su nueva condición de electores.

BIBLIOGRAFÍA

Aláez Corral, B. "El ideario educativo constitucional como límite a las libertades educativas", Revista europea de derechos fundamentales, nº17, 2011.

Álvarez Vélez, Mª I y Marañón Gómez, R. (coords.) Conoce la Constitución española de 1978: Guía didáctica para estudiantes, Dykinson, Madrid, 2023.

---

53 Art. 7 del RD 243/2022, de 5 de abril, por el que se establecen la ordenación y las enseñanzas mínimas del Bachillerato.

Burguera Ameave, L. "Educación y adhesión a los principios y valores constitucionales", en Díaz Revorio, F.J y Vidal Prado, C. Enseñar la Constitución, Educar en democracia, Aranzadi, 2021.

Cámara Villar, G. El debate sobre los valores en el currículo sobre Educación para la Ciudadanía y los Derechos Humanos. En V. Mayoral et al. La Sentencia. Educación para la Ciudadanía, Wolters Kluwer, pp. 47-62, 2009, Madrid.

Campos Monge, J. "El concepto de dignidad de la persona humana a la luz de la teoría de los derechos humanos, PRO HUMANITAS, Revista Especializada de la Comisión de Derechos humanos, Justicia y Políticas Carcelarias, nº1, 2007.

Carpizo, J. "Los Derechos Humanos: naturaleza, denominación y características" Cuestiones Constitucionales, Revista Mexicana de Derecho Constitucional, nº 25, 2011.

Cordero, C. Educación para la ciudadanía. Una asignatura a debate: normativa, libros de texto y opiniones del profesorado, del alumnado y las familias (Tesis Doctoral), UNED, Madrid, 2015.

De la Iglesia Chamarro, A. "Los elementos de la identidad constitucional como contenido necesario de la educación", pp. 217-237. En Díaz Revorio, F.J. y Vidal Prado, C. Enseñar la Constitución, educar en democracia, Thomson Reuteurs Aranzadi, Navarra, 2021.

Díaz Revorio, F.J. y Vidal Prado, C. Enseñar en la Constitución, educar en democracia, Aranzadi, Navarra, 2021.

Equipo Editorial de Tendencias Pedagógicas. El debate sobre el derecho a la educación en la elaboración de la Constitución Española de 1978. Tendencias Pedagógicas, nº 32, 2018.

García Álvarez, D. Educación para la ciudadanía y dimensión europea en el nuevo currículo para la Enseñanza Secundaria Obligatoria (ESO). *Gestión y Análisis de Políticas Públicas,* nº 32, 2023.

Gimeno Sacristán, J, El desarrollo curricular y la diversidad. En Muñoz, E., Rue, J., Educació en la diversitat i escola democrática, Barcelona: ICE-UAB, 1993.

Gómez Rodríguez, A. E. y García Ruiz, C R. Didáctica de las Ciencias Experimentales y Sociales, nº 37, 2019.

Hernández Beltrán, J. C. A vueltas con Educación para la ciudadanía. Política y Pedagogía. Aula, Revista de Pedagogía de la Universidad de Salamanca, 15, 2009.

Martín Sánchez, M. Atención a la diversidad, inclusión y género en la educación, en Díaz Revorio, F.J y Vidal Prado, C. Enseñar la Constitución, Educar en Democracia, Aranzadi, 2021.

Moretón Toquero, A y Espinosa Bayal, A. "La incorporación del contenido constitucional en el currículo educativo desde la perspectiva evolutiva", p. 410. En Díaz Revorio, F.J. y Vidal Prado, C. Enseñar la Constitución, educar en democracia, Thomson Reuteurs Aranzadi, Navarra, 2021.

Muntaner J.J. "La igualdad de oportunidades en la escuela de la diversidad", Profesorado, Revista de currículum y formación del profesorado, nº 4, 2000.

Nuevo López, P. La introducción de la asignatura "Educación para la ciudadanía" y la concepción constitucional del pluralismo político, Cuadernos constitucionales de la Cátedra Fadrique Furió Ceriol, nº 56, 2006.

Oehling de los Reyes. A. La dignidad de la persona: evolución histórico-filosófica, concepto, recepción constitucional y relación con los valores y derechos fundamentales. Dykinson, 2010.

Rastrollo Ripollés, A. "Sinopsis artículo 45", 2017. https://app. congreso.es/consti/constitucion/indice/sinopsis/sinopsis.jsp?art=45&tipo=2

Rey, F. Segregación escolar en España. Marcial Pons, Madrid, 2021.

Rodríguez-Patrón, P. "La educación cívica en EE.UU.: participación y "freedom of speach" en la escuela. Una visión desde el art. 27.2 CE". En Díaz Revorio, F.J. y Vidal Prado, C. Enseñar la Constitución, educar en democracia, Thomson Reuteurs Aranzadi, Navarra, 2021.

Souto Galván, C. EL derecho a una educación universal inclusiva, Dykinson, 2023.

SINDIC. Informe sobre los derechos del niño, SINDIC el Defensor de les persones, 2013.

Vidal Martín, T. Los derechos educativos en el ámbito de las autonomías, pp. 508-509. En Díaz Revorio, F.J. y Vidal Prado, C. Enseñar la Constitución, educar en democracia, Thomson Reuteurs Aranzadi, Navarra, 2021.

Vidal Prado, C. La educación cívica y constitucional en España. *Revista De Las Cortes Generales,* (116), 2023.

· La educación cívica en la última reforma educativa: una (nueva) oportunidad perdida, Anuario de Derecho Eclesiástico del Estado, vol. XXXIX, 2023.

Vivancos Comes, M. Límites a la libertad de enseñanza y Ley Orgánica de Educación (LOMLOE). Un debate constitucional en permanente definición, Revista de Derecho Político, 114, 2022.

La configuración y el desarrollo constitucional de la igualdad de trato y la no discriminación a propósito de la Ley 15/2022 y de la STC 89/2024

LORENA CHANO REGAÑA
Profesora de Derecho Constitucional
Universidad de Extremadura

1. INTRODUCCIÓN

La igualdad de trato y no discriminación es un principio constitucional y un derecho fundamental consagrado en el artículo 14 de la Constitución Española de 1978 (en adelante, CE)[1], el cual proclama la igualdad de las personas y prohíbe cualquier forma de discriminación basada en motivos como el nacimiento, la raza, el sexo, la religión, la opinión o cualquier otra condición o circunstancia personal o social, a la vez que *integra* el mandato programático a los poderes públicos para: uno, promover la igualdad real y efectiva entre los in-

---

[1] Constitución española, Boletín Oficial del Estado (en adelante, BOE) núm. 311 de 29 de diciembre de 1978.

dividuos y los grupos a los que pertenecen; y, dos, remover los obstáculos que la impidan o dificulten (art. 9.2 del texto constitucional)[2].

El Tribunal Constitucional ha interpretado de forma amplia e inclusiva el art. 14 CE, superando la concepción liberal y la dimensión formal de la igualdad ante la ley al admitir el tratamiento jurídico diferente (justificado y proporcionado) como parte de su contenido. El derecho a la igualdad de trato y no discriminación ha evolucionado sustancialmente desde la entrada en vigor de la CE de 1978, ampliando su ámbito de protección y profundizando en su compren-

---

2 Esta definición de la igualdad de trato del art. 14 CE, así como el marco teórico y analítico que sirve de base al objeto de estudio de este capítulo y de evidencia empírica a las afirmaciones en él vertidas, traen causa en un trabajo de investigación mucho más amplio en el cual se analizaron exhaustivamente todas las sentencias dictadas por el Tribunal Constitucional entre 1981 y 2021 en procesos de control de la constitucionalidad de las normas con rango de ley en España que utilizaban la igualdad como parámetro de control de la constitucionalidad de las leyes que introducían diferencias de trato entre las personas. Esta investigación se propuso como objetivos principales responder a dos cuestiones: una, ¿cómo aplica el Tribunal Constitucionalidad la igualdad? y, dos, ¿qué concepción de igualdad aplica el Tribunal Constitucional? La primera, concerniente a cuál es el modelo aplicativo de la igualdad como canon de constitucionalidad, se refiere a la forma en la que el Tribunal Constitucional aplica la igualdad en los procesos de control de la constitucionalidad. La investigación evidenció que existe un modelo aplicativo de la igualdad reconocible, independiente, coherente y de aplicación continuada a partir de los años noventa, que podemos llamar "juicio de igualdad", que presenta variaciones en el caso de la cláusula de discriminación del inciso final del art. 14 CE y en algunas manifestaciones concretas de igualdad recogidas en el texto constitucional (igualdad territorial, leyes singulares, interdicción de la arbitrariedad, igualdad en el proceso, igualdad en el acceso a los cargos públicos e igualdad territorial). La segunda, de carácter material, pretendía establecer la concepción de la igualdad que aplica el Tribunal Constitucional a partir del estudio evolutivo de su jurisprudencia y de los posibles cambios que esta concepción haya ido sufriendo desde los inicios de la actividad del Tribunal, a comienzos de los años ochenta hasta el momento de cierre de la investigación: finales del año 2021. La investigación fue publicada como monografía. *Vid.* CHANO REGAÑA, L., *La igualdad en el control de la constitucionalidad en España*, Dykinson, Madrid, 2024.

sión material[3]. La promulgación de la Ley 15/2022, de 12 de julio, de igualdad de trato y no discriminación (en adelante, Ley 15/2022)[4], junto con la Sentencia del Tribunal Constitucional (STC) 89/2024[5] que avala la constitucionalidad de la ley, representa un hito significativo en esta evolución, consolidando normativamente nuevas formas y dimensiones de la discriminación que ya se habían introducido por la vía de la interpretación constitucional y reforzando los mecanismos de protección existentes.

La Ley 15/2022, de 12 de julio, integral para la igualdad de trato y la no discriminación se presenta como una respuesta integral a la necesidad de actualizar y ampliar el marco normativo en materia de igualdad, adaptándolo a las necesidades sociales contemporáneas. Este texto legal no solo consolida las disposiciones previas dispersas en diversos instrumentos normativos, sino que también introduce nuevas garantías y mecanismos de protección para hacer efectivo el derecho a la igualdad de trato y no discriminación. La Ley 15/2022 aborda de manera explícita la discriminación múltiple e interseccional, reconociendo que las personas pueden sufrir discriminación simultáneamente en base a múltiples factores, lo que requiere un enfoque más holístico y contextualizado en la aplicación de medidas de protección y reparación.

Por otro lado, la STC 89/2024 ha avalado la constitucionalidad de la norma, clarificando el alcance y los límites del derecho a la igualdad de trato y no discriminación, especialmente en contextos donde este derecho entra en conflicto con otros derechos fundamentales o con intereses legítimos constitucionalmente protegidos. En este sentido, el Tribunal Constitucional ha subrayado la importancia de una interpretación flexible y dinámica del principio de igualdad, que no se limite a una simple prohibición de discriminación, sino que promueva la igualdad efectiva de oportunidades y condiciones para todos los individuos, en consonancia con una línea interpretativa sobre la igualdad que el Tribunal viene sosteniendo desde finales de

---

3 *Ibidem.*

4 Ley 15/2022, de 12 de julio, integral para la igualdad de trato y la no discriminación, BOE núm. 167 de 13 de julio de 2022.

5 STC 89/2024 de 5 de junio (recurso de inconstitucionalidad 6706/2022).

los años ochenta al margen de las distintas coyunturas políticas de los procesos legislativos y de su propia composición[6].

El análisis jurídico de esta norma es una oportunidad perfecta para ofrecer una reflexión crítica sobre cómo la concepción material de la igualdad ha evolucionado en España. Este análisis examina tanto la normativa como las transformaciones en la jurisprudencia constitucional, considerando la influencia de los estándares internacionales y europeos en la configuración de estas normas.

En este orden de ideas, el objeto de este trabajo es analizar los cambios en la concepción de la igualdad de trato y no discriminación, evaluando su reflejo en la legislación y jurisprudencia constitucional actual, y considerando su impacto en la protección efectiva de los derechos fundamentales y en el control de constitucionalidad de las normas. Este enfoque permitirá no solo comprender mejor la concepción material del derecho a la igualdad de trato actualmente en España, sino también identificar los desafíos y problemas de su desarrollo legislativo.

Para ello comenzaremos por perfilar la configuración constitucional del derecho a la igualdad de trato a partir de la jurisprudencia constitucional y su transformación a lo largo del tiempo incidiendo tanto en su naturaleza de derecho público subjetivo como en su dimensión objetiva de garantía institucional y límite a la actuación de los poderes públicos; para, a continuación, analizar la importancia de la diferencia legítima como parte del contenido de la igualdad de trato y las implicaciones que esta diferencia y su admisibilidad tiene a

---

6 La STC 22/1981 de 2 de julio (cuestión de inconstitucionalidad 223/1980), FJ. 3, recoge por primera vez la admisibilidad de trato jurídico diferente. *Vid.* Chano Regaña, L., *La igualdad… ob. cit.*, pp. 44-45. *Cfr.* Suay Rincón, J., "El principio de igualdad en la jurisprudencia del Tribunal Constitucional", en *Estudios sobre la Constitución española (Homenaje al Profesor García de Enterría),* Tomo II, Civitas, Madrid, 1991, pp. 857-863; Jiménez Campo, J., "La igualdad jurídica como límite frente al legislador", *Revista Española de Derecho Constitucional,* núm. 9, 1983, pp. 71-116; Ruiz Miguel, A., "La igualdad en la jurisprudencia del Tribunal Constitucional", *Doxa. Cuadernos de Filosofía del Derecho,* núm. 19, 1996, pp. 39-86; y, Martínez Tapia, R., *Igualdad y razonabilidad en la justicia constitucional,* Universidad de Almería, Almería, 2000, pp. 92-135.

la hora de concretar materialmente el derecho. Una vez sentado este marco de análisis y las premisas pertinentes, abordaremos el examen de la Ley 15/2022 poniendo el foco en la igualdad de trato entre hombres y mujeres, ya que se trata de la casuística más prolífica en la jurisprudencia constitucional en materia de igualdad y de una causa de discriminación que ha generado dudas concretas en relación con la Ley 15/2022.

2. EL TRIBUNAL CONSTITUCIONAL Y SU ROL COMO GARANTE DE LA CONSTITUCIONALIDAD EN LA CONFIGURACIÓN DEL DERECHO FUNDAMENTAL A LA IGUALDAD DE TRATO

El art. 161.1.a) de la CE y el art. 2.1.a) de la Ley Orgánica del Tribunal Constitucional (LOTC)[7], encargada de regular su funcionamiento, el estatuto de sus miembros y los procedimientos y acciones que se sustancian ante él, establecen que el Tribunal Constitucional es el órgano competente para conocer de los procesos de control de la constitucionalidad de las leyes y normas con rango de ley en España. Además, el art. 1.1 LOTC le atribuye la cualidad de ser el "supremo intérprete de la Constitución", siendo independiente del resto de órganos constitucionales y estando sometido solo a la CE y a la propia LOTC. Con base en este régimen jurídico y en el ejercicio de la actividad que le compete el Tribunal Constitucional puede expulsar normas del ordenamiento jurídico por inconstitucionales declarando su nulidad de pleno derecho (arts. 38 y 39 LOTC). Asimismo, también puede delimitar el alcance y la interpretación de los textos normativos que llegan hasta su jurisdicción, concretando el contenido de derechos y obligaciones al sentar doctrina sobre todo aquello que es relevante desde el punto de vista constitucional (art. 50.1.b) LOTC relativo al recurso de amparo por la violación de derechos

---

[7] Ley Orgánica del Tribunal Constitucional 2/1979, de 3 de octubre, BOE núm. 239 de 5 de octubre de 1979.

fundamentales)[8]. En su labor de control de la constitucionalidad, de garante de la CE y de órgano protector en última instancia de los derechos fundamentales y libertades públicas ha venido aplicando la igualdad como parámetro de control de la constitucionalidad y ha desarrollado todo un cuerpo de doctrina sobre el contenido del principio de igualdad[9].

¿Por qué es importante la labor del Tribunal Constitucional en la configuración del derecho fundamental a la igualdad de trato? ¿Qué hace especial a la igualdad respecto a otros derechos fundamentales y principios orientadores del ordenamiento jurídico constitucional? La igualdad es un principio complejo, que puede ser definido desde diferentes disciplinas y que ha generado una prolífica literatura científica. La idea de igualdad en el plano político y social se presenta con significado y valores muy diversos[10]. De hecho, se ha calificado por la doctrina como un "concepto esencialmente controvertido"[11]. La noción de concepto esencialmente controvertido pertenece al campo de la filosofía política y de la filosofía del derecho y es una noción que ilustra perfectamente los límites difusos del principio de

---

8 *Vid.* Chano Regaña, L., *La igualdad… ob. cit.*, pp. 97-123. *Cfr.* Ferreres Comella, V., *Justicia constitucional y democracia*, 3ª ed., Centro de Estudios Políticos y Constitucionales, Madrid, 2021, pp. 270-284; y, González Beilfuss, M., "Delimitación de competencias entre el Tribunal Constitucional y el legislador ordinario en el restablecimiento de la igualdad", *Revista Española de Derecho Constitucional*, núm. 42, 1994, pp. 117-149.

9 *Vid.* Chano Regaña, L., *La igualdad… ob. cit.*

10 Paladin, L., "Voce Eguaglianza", en *Enciclopedia del Diritto*, Vol. XIV, Giuffrè, Milán (Italia), 1965, p. 510.

11 Laporta San Miguel, F. J., "Problemas de la igualdad", en *El concepto de igualdad*, Pablo Iglesias, Madrid, 1994, p. 68; Ferreres Comella, V., *ob. cit.*, pp. 21-30. En sentido crítico con la abstracción y ambigüedad de algunos preceptos constitucionales y con los excesos del Tribunal Constitucional en relación con ellos, *cfr.* Iglesias Vila, M. A., "Los conceptos esencialmente controvertidos en la interpretación constitucional", *Doxa. Cuadernos de Filosofía del Derecho*, núm. 23, 2000, p. 78: "Se tiende a considerar que el lenguaje abstracto en el que se expresan los conceptos constitucionales los convierte en conceptos vacíos o cuasi-vacíos. De este modo, el Tribunal Constitucional, más que asignar significado a las cláusulas constitucionales estaría expresando sus valores personales e imponiéndolos a la mayoría a través del control de constitucionalidad".

igualdad. Se reserva para aquellos bienes jurídicos complejos cuyo contenido sólo es aprehensible a partir de una valoración o evaluación de otros bienes jurídicos que lo componen o se relacionan con él, pudiendo ser definidos semánticamente de diferente forma y dándose entre ellos una relación de preferencia conceptual, que conlleva una controversia de carácter argumentativa sobre su contenido y alcance sustantivo, en relación con un determinado contexto histórico y social y referente a una determinada práctica humana[12].

En este orden de ideas, la igualdad es un valor jurídico que apriorísticamente no tiene un contenido concreto, sino que este viene dado por las circunstancias concretas del caso y por la ponderación de los bienes jurídicos constitucionales que se enfrentan en dos posiciones jurídicas que se comparan en términos de igualdad[13]. La igualdad solo puede entenderse en relación con otros derechos, no funciona objetiva e independientemente, sino que tiene sentido únicamente en relación con concretas relaciones jurídicas respecto a las cuales es preciso determinar la relevancia de los hechos diferenciales de cada posición jurídica, estableciendo una priorización de los bienes constitucionalmente protegidos que pueda afirmar la existencia de igualdad entre las dos posiciones enfrentadas. Esta priorización de bienes constitucionalmente protegidos es compleja y se traduce en el juicio de igualdad que efectúa el Tribunal Constitucional[14]. Esto supone que el principio de igualdad no puede ser invocado en

---

12 Gallie, W. B., "Essentially Contested Concepts", *Meeting of the Aristotelian Society on March 12th*, 1956, pp. 171-172 y 180.

13 Chano Regaña, L., *La igualdad... ob. cit.*, pp. 248-265. Sobre la ponderación de bienes constitucionales y la actividad del Tribunal Constitucional, *cfr.* Giménez Glück, D., *Juicio de Igualdad y Tribunal Constitucional*, Bosch, Barcelona, 2004; y, González Beilfuss, M., *El principio de proporcionalidad en la Jurisprudencia del Tribunal Constitucional*, 2ª ed., Thomson Reuters Aranzadi, Cizur Menor-Navarra, 2015.

14 *Vid.* la exposición del modelo aplicativo del juicio de igualdad en el control de la constitucionalidad en España y sus variantes en: Chano Regaña, L., *La igualdad... ob. cit.*, pp. 59-80, para la cláusula general de igualdad; y, pp. 269-292 para la cláusula de prohibición de discriminación; asimismo las particularidades del juicio de otras manifestaciones concretas de igualdad recogidas en el texto constitucional pueden verse en las pp. 293-380. Particularmente representativas son las dos Guías del juicio esquematizadas en

abstracto sino en relación con otro derecho subjetivo y no permite un desarrollo legislativo general y autónomo, sino que su funcionalidad está al servicio de otros derechos involucrados[15].

Así las cosas, tiene que existir un "término" y un "parámetro de comparación" para instituir una duda razonable sobre el posible quebranto de la igualdad o la existencia de una discriminación en el disfrute de un derecho o consecuencia jurídica y, en base a esta duda,

---

forma de figura 1.3 y figura 7.1, que pueden consultarse respectivamente en las pp. 79 y 292 de la obra citada.

15 Baño León, J. M., "La igualdad como derecho público subjetivo", *Revista de Administración Pública*, núm. 114, 1987, pp. 182-183 y 186-187; Rubio Llorente, F., "La igualdad en la jurisprudencia del Tribunal Constitucional. Introducción", *Revista Española de Derecho Constitucional*, Año 11, núm. 31, 1991, pp. 12-14 y 34; Fernández Ruiz-Gálvez, E., *Igualdad y derechos humanos*, Tecnos, Madrid, 2003, p. 75; Ruiz Miguel, A., "Sobre el concepto de igualdad", en *El principio constitucional de igualdad*, Comisión Nacional de Derechos Humanos, México D. F. (México), 2003, pp. 31-68; y, Carbonell Sánchez, M., "Igualdad y Constitución", en *Discriminación, igualdad y diferencia política*, Comisión de Derechos Humanos del Distrito Federal y Consejo Nacional para prevenir la Discriminación (Coed.), México D. F. (México), 2007, pp. 22-23. Como se señala en Chano Regaña, *La igualdad… ob. cit.*, p. 81, n. p. 110: En la fundamentación jurídica de los procesos de control de la constitucionalidad la caracterización de la igualdad como "relacional" aparece por primera vez en la STC 181/2000 de 21 de junio (cuestiones de inconstitucionalidad acumuladas 3536/1996, 47, 1115, 2823, 3249, 3297, 3556, 3949 y 5175/1997 y 402/1998). En el control concreto de la igualdad este carácter ha sido afirmado mucho antes, desde la STC 76/1983 de 3 de agosto (recursos de amparo acumulados 311, 313, 314, 315 y 316/1982), FJ 2.a), párrafo 3º: "(…) la igualdad reconocida en el art. 14 no constituye un derecho subjetivo autónomo, existente por sí mismo, pues su contenido viene establecido siempre respecto de relaciones jurídicas concretas". Sobre las consideraciones de los recursos de amparo en este sentido, *vid.* Chano Regaña, *La igualdad… ob. cit.*, pp. 101-103. Recientemente esta cualidad de la igualdad ha sido cuestionada por su rigidez a la hora de interpretar el formalismo de excluir el art. 14 CE de la reserva de ley orgánica en el Voto Particular de la Magistrada doña María Luisa Balaguer Callejón a la STC 89/2024 de 5 de junio, *cit.* En su Voto Particular la Magistrada señala que el Tribunal Constitucional ha perdido la oportunidad de modificar este criterio interpretativo sentado en la STC 76/1983, al asumir mediante su silencio la validez de la ley ordinaria para desarrollar la igualdad y no discriminación en la Ley 15/2022.

realizar un juicio de igualdad que nos permita discernir si existe una discriminación o una desigualdad. El "parámetro de comparación" es el elemento en base al cual se establece la diferencia entre dos posiciones jurídicas, o si se prefiere, el elemento o factor diferenciador (por ejemplo, el sexo biológico). El "término de comparación" es la posición jurídica homogénea o equiparable con la que se contrasta aquella que se reclama (en nuestro ejemplo, mujeres y hombres). Por "posiciones jurídicas" entenderemos la situación en el ordenamiento jurídico de aquella persona o grupo de personas en las que, concurriendo determinadas circunstancias fácticas, se le otorgan por parte del ordenamiento jurídico determinadas consecuencias jurídicas (por ejemplo, la posición jurídica de la mujer después de ser madre en relación con los permisos de maternidad *versus* la posición jurídica del hombre después de ser padre con relación a los permisos de paternidad; o un distinto límite inferior de pena privativa de libertad para el sujeto activo del delito de maltrato ocasional según este sujeto sea hombre o mujer). El supuesto de hecho es la premisa fáctica que lleva aparejada una consecuencia jurídica como resultado de la aplicación de una norma (haber sido padre o madre, haber cometido un delito de maltrato ocasional)[16]. Si las consecuencias jurídicas son diferentes para dos supuestos de hechos equiparables u homogéneos, surge la duda sobre la constitucionalidad de la norma que introduce la diferencia y sobre el posible quebranto de la igualdad de trato de las personas. Aquí es donde el Tribunal Constitucional despliega su potencial como garante de la Constitución realizando

---

[16] Chano Regaña, *La igualdad... ob. cit.*, pp. 145-147. Auto del Tribunal Constitucional (ATC) 209/1985 de 20 de marzo, FJ 2; STC 109/1988 de 8 de junio (recurso de amparo 453/1987), FJ 1; y, STC 148/1986 de 25 de noviembre (recurso de amparo 57/1986), FJ 6. Los ejemplos citados pueden *cfr.* en STC 152/2011 de 29 de septiembre (cuestión de inconstitucionalidad 648/2006), sobre la diferencia de trato en detrimento del padre biológico entre el supuesto de "parto" y el supuesto de "adopción" (o "acogimiento"), ya que en el caso del parto el derecho era exclusivo de la mujer en las primeras 16 semanas; mientras que en los supuestos de acogida y adopción era de ambos (cuestión que ya ha cambiado en la legislación actual); y, STC 59/2008 de 14 de mayo (cuestión de inconstitucionalidad 5939/2005), caso en el que se falla la constitucionalidad de la norma que regula la punición del maltrato ocasional.

un juicio de igualdad que sirve para determinar si la diferencia está justificada por ser objetiva, razonable y proporcionada y, por tanto, es constitucional; o si no lo está y consecuentemente, la diferencia no es constitucional[17]. En el caso primero la diferencia sería parte del contenido de la igualdad; y en el caso segundo, no, pues estaríamos ante una desigualdad y no ante una diferencia[18]. Es decir, el Tribunal Constitucional concretaría el contenido de la igualdad en la casuística que específicamente se le presentara, materializando los contornos de la igualdad y marcando el límite de actuación de los poderes públicos.

Esto nos lleva a afirmar que las teorías doctrinales relativas a la naturaleza y funcionalidad de los derechos fundamentales, y la dogmática sobre la argumentación jurídica, que intentan explicar el contenido de los derechos (entendidos como reglas que se concretan a partir de principios[19]), no responden de forma efectiva a las necesidades de concreción material de la igualdad. La funcionalidad de la igualdad como valor, principio y derecho supera el encaje en cuales-

---

17 Chano Regaña, L., *La igualdad... ob. cit.*, pp. 59-80, para la cláusula general de igualdad; y, pp. 269-292 para la cláusula de prohibición de discriminación.

18 Sobre la utilización de las expresiones "desigualdad" y "diferencia" por el Tribunal Constitucional, *vid.* Chano Regaña, L., *La igualdad... ob. cit.*, pp. 83-84.

19 Existe una diferencia teórica y funcional entre principios y reglas dentro del sistema normativo, consistente en entender las reglas como mandatos definitivos, cuya aplicabilidad oscila entre el "todo o nada", mientras que los principios se mueven en el terreno de lo axiológico y pueden ser cumplidos en diferentes grados. Los principios estarían dotados de un "peso", de un valor específico, que permite sopesarlos y aplicarlos en diferente grado (Dworkin, R., *Los derechos en serio*, Ariel, Barcelona, 1999, pp. 72-80; Alexy, R., *Teoría de los derechos fundamentales*, Centro de Estudios Políticos y Constitucionales, Madrid, 1993, pp. 81-87). Según las tesis del profesor Robert Alexy, los principios se definirían como "mandatos de optimización" susceptibles de cumplimiento gradual, normas que ordenan que "algo sea realizado en la mayor medida posible, dentro de las posibilidades jurídicas y reales existentes" (Alexy, R., *Teoría... ob. cit.*, p. 86). Sobre la aplicabilidad de esta teoría por parte del Tribunal Constitucional, *cfr.* Chano Regaña, L., "Ponderación (Tribunal Constitucional español)", *Eunomía. Revista en Cultura de la Legalidad*, núm. 23, 2022, pp. 241-253.

quiera de las teorías definitorias del contenido de los derechos. En consecuencia, la exégesis del Tribunal Constitucional aplicando el juicio de igualdad en los casos controvertidos sobre los que ha resuelto contribuye a dotar de significado material a la igualdad desde una perspectiva integral que engloba la regla y el principio en contextos jurídicos concretos, tanto de control abstracto de la constitucionalidad como de protección de los derechos fundamentales. De esta forma, desempeña un importante papel como garante de la constitucionalidad y como intérprete de la Constitución.

3. LA IGUALDAD DE TRATO COMO DERECHO FUNDAMENTAL Y COMO LÍMITE OBJETIVO A LOS PODERES PÚBLICOS

La doctrina ha considerado a los derechos fundamentales, además de derechos subjetivos individuales, garantías institucionales que limitan las competencias de los poderes públicos de forma objetiva para garantizar el adecuado funcionamiento de estos en el estado de derecho, siendo el contenido esencial la línea roja de la garantía institucional para toda autoridad u órgano público[20]. Como garantía institucional los derechos funcionan como principios limitadores y no como reglas de invocación subjetiva por los particulares. Esta doble consideración ha permitido establecer ciertas diferencias a nivel de la casuística jurisprudencial del Tribunal Constitucional entre el control concreto y el control abstracto de la constitucionalidad, sin

---

20 Schmitt, C., *Teoría de la Constitución*, Alianza, Salamanca, 1996, pp. 175-179. En un sentido más crítico, *cfr.* Häberle, P., *La garantía del contenido esencial de los derechos fundamentales en la Ley Fundamental de Bonn*, Dykinson, Madrid, 2003, pp. 73-124. Entre los trabajos de la doctrina española, destacan el tratamiento de esta cuestión: Baño León, J. M., "La distinción entre derecho fundamental y garantía institucional en la Constitución española", *Revista Española de Derecho Constitucional*, núm. 24, 1988, pp. 155-179; y, Jiménez-Blanco y Carrillo de Albornoz, A., "Garantías institucionales y derechos fundamentales en la Constitución", en *Estudios sobre la Constitución española: homenaje al profesor Eduardo García de Enterría*, Civitas, Madrid, 1991, pp. 635-650.

que existan diferencias en la aplicación del juicio de igualdad ni en la concepción material de la misma. Se trata sólo de una clasificación que nos permite presentar a la igualdad desde una doble perspectiva, la individual o subjetiva propia de la tutela concreta ante el Tribunal Constitucional; y, la pública u objetiva, que incide en el control abstracto de la constitucionalidad y termina produciendo efectos sobre la generalidad de las personas. La distinción es interesante a nivel dogmático y para precisar los efectos de las resoluciones del Tribunal Constitucional (amparo constitucional o procesos de control de la constitucionalidad), pero no aporta nada significativo en el campo de la construcción material de una determinada concepción de la igualdad. Es decir, el contenido sustancial de la igualdad no se va a determinar por el hecho de que ésta se use como rasero de control de la igualdad ante la ley o de la igualdad en el contenido de la ley, tampoco por el dato de que sea una invocación particular o una impugnación con vocación de generalidad. Estas particularidades procedimentales no afectan a la "sustancia" de la igualdad. En este sentido, sostenemos que la concepción de la igualdad es integral y aglutina en sentido amplio los distintos predicamentos doctrinales que se han hecho sobre su naturaleza[21].

Desde un punto de vista *positivo*, la cláusula general de igualdad incluye la dimensión de la igualdad como derecho fundamental o derecho público subjetivo[22], oponible frente a los poderes públicos y directamente invocable ante los tribunales. La naturaleza subjetiva del derecho a la igualdad ha sido admitida en el ordenamiento jurí-

---

21 En la misma línea, Baño León, J. M., "La distinción...", *ob. cit.*, quien considera que el contenido esencial del derecho fundamental y de la garantía institucional es el mismo y "responden a la misma idea-fuerza: asegurar la primacía de la Constitución sobre el legislador, exigir un límite que aquel no puede sobrepasar" (p. 169). "La distinción dentro de los derechos fundamentales de "derechos" y "garantías institucionales" tiene muy poca utilidad si con ella se pretende construir dos regímenes jurídicos diferenciados" (p. 179).

22 Un derecho subjetivo es "la situación de poder concreto concedido a la persona como miembro activo de la comunidad jurídica y a cuyo arbitrio se confía su ejercicio y defensa", en De Castro y Bravo, F., *Derecho Civil de España*, Tomo I, Civitas, Madrid, 1984, p. 573.

dico español tanto por la doctrina científica[23] como por el Tribunal Constitucional[24]. También por el legislador, destacando en este punto la Ley Orgánica 3/2007, de 22 de marzo, para la igualdad efectiva de mujeres y hombres[25]; y, la reciente Ley 15/2022, de 12 de julio, de igualdad de trato y no discriminación, ya citada.

En su configuración de derecho subjetivo a obtener un trato igual ante la ley, el art. 14 CE implica un límite a los poderes públicos que tienen la obligación de otorgar un trato jurídico idéntico a aquellos supuestos de hecho que sean iguales. Así como también la posibilidad de introducir diferencias jurídicas directas o indirectas, siempre que la diferencia sea "fundada y razonable, de acuerdo con criterios y juicios de valor generalmente aceptados y cuyas consecuencias no resulten desproporcionadas"[26]. Es decir, que la igualdad implica el tratamiento igual, pero también el tratamiento diferente proporcionado y justificado en el logro de un fin legítimo constitucionalmente protegido. La justificación de la diferencia se evalúa a través del juicio de igualdad que aplica el Tribunal Constitucional y que sirve para delimitar y concretar el contenido de la igualdad en un supuesto en concreto o en relación con determinados derechos o medidas diferenciadoras, ya sean legislativas o fruto de la aplicación gubernativa de determinadas políticas públicas.

---

23 Sobre la naturaleza de la igualdad en España como "derecho público subjetivo", *vid.* Baño León, J. M., "La igualdad...", *ob. cit.*, pp. 179-195.

24 Entre otras muchas, como referentes espaciados en el tiempo: STC 103/1983 de 22 de diciembre, (cuestión de inconstitucionalidad 301/1982), FJ 5; STC 200/2001 de 4 de octubre (cuestión interna de inconstitucionalidad 2992/1999), FJ 4, a); y, en STC 91/2019 de 3 de julio (cuestión interna de inconstitucionalidad 688/2019), FJ 4, a).

25 Ley Orgánica 3/2007, de 22 de marzo, para la igualdad efectiva de mujeres y hombres, BOE núm. 71 de 23 de marzo de 2007.

26 Por todas: STC 160/2012 de 20 de septiembre (cuestión de inconstitucionalidad 6021/2001), FJ 7; STC 156/2014 de 25 de septiembre (cuestión de inconstitucionalidad 3361/2012), FJ 8; STC 91/2019 de 3 de julio (cuestión interna de inconstitucionalidad 688/2019), FJ 4, a)

4. LA ADMISIBILIDAD DE LA DIFERENCIA JURÍDICA COMO PARTE DEL DERECHO A LA IGUALDAD DE TRATO Y NO DISCRIMINACIÓN

La diferencia legítima establecida por el legislador es la no cuestionada ni recurrida ante el Tribunal Constitucional, y la debidamente justificada ante éste en el caso de ser examinada su legitimidad constitucional. Para este examen, se ha constatado que existe un modelo aplicativo de juicio de igualdad que la califica como constitucional (o no) según se superen las pruebas de racionalidad[27], razonabilidad[28] y proporcionalidad de la medida[29]. La racionalidad, razonabilidad y

---

27 Evaluar la racionalidad de la diferencia consiste en analizar qué fin pretendía el legislador al establecer la medida diferenciadora y en determinar si este fin es legítimo o no constitucionalmente, es decir, si tiene un apoyo en un bien constitucionalmente protegido. Chano Regaña, L., *La igualdad... ob. cit.*, pp. 46 y 181-215. *Cfr.* Morrone, A., *Il custode della regionevolezza*, Giuffrè, Milano (Italia), 2005, pp. 145-160; y, D'Andrea, L., *Ragionevolezza e legitimazione del sistema*, Giuffrè, Milano (Italia), 2005.

28 La razonabilidad es un concepto mucho más complejo que el de la racionalidad. Podríamos subsumirla también en la definición de "concepto esencialmente controvertido" apuntado en las páginas anteriores: *Vid.* Martínez Tapia, R., *ob. cit.*, pp. 98-110. En la doctrina hay distintas tesis sobre su contenido y significado. Desde aquellas que consideran que la razonabilidad es toda aquella operación que se realiza una vez superado el examen de racionalidad y sin entrar en la proporcionalidad (Giménez Glück, D., *ob. cit.*, pp. 55-120), hasta aquellas que la identifican directamente con la racionalidad o la definen por contraposición al principio de arbitrariedad (Martínez Tapia, R., *ob. cit.*, pp. 162-163; Baño León, J. M., "La igualdad...", *ob. cit.*, p. 188). En el marco conceptual de este trabajo utilizaremos la concepción de razonabilidad que se desprende de la práctica del Tribunal Constitucional y que coincide con el primer subprincipio del principio de proporcionalidad. Así las cosas, entendemos por razonabilidad la congruencia, adecuación o idoneidad entre la medida diferenciadora y los fines que se quieren conseguir por el legislador estableciendo la diferencia, con lo cual, el examen de razonabilidad llevará implícito la realización previa del examen de la racionalidad. Sólo podremos realizar el juicio de adecuación de la medida al fin si previamente hemos establecido el fin y constatado su legitimidad constitucional. Chano Regaña, L., *La igualdad... ob. cit.*, pp. 46-48 y 217-234.

29 La ponderación o proporcionalidad en sentido estricto consiste en ponderar o equilibrar los bienes constitucionales protegidos y contrapuestos en

proporcionalidad de la medida son componentes del juicio constitucional de igualdad que se combinan en la secuencia estructurada en qué este consiste. Esta secuencia presenta variaciones aplicativas en función de las manifestaciones concretas de igualdad que entren en juego[30] y en función del criterio de diferenciación que utilice el legislador, pues como veremos en las próximas líneas si el criterio de diferenciación es alguna de las categorías calificadas como "sospechosas de discriminación" en el segundo inciso del art. 14 CE, el examen de

---

un conflicto entre principios (Alexy, R., "La fórmula del peso", en *El principio de proporcionalidad y la interpretación constitucional*, Ministerio de Justicia y Derechos Humanos, Quito (Ecuador), 2008, pp. 13-42; Bernal Pulido, C., "Estructura y límites de la ponderación", *Doxa. Cuadernos de Filosofía del Derecho*, núm. 26, 2003, pp. 6-17; Bernal Pulido, C., *El principio de proporcionalidad y los derechos fundamentales*, Centro de Estudios Políticos y Constitucionales, Madrid, 2005, pp. 759-800; y, Alexy, R., *Teoría... ob. cit.*, pp. 89-98; Ruiz Manero, J., "Dos enfoques particularistas de la ponderación entre principios constitucionales", en *La argumentación jurídica en el estado constitucional*, Palestra, Lima-México D. F. (Perú, México), 2013, pp. 225-238). La proporcionalidad en sentido amplio, principio de proporcionalidad o test alemán de proporcionalidad es una técnica estructurada de resolución de conflictos entre derechos fundamentales y de control de las injerencias o limitaciones de los poderes públicos en los derechos fundamentales, libertades públicas y principios constitucionales, definida a partir de la realización de tres acciones: 1) Subprincipio de adecuación o idoneidad de la medida legislativa a los fines contemplados por el legislador; 2) Subprincipio de necesidad: evaluación de si la medida examinada es la de menor onerosidad frente a otras que hubieran podido aplicarse para lograr el mismo fin; y, 3) Subprincipio de ponderación o proporcionalidad en sentido estricto: consiste en sopesar o equilibrar los bienes constitucionalmente contrapuestos y resolver si procede y es proporcionado el sacrificio de un bien constitucional a favor de otro contrapuesto. Chano Regaña, L., *La igualdad... ob. cit.*, pp. 40-44, 47-48 y 235-265. A mayor abundamiento sobre el principio de proporcionalidad: Bernal Pulido, C., *El principio... ob. cit.*; Alexy, R., *Teoría... ob. cit.*; Klatt, M. y Meister, M., *La proporcionalidad como principio constitucional universal*, Tribunal Constitucional Plurinacional de Bolivia, Sucre (Bolivia), 2019; Klatt, M. y Meister, M., *La estructura constitucional del principio de proporcionalidad*, Marcial Pons, Madrid, 2021; Barak, A., *Proporcionalidad. Los derechos fundamentales y sus restricciones*, Palestra Editores, Lima (Perú), 2017; Jackson, V. C. y Tushnet, M. (Eds.), *Proportionality: New Frontiers, New Challenges*, Cambridge University Press, Cambridge (United Kingdom), 2017.

30 Chano Regaña, L., *La igualdad... ob. cit.*, pp. 293-380.

constitucionalidad se recrudece y el juicio de igualdad parte de una presunción de inconstitucionalidad[31].

Este juicio se dibuja en la casuística del Tribunal Constitucional de forma progresiva, apareciendo de forma coherente y continuada a partir de los noventa y estando más o menos estandarizado a partir de la década del 2000[32]. Evolutivamente, el modelo aplicativo de la igualdad como parámetro de control de la constitucionalidad de las normas que emplea el Tribunal Constitucional se ha emancipado del examen ordinario de la constitucionalidad en base al contenido esencial de los derechos[33], ha incorporado técnicas del derecho comparado[34] y ha alcanzado una individualidad propia superando al principio alemán de la proporcionalidad[35], al depurar todos estos mecanismos y ajustarlos ordenadamente a las exigencias y singularidades de la igualdad en nuestro ordenamiento jurídico.

---

31 *Ibid.*, pp. 269-292.

32 El análisis de la jurisprudencia constitucional evidencia que el modelo aplicativo se utiliza de forma coherente desde mediados de los noventa. El hito temporal que marca la estandarización del juicio de igualdad es la STC 200/2001. *Vid.* STC 200/2001, de 4 de octubre (cuestión interna de inconstitucionalidad 2992/1999), FJ 4. Llamamos "estandarización" al proceso en virtud del cual el Tribunal Constitucional ajusta la aplicación de la igualdad como parámetro de constitucionalidad a un modelo o tipo común, dotando al juicio constitucional de la igualdad de autonomía propia respecto a otros preceptos constitucionales que también funcionan como límite a las normas dentro del bloque de la constitucionalidad y respecto de otras técnicas metodológicas que con carácter general aplica el Tribunal Constitucional para controlar la legitimidad constitucional de las leyes (contenido esencial, acomodamiento razonable para una interpretación conforme). Esta técnica autónoma y estandarizada se utiliza exclusivamente en aquellos casos en los que se enjuicia la posible interdicción de la igualdad por un tratamiento jurídico diferenciado.

33 Chano Regaña, L., *La igualdad... ob. cit.*, pp. 135-142.

34 *Ibid.*, pp. 89-96 y 123-134.

35 La razonabilidad y la ponderación, elementos nucleares del examen de constitucionalidad de la igualdad, tienen un alcance distinto en el juicio de igualdad del Tribunal Constitucional respecto a la formulación dogmática del principio de proporcionalidad. Para profundizar en esta cuestión, *vid. Ibid.*, pp. 248-275.

La acotación del significado material de los componentes del juicio y la formulación de los presupuestos fácticos de aplicación de estos ha normalizado una pauta de actuación, un modelo aplicativo ("juicio de igualdad"), en el que se aplican de forma ordenada y sucesiva los componentes del juicio que se han ido configurando como idóneos para determinar la admisibilidad constitucional de las diferencias legislativas[36].

Muy resumidamente, el modelo aplicativo del juicio de igualdad se estructura en los siguientes pasos sucesivos:

i) *Primera fase o fase prejudicial: El juicio de comparabilidad.* Se trata de un presupuesto ineludible para poder dar inicio a la evaluación de la constitucionalidad de la diferencia. Consiste en constatar la comparabilidad de las posiciones jurídicas contrapuestas. Consta de las siguientes acciones: 1) La comprobación de que la norma cuestionada introduzca directa o indirectamente una diferencia entre personas o grupos de personas. 2) La determinación del elemento diferenciador o parámetro de comparación, es decir, el criterio en base al cual el legislador establece la diferencia. 3) La constatación de que las posiciones jurídicas objetivas que se comparan sean homogéneas o equiparables.

La idoneidad del término de comparación se determina discrecionalmente por el Tribunal Constitucional teniendo en cuenta la regulación preexistente y la naturaleza de las posiciones jurídicas que se comparan, así como el contexto normativo y la realidad social del momento en que las normas han de ser aplicadas.

Una vez constatada la existencia de una relación de comparabilidad entre dos posiciones jurídicas, comienza el juicio de igualdad en sentido estricto.

ii) *Segunda fase: La justificación objetiva y razonable de la diferencia.* La acotación de este componente no ha sido fácil, pues durante casi una veintena de años ha sido una categoría abierta en la jurisprudencia del Tribunal Constitucional que ha admitido distintos significados,

---

36 *Vid.* las guías esquemáticas del juicio de igualdad y un resumen de sus fases de aplicación en: *Ibid.*, pp. 79, 392 y 382-390.

siendo su contenido y sus presupuestos de aplicación complejos de definir. No obstante, la investigación que sustenta este trabajo ha podido demostrar que, a partir de la estandarización del juicio en la década del 2000, este componente se ha decantado por considerar que existe una justificación objetiva y razonable cuando el elemento de diferenciación es objetivo, relevante desde una perspectiva jurídica y razonable. 1) La "objetividad" implica la existencia de una causa justificativa neutra o imparcial al margen de las apreciaciones subjetivas de las partes involucradas en el proceso. 2) La "relevancia" se concreta en la trascendencia de las consecuencias que desde una perspectiva jurídica tiene la aplicación del elemento diferenciador. 3) La exigencia de ser "razonable" se reconduce a la realización del control de razonabilidad, es decir, a determinar la adecuación, idoneidad o congruencia entre la medida diferenciadora y la finalidad para la cual ésta se estableció. Por tanto, este paso incluye también la determinación de la finalidad legítima (racionalidad) pretendida por el legislador e identificada de forma explícita o implícita con un bien constitucionalmente protegido. Esto último, es decir, la necesaria identificación de la finalidad con un bien constitucionalmente protegido como basamento de la racionalidad es otro de los hallazgos de la investigación que precede a este trabajo[37]. El examen de "racionalidad" de la medida diferenciadora incluye por tanto dos actividades sucesivas: a) la determinación de la finalidad perseguida por el legislador con la medida; y, b) la determinación del fundamento constitucional en que se apoya el objetivo de la diferenciación.

iii) *Tercera fase: El juicio de proporcionalidad en sede constitucional.* Esta fase coincide sustancialmente, aunque no exactamente con el principio de proporcionalidad enunciado por la jurisprudencia y dogmática alemana. La razonabilidad de la fase de justificación de la diferencia se solapa y superpone con la razonabilidad del examen de proporcionalidad, entendido éste en el sentido amplio de su formulación dogmática. La razonabilidad es un componente concurrente entre la primera fase de justificación objetiva de la diferencia y la segunda fase de la proporcionalidad en sede constitucional entendida en sentido amplio. Dejando al margen la razonabilidad y centrándo-

---

37 *Ibid.*, pp. 181-215.

nos en la proporcionalidad en sentido estricto, el elemento central a nivel aplicativo de esta fase se concreta, básicamente en comprobar la proporcionalidad de los efectos que acarrea la diferencia (las consecuencias jurídicas de la diferencia no deben ser desmedidas, provocando resultados excesivamente gravosos que generen mayores perjuicios que beneficios); y, también, en llevar a cabo la ponderación de bienes constitucionalmente protegidos en los supuestos en los que tales efectos conllevan el sacrificio de uno de ellos, hecho que se produce cuando entra en colisión otro derecho fundamental.

Así las cosas, la incorporación que hace el Tribunal Constitucional de la proporcionalidad en el juicio de igualdad goza de su propia esencia, al presentar singularidades propias que difieren de su formulación doctrinal. Estas singularidades se pueden concretar muy sintéticamente en[38]:

a) El componente principal de la proporcionalidad es la verificación del impacto jurídico que provoca la diferencia, no la ponderación de bienes constitucionales en sí misma, lo que significa que la fase de necesidad y la fase de proporcionalidad en sentido estricto, se suceden sin solución de continuidad, superponiéndose.

b) La ponderación no siempre se aplica de una forma evidente y explícita; sino sólo si otro bien constitucionalmente protegido y amparado en un derecho fundamental se confronta con la dimensión real de la igualdad que introduce una diferencia (supuestos que hemos identificado como "casos conflictivos").

c) En los casos no conflictivos el examen de la proporcionalidad parece concretarse en la evaluación de las consecuencias jurídicas de la diferencia y en su grado de admisibilidad; sin embargo, a pesar de que esto es lo que parece a primera vista, lo

---

[38] *Ibid.*, pp. 248-275. Un resumen sintético de la cuestión con carácter divulgativo puede encontrarse en: Chano Regaña, L., "La igualdad como parámetro de control de la constitucionalidad en la jurisprudencia del Tribunal Constitucional español: evolución, modelo aplicativo y principio de proporcionalidad", *Nuevos horizontes del Derecho Constitucional*, núm. 4, 2023, pp. 89-90.

que subyace es un juicio de ponderación entre la igualdad y el principio democrático, que es el que legitima la acción del legislador que introduce las diferencias.

Las tres fases del juicio de igualdad son sucesivas y escalonadas. Si falla una ya no se precisa avanzar hacia la siguiente y queda constatada la inconstitucionalidad de la medida diferenciadora. No obstante, el Tribunal Constitucional en ocasiones ha continuado aplicando el juicio a los meros efectos de dar la mayor motivación a su declaración de inconstitucionalidad[39].

El sustrato de este análisis es la racionalidad intrínseca de la norma, esto es, la finalidad legítima que se pretenda con ella, pues sin racionalidad no hay admisión de constitucionalidad de la medida. Toda norma debe estar sustentada en un propósito legítimo que de una u otra forma esté protegido explícita o implícitamente en la Constitución. Según la entidad de la diferencia, bastará con demostrar esta racionalidad y afirmar categóricamente la adecuación de la medida al fin y su proporcionalidad, o será preciso realizar un examen más minucioso. Sea como fuere, la diferencia admitida como justificada va a requerir siempre constatar su racionalidad, como basamento del juicio de constitucionalidad. La elección de la finalidad que sustenta la racionalidad es primordial para la admisibilidad de la justificación de la diferencia[40].

El segundo enunciado del art. 14 CE proscribe la discriminación constituyendo un mandato a los poderes públicos para no discriminar a las personas ni a los grupos en los que se integra. Forma parte del contenido nuclear de la igualdad y se constituye en cláusula específica según la clasificación operada por el Tribunal Constitucional a partir de la STC 200/2001[41].

---

39 Chano Regaña, L., *La igualdad… ob. cit.*, pp. 161-163.

40 *Ibid.*, pp. 190-193.

41 La distinción entre la cláusula general de igualdad y el principio de no discriminación, a pesar de estar asentada en la doctrina, no se recoge en la jurisprudencia del Tribunal Constitucional hasta la STC 126/1997 de 3 de julio (cuestión de inconstitucionalidad 661/1996), FJ 8, párrafo 2º, donde se apunta brevemente, siendo recogida con mayor detalle y motivación en la STC 200/2001. *Vid.* STC 200/2001 de 4 de octubre (cuestión interna

Dejando de lado las disquisiciones doctrinales sobre la naturaleza de la cláusula de no discriminación[42], podemos afirmar que el mandato de prohibición de discriminación no es una especificación de la igualdad ni una gradación de esta, sino una cualificación agravada de la vulneración de la igualdad que sólo excepcionalmente puede admitirse. La discriminación por cualquier motivo y, más especialmente, si concurre como consecuencia de alguna de las categorías específicas citadas en el art. 14 CE, es absolutamente despreciable para el estado de derecho y para la igualdad[43]. Por ello, este mandato impela a los poderes públicos y particularmente al legislativo a la hora de elaborar las leyes a no establecer diferencias discriminatorias de unas personas sobre otras.

La admisibilidad de la diferencia a partir de alguna de las circunstancias citadas en el art. 14 CE sólo se admite de forma "excepcional". Abundan las referencias jurisprudenciales que así lo manifiestan desde que el Tribunal Constitucional distinguió la cláusula genérica del mandato antidiscriminatorio[44]. La principal razón para sustentar este

---

de inconstitucionalidad 2992/1999), FJ 4, a) sobre la cláusula genérica de igualdad admitiendo el trato jurídico diferente; y, FJ 4.b), sobre el principio de no discriminación.

42 Chano Regaña, L., *La igualdad... ob. cit.*, pp. 138-142 y todas las referencias bibliográficas allí citadas, entre ellas: Jiménez Campo, J., "La igualdad...", *ob. cit.*, pp. 82-85; Alonso García, E., *La interpretación de la Constitución*, Centro de Estudios Constitucionales, Madrid, 1984, p. 206 y Alonso García, E., "El principio de igualdad del artículo 14 de la CE", *Revista de Administración Pública*, núm. 100-102, 1983, pp. 21-92; Rodríguez Piñero, M. y Fernández López, M. F., *Igualdad y discriminación*, Tecnos, Madrid, 1986, pp. 64-78; Rey Martínez, F., "La discriminación múltiple. Una realidad antigua, un concepto nuevo", *Revista Española de Derecho Constitucional*, núm. 84, 2008, pp. 251-283. En contraposición a los anteriores: Ruiz Miguel, A., "La igualdad...", *ob. cit.*, pp. 43-44 y 53; García Morillo, J., "La cláusula general de igualdad", en *Derecho Constitucional. El ordenamiento constitucional. Derechos y deberes de los ciudadanos*, Vol. I, Tirant Lo Blanch, Valencia, 1994, pp. 159, 170 y 175; y, Giménez Glück, D., *ob. cit.*, pp. 167-304.

43 *Ibid.*, pp. 142 a 167.

44 Como muestra, *vid.* STC 126/1997 de 3 de julio (cuestión de inconstitucionalidad 661/1996), FJ 15; STC 200/2001 de 4 de octubre (cuestión interna de inconstitucionalidad 2992/1999), FJ 4, b); y, STC 171/2012 de 4 de octubre (cuestión de inconstitucionalidad 311/2003), FJ 4.

argumento, además de las referencias jurisprudenciales citadas, es el hecho de que no se admite nunca ninguna discriminación que no responda a un objetivo concreto: la parificación entre colectivos de personas (art. 9.2 CE). Es decir, si otras diferencias se admiten superando un juicio que puede hacer descansar la finalidad en cualquier bien constitucionalmente protegido, en este caso *tiene que ser necesariamente* una finalidad parificadora o de igualación o de equiparación de grupos de personas. Lo contrario no justificaría la diferencia y conllevaría una declaración de inconstitucionalidad.

Al igual que en el contenido nuclear de la igualdad se integra a la "diferencia legítima", en la prohibición de discriminación también se incluye la "diferencia discriminatoria legítima" o "discriminación por diferenciación legítima", utilizando en sentido contrario la propia terminología del Tribunal Constitucional. Sin embargo, la integración en el contenido no se produce al mismo nivel.

Si *la diferencia legítima es plenamente admisible* concurriendo la racionalidad, razonabilidad y proporcionalidad de la medida que establece la diferencia; la *discriminación es sólo excepcionalmente admisible*, partiendo de una "presunción de irrazonabilidad" que hay que desvirtuar por quien sostenga la legitimidad constitucional de la discriminación. Y dicha presunción sólo quiebra a partir de la constatación de un propósito de igualdad real y efectiva que pretende la equiparación o parificación entre grupos de personas[45].

---

45 STC 128/1987 de 16 de julio (recurso de amparo 1123/1985), FFJJ 7, 10 y 11, admitiendo por primera vez la posibilidad de introducir diferencias por alguna de las causas previstas en el inciso segundo del art. 14 CE, y cambiando el criterio de prohibición absoluta por el de prohibición relativa sobre la base de la presunción de irrazonabilidad de la media que diferencia por estas casusas. Posteriormente otras resoluciones aplicaron esta presunción. Como ejemplo, *vid.* STC 3/1993 de 14 de enero (cuestión de inconstitucionalidad 231/1987), FJ 4; STC 59/2008 de 14 de mayo (cuestión de inconstitucionalidad 5939/2005), FJ 11; STC 12/2008 de 29 de enero (cuestión de inconstitucionalidad 4069/2007 acumulada al recurso de inconstitucionalidad 5653/2007); y, STC 156/2021 de 16 de septiembre (recurso de inconstitucionalidad 1960/2017), FJ 8. El análisis detallado de la casuística: *vid.* Chano Regaña, L., *La igualdad... ob. cit.*, pp. 272-280. En particular sobre el factor de diferenciación "sexo": Chano Regaña, L., "Los aportes de la justicia constitucional española para la consecución de la igualdad entre muje-

En este punto del discurso en el que queda comúnmente aceptado que el tratamiento jurídico diferente, objetivo, razonable y proporcionado forma parte del mandato genérico de la cláusula de igualdad[46], *a sensu contrario* debería existir un derecho a la igualación y un derecho a la diferenciación. Pero en esta cuestión el Tribunal Constitucional se ha mostrado tajante e inflexible[47].

Desde un punto de vista *negativo*, hay que excluir del contenido de la cláusula general de la igualdad: en primer lugar, al derecho a igualar dos situaciones jurídicamente desiguales con carácter preexistente. Y, en segundo lugar, al derecho a desigualar dos situaciones consideradas iguales por el legislador.

Respecto al *derecho a igualar dos situaciones reguladas con carácter preexistente de forma desigual*, el Tribunal Constitucional ha señalado desde sus inicios que no se puede pretender la igualación, pues se trata de dos realidades objetivamente diferentes y consecuentemente términos no comparables ni homogéneos para someterlos al juicio de igualdad, a lo que añade razones de seguridad jurídica y justificación racional de los fines perseguidos por el legislativo[48]. Resulta paradigmático que el Tribunal Constitucional alegue la seguridad y certeza jurídica para excluir esta posibilidad del contenido de la igualdad de trato, cuando con el devenir del tiempo, él mismo ha cambiado

---

res y hombres: hitos, retrocesos, avances y retos", en *Reflexiones y propuestas para el liderazgo femenino*, Thomson Reuters Aranzadi, Cizur Menor-Navarra, 2023, pp. 243-267. *Cfr.* Balaguer Callejón, M. L., "Igualdad y discriminación sexual en la jurisprudencia del Tribunal Constitucional", *Revista de Derecho Político*, núm. 33, 1991, pp. 99-134.

46 *Cfr.* Criado de Diego, M., "La igualdad en el constitucionalismo de la diferencia", *Revista Derecho del Estado*, núm. 26, 2011, pp. 7-49.

47 Chano Regaña, L., *La igualdad... ob. cit.*, pp. 163-179.

48 Las dos primeras sentencias en las que así lo manifestó son: STC 160/1987 de 27 de octubre (recurso de inconstitucionalidad 263/1985), FJ 6, a) y, STC 19/1988 de 16 de febrero (cuestión de inconstitucionalidad 593/1987), FJ 6, párrafo 3°. Como casos más recientes, *vid.* la STC 92/2014 de 10 de junio (cuestión interna de inconstitucionalidad 693/2013), FJ 5, considerando realidades jurídicas diferentes preexistentes el matrimonio y las uniones de hecho a la hora de cobrar la pensión de viudedad; y, la STC 236/2015 de 19 de noviembre (recurso de inconstitucionalidad 2733/2011), FJ 9, c), sobre la previa distinción entre funcionarios pertenecientes a diferentes grupos.

su criterio en la igualación de determinadas situaciones tradicionalmente consideradas diferentes, como las uniones de hecho y el matrimonio, por ejemplo. Así, en la STC 41/2013[49], donde la intención del legislador de equipar en la medida de lo posible las posiciones jurídicas del matrimonio y de las parejas de hecho, salvo que sea absolutamente inviable, es respaldada por el Tribunal Constitucional. Esta sentencia marca un cambio de criterio en la jurisprudencia del Tribunal Constitucional a la hora de considerar las uniones de hecho respecto a lo sostenido en la STC 184/1990[50], cambio que fue ya vislumbrado en la STC 222/1992[51] y en las posteriores que la citan. Esto pone de manifiesto el carácter evolutivo (en cuanto a adaptación de la interpretación normativa a la realidad social del tiempo en que ha de ser aplicada) y dinámico (en cuando a la versatilidad material) de la interpretación de la igualdad en el caso y contexto concreto[52].

Respecto al *derecho a diferenciar dos situaciones consideradas iguales por el legislador*, o, lo que es lo mismo, respecto a la posible *discriminación por indiferenciación*[53], esta posibilidad también queda tajantemente excluida del contenido del derecho a la igualdad, sin que en este punto encontremos argumento ni motivación alguna más allá de la mera negación reiterativa a considerar esta posibilidad como parte

---

49 STC 41/2013 de 14 de febrero (cuestión de inconstitucionalidad 8970/2008), FJ 6, párrafo 5º.

50 STC 184/1990 de 15 de noviembre (cuestión de inconstitucionalidad 1419/1988), FJ 3.

51 STC 222/1992 de 11 de diciembre (cuestión de inconstitucionalidad 1797/1990), FJ 6.

52 Sobre la necesidad de una interpretación evolutiva del texto constitucional, *vid.* STC 198/2012 de 6 de noviembre (recurso de inconstitucionalidad 6864/2005), FJ 12; Voto Particular a la STC 92/2014 de 10 de junio (cuestión interna de inconstitucionalidad 693/2013) del Magistrado don Luis Ignacio Ortega Álvarez, al que se adhieren la Magistrada doña Adela Asua Batarrita y los magistrados don Fernando Valdés Dal-Ré y don Juan Antonio Xiol Ríos; y STC, 31/2018 de 10 de abril (recurso de inconstitucionalidad 1406/2014), FJ 4, a).

53 Expresión admitida por el Tribunal Constitucional y utilizada por un amplio sector de la doctrina. *Vid.* Giménez Glück, D., *ob. cit.*, pp. 331-335; y, Cobreros Mendazona, E., "Discriminación por indiferenciación: Estudio y propuestas", *Revista Española de Derecho Constitucional*, núm. 81, 2007, p. 72.

del derecho[54], desoyendo la jurisprudencia del Tribunal Europeo de Derechos Humanos[55] y del Tribunal de Justicia de la Unión Europea[56], así como el criterio de una parte de la doctrina[57].

En definitiva y apoyándonos en la investigación previa que sustenta a este trabajo, podemos afirmar que "la diferencia sólo se admite cuando la igualdad se invoca como límite al legislador en el control de constitucionalidad de las normas que establecen tales diferencias o clasificaciones de situaciones jurídicas, pero no cuando se trae a colación como derecho subjetivo de las personas. Por ello, se admitiría la diferencia legislativa, pero no el derecho a diferenciar. Este argumento se apoya en las resoluciones del Tribunal Constitucional que declaran que la universalidad de la ley sólo puede quebrar estableciendo diferencias en abstracto que sean relevantes jurídicamente. La

---

54 Por todas, la STC 69/2007 de 16 de abril (recurso de amparo 7084/2002), FJ 4, excluyendo literalmente del núcleo del derecho la discriminación por indiferenciación en los siguientes términos: "[...] resulta ajeno al núcleo de protección del art. 14 CE la "discriminación por indiferenciación" al no consagrar el principio de igualdad un derecho a la desigualdad de trato, ni ampara la falta de distinción entre supuestos desiguales, por lo que no existe ningún derecho normativo al trato desigual [...]." En términos similares, pero en control abstracto de la constitucionalidad, la STC 19/2012 de 15 de febrero (recurso de inconstitucionalidad 1046/1999), FJ 7.

55 STEDH 6 de abril de 2000, Gran Sala, *caso Thlimmenos contra* Grecia (Demanda núm. 34369/1997), § 44-47.

56 STJUE de 21 de julio de 2011, *caso Károly Nagy contra Mezőgazdasági és Vidékfejlesztési Hivatal,* (Asunto C-21/2010), § 47.

57 Alexy, R., *Teoría... ob. cit.*, pp. 395-398; Ruiz Miguel, A., "La igualdad...", *ob. cit.*, pp. 76 y 78; y, Cobreros Mendazona, E., *ob. cit.*, pp. 88-111. Defendiendo la posición contraria: Suay Rincón, J., *ob. cit.*, pp. 837-892; García San Miguel, L., *El principio de igualdad,* Dykinson, Madrid, 2000, pp. 155-199; Montilla Martos, J.A., "El mandato constitucional de promoción de la igualdad real y efectiva en la jurisprudencia constitucional. Su integración con el principio de igualdad", *Estudios de Derecho Público en homenaje a Juan José Ruiz Rico,* Tecnos, Madrid, 1997, pp. 437-464; y, Prieto Sanchís, L., "Los derechos sociales y el principio de igualdad sustancial", *Revista del Centro de Estudios Políticos y Constitucionales,* núm. 22, 1995, p. 33. *Cfr.* Chano Regaña, L., *La igualdad... ob. cit.*, pp. 175-179.

facultad de determinar la relevancia jurídica del rasgo distintivo [que justificaría la diferencia] corresponde en exclusiva al legislador"[58].

En conclusión, desde una perspectiva integral y evolutiva, el análisis jurisprudencial realizado nos permite afirmar que la configuración constitucional del contenido sustancial de la igualdad de trato y no discriminación incluye: en primer lugar, la cláusula general de igualdad y la diferencia admitida como legítima; y, en segundo lugar, la prohibición de discriminación junto a la admisión excepcional de la discriminación con el propósito de la parificación de grupos de personas.

Procede ahora analizar la Ley 15/2022 integral para la igualdad de trato y no discriminación y preguntarnos si esta Ley ha incorporado este contenido de la igualdad configurado por la casuística del Tribunal Constitucional; y en el caso de que lo haya hecho, cómo ha sido esta incorporación y qué novedades o problemáticas presenta.

5. LA LEY 15/2022 INTEGRAL PARA LA IGUALDAD DE TRATO Y LA NO DISCRIMINACIÓN Y SU EXAMEN DE CONSTITUCIONALIDAD

La Ley 15/2022 tiene como objetivo el desarrollo integral en España del derecho a la igualdad de trato y no discriminación, respetando "la igual dignidad de las personas en desarrollo de los artículos 9.2, 10 y 14 de la Constitución" (art. 1.1). Según consta en su preámbulo persigue el establecimiento de un "[…] mínimo común normativo que contenga las definiciones fundamentales del derecho antidiscriminatorio español y, al mismo tiempo, albergue sus garantías básicas […] en la protección real y efectiva de las víctimas". Pretende "[…] prevenir y erradicar cualquier forma de discriminación y proteger a las víctimas, intentando combinar el enfoque preventivo con el enfoque reparador, el cual tiene también un sentido formativo y de

---

58 Chano Regaña, L., *La igualdad… ob. cit.*, p. 178. Como evidencia de esta afirmación, por todas, *vid.* STC 23/1986 de 14 de febrero (recurso de amparo 746/1984), FJ 2.

prevención general. Para ello, el texto articulado se caracteriza por tres notas: es una ley de garantías, una ley general y una ley integral". En este sentido, destaca su consciencia de los problemas y dificultades que supone el logro de una igualdad sustancial e incorpora las demandas sociales de los colectivos minoritarios y tradicionalmente preteridos.

La ley se fundamenta en una amplia base de instrumentos internacionales de derechos humanos, tales como la Carta de Derechos Fundamentales de la Unión Europea[59], el Convenio Europeo de Derechos Humanos[60], la Declaración Universal de Derechos Humanos[61], los Pactos Internacionales de Derechos Civiles y Políticos y de Derechos Económicos, Sociales y Culturales[62], así como diversas convenciones de la Organización de Naciones Unidas (ONU)[63] e infor-

---

59 Diario Oficial de la Unión Europea (DOUE) núm. C-202 de 7 de junio de 2016.

60 Instrumento de Ratificación del Convenio para la Protección de los Derechos Humanos y de las Libertades Fundamentales, hecho en Roma el 4 de noviembre de 1950, y enmendado por los Protocolos adicionales números 3 y 5, de 6 de mayo de 1963 y 20 de enero de 1966, respectivamente, BOE núm. 243, de 10 de octubre de 1979.

61 Asamblea General de Organización de Naciones Unidas (ONU). Resolución 217 A (iii) de 10 de diciembre de 1948.

62 Instrumento de Ratificación de España del Pacto Internacional de Derechos Civiles y Políticos, hecho en Nueva York el 19 de diciembre de 1966; e, Instrumento de Ratificación de España del Pacto Internacional de Derechos Económicos, Sociales y Culturales, hecho en Nueva York el 19 de diciembre de 1966, BOE núm. 103 de 30 de abril de 1977.

63 Convención Internacional para la Eliminación de todas las Formas de Discriminación Racial, ONU. Resolución 2106 A (XX) de 21 de diciembre de 1965, BOE núm. 118 de 17 de mayo de 1969; Declaración sobre la Eliminación de todas las Formas de Intolerancia y Discriminación fundadas en la Religión o las Convicciones, ONU. Resolución 36/55 de 25 de noviembre de 1981; Convención sobre los Derechos del Niño de 20 de noviembre de 1989, BOE núm. 313 de 31 de diciembre de 1990; Convención Internacional sobre los derechos de las personas con discapacidad de 13 de diciembre de 2006, BOE núm. 96 de 21 de abril de 2008; Organización Internacional del Trabajo, Convenio 100 sobre igualdad de remuneración de 1951 y Convenio 111 sobre discriminación en materia de empleo y ocupación de 1958, ambos en BOE núm. 291 de 4 de diciembre de 1968. Por otro lado, en relación con la edad, la Asamblea General de la ONU adoptó en 1991

mes[64] y directivas adoptadas en el marco de la Unión Europea que abordan la igualdad y la no discriminación[65].

En el preámbulo de la norma se destaca la evolución del concepto de igualdad. La igualdad de trato ha pasado de ser concebida como una mera prohibición de discriminación directa a incluir también formas más sutiles de discriminación, como la indirecta, la discriminación por error y por asociación y la discriminación múltiple o interseccional (art. 6, apartados 1, 2 y 3), ya recogidas en algunas leyes autonómicas[66]. Además, ahonda en otros conceptos como el de

---

los principios de Naciones Unidas a favor de las personas de edad, que enumera 18 derechos de las personas mayores, incluido un trato digno. En este mismo sentido, el Consejo de Derechos Humanos adoptó también en 2010 la Resolución 21/23 referente a los derechos humanos de las personas de edad.

64 Informe de la Comisión Europea contra el Racismo y la Intolerancia (ECRI) sobre España, publicado el 27 de febrero de 2018; Resolución del Parlamento Europeo de 26 de marzo de 2019, sobre los derechos fundamentales de las personas de ascendencia africana en Europa (2018/2899(RSP)); y, los Informes de la Agencia de los Derechos Fundamentales de la Unión Europea, particularmente el del año 2019.

65 Directiva 2000/43/CE, relativa a la aplicación del principio de igualdad de trato de las personas independientemente de su origen racial o étnico, Diario Oficial de la Comunidad Europea (DOCE) núm. 180 de 19 de julio de 2000; la Directiva 2000/78/CE, relativa al establecimiento de un marco general para la igualdad de trato en el empleo y la ocupación, DOCE núm. 303 de 2 de diciembre de 2000; la Directiva 2006/54 relativa a la aplicación del principio de igualdad de oportunidades e igualdad de trato entre hombres y mujeres en asuntos de empleo y ocupación, DOUE núm. 204 de 26 de julio de 2006; y, la Directiva 2010/41/UE, sobre la aplicación del principio de igualdad de trato entre hombres y mujeres que ejercen una actividad autónoma, DOUE núm. 180, de 15 de julio de 2010.

66 Así, la Ley del Parlamento de Cataluña 17/2015, de 21 de julio, de igualdad efectiva de mujeres y hombres, BOE núm. 215 de 8 de septiembre de 2015, que es la primera en definir esta modalidad de discriminación múltiple en su art. 2; y la Ley 2/2016, de 29 de marzo, de identidad y expresión de género e igualdad social y no discriminación de la Comunidad de Madrid, BOE núm. 169 de 14 de julio de 2016: en su art. 1.6. (discriminación múltiple); art. 1.7 (discriminación por asociación); y, art. 1.8 (discriminación por error). Para más detalle, *vid.* Chano Regaña, L., "La igualdad y la prohibición de discriminación", en *Manual de Derecho Constitucional español con*

"acoso discriminatorio", "medidas de acción positiva", "represalias" y "segregación escolar" (art. 6, apartados 4 a 8). Y, en honor a su consideración de "ley integral" define su ámbito de aplicación tanto en lo subjetivo (art. 2) como en lo objetivo (art. 3), intentando llegar a todos los ámbitos de la vida de las personas, incluyendo el socioeconómico y los aspectos más novedosos como, por ejemplo, el de las telecomunicaciones, la inteligencia artificial y la gestión masiva de datos.

La ley se hace eco de la configuración constitucional que de la igualdad de trato se ha ido haciendo a lo largo de los años por parte de la jurisprudencia del Tribunal Constitucional[67], incorporando: 1) la concepción del Tribunal de la diferencia legítima como parte del contenido de la igualdad de trato; y, 2) la admisibilidad de excepciones a la prohibición de discriminación que diferencian en base a alguna de las categorías sospechosas de discriminación contempladas en el art. 14 CE con el objetivo de lograr la igualdad real y efectiva.

La admisibilidad de la diferencia es algo que ha estado presente en la doctrina del Tribunal Constitucional desde sus inicios; no así la excepción al principio de discriminación, sobre el que existió hasta 1987 una prohibición absoluta de diferenciar, rota por la STC 128/1987, ya citada. A partir de esta sentencia la prohibición muta de absoluta a relativa al permitir la quiebra de la presunción de inconstitucionalidad (y de *irrazonabilidad*) que pesa sobre estos supuestos. En estas lides, la categoría de discriminación más prolífica a nivel de casuística del Tribunal Constitucional ha sido la diferenciación por razón de sexo[68]. Así, desde las primeras sentencias del Tribunal, en las que cualquier diferenciación por razón del sexo estaba abso-

---

perspectiva de género. Derechos, deberes y garantías constitucionales, Vol. 2, Universidad de Salamanca, Salamanca, 2022, pp. 96-101.

67 "Es una ley de garantías que no pretende tanto reconocer nuevos derechos como garantizar los que ya existen. En este sentido, desarrolla el artículo 14 de la Constitución incorporando la amplia jurisprudencia constitucional al respecto. [...]", Preámbulo de la Ley 15/2022, *cit.*, III, párrafo 5º. *Vid.* también párrafos 13º, 14º y 20º del mismo numeral.

68 Chano Regaña, L., *La igualdad... ob. cit.*, pp. 272-280; y, Chano Regaña, L., "Los aportes...", *ob. cit.*, pp. 243-267.

lutamente proscrita[69] hasta la admisibilidad de esta diferencia[70] y la validación de introducir acciones positivas para lograr la igualdad real entre hombres y mujeres[71]. También la posibilidad de identificar discriminaciones indirectas[72] o la de analizar varios factores de discriminación concurrentes con el sexo[73]. A lo que habría que añadir, más avanzado el tiempo, la definición del Tribunal Constitucional de las categorías "sexo", "género", "orientación sexual", "identidad de género" y "expresión de género", para poder dotar de seguridad jurídica el análisis de los efectos de las normas y acciones gubernativas, administrativas y judiciales con las que se involucren estas categorías[74]; y, además, la aceptación de la exigencia y aplicación de la "perspectiva de género", desarrollando su significado y alcance[75]. El Tribunal Constitucional también ha ampliado con los años el elenco de factores de discriminación que se podrían considerar incluidos en el inciso final del art. 14 CE "cualquier otra condición o circunstancia personal o social", donde ha estimado que tienen cabida aquellos colectivos tradicionalmente preteridos, como las personas con discapacidad, el colectivo LGTBIQ+ y determinados grupos etarios o culturales y religiosos (por ejemplo, la tercera edad, o la comunidad gitana, respectivamente)[76]. Todas estas cuestiones se trasladan por el

---

69 STC 22/1981 de 2 de julio (cuestión de inconstitucionalidad 223/1980).

70 STC 128/1987 de 16 de julio (recurso de amparo 1123/1985).

71 STC 103/1993 de 22 de marzo (recurso de amparo 1587/1990); y, STC 253/2004 de 22 de diciembre (cuestión de inconstitucionalidad 2045/1998). *Cfr.* Sánchez-Girón Martínez, B., "El nuevo tratamiento de las medidas de acción positiva en la Ley 15/2022", *Femeris: Revista Multidisciplinar de Estudios de Género*, Vol. 8, núm. 2, 2023, pp. 52-74.

72 STC 253/2004 de 22 de diciembre (cuestión de inconstitucionalidad 2045/1998).

73 STC 69/2007 de 16 de abril (recurso de amparo 7084/2002).

74 STC 67/2022 de 2 de junio (recurso de amparo 6375/2019).

75 STC 44/2023 de 9 de mayo (recurso de inconstitucionalidad 4523/2010).

76 A modo de ejemplos: la STC 176/2008 de 26 de diciembre (recurso de amparo 4595/2005), considerando la condición de transexual como una categoría sospechosa de discriminación incluida en el inciso final del art. 14 CE; la STC 29/2012 de 1 de marzo (cuestión de inconstitucionalidad 2651/2005) sobre el límite de edad para promocionar en el cuerpo de funcionarios de policía; y, la STC 1/2021 de 25 de enero (recurso de amparo 1343/2018), sobre el matrimonio gitano y la pensión de viudedad.

legislador al texto de la Ley 15/2022, con mayor o menor extensión y, al menos en el plano teórico, con acierto. Habrá que ver cómo evoluciona la aplicación de la ley y sus consecuencias en los próximos años para dar una opinión más fundada a este respecto.

En lo que concierne a las categorías sospechosas de discriminación recogidas en el art 14 CE, la ley amplía el elenco de este precepto, al estimar otras causas que el Tribunal Constitucional ha considerado incluidas en la cláusula residual "cualquier otra condición o circunstancia personal o social". Así, el art. 1.2 de la ley establece: "Se reconoce el derecho de toda persona a la igualdad de trato y no discriminación con independencia de su nacionalidad, de si son menores o mayores de edad o de si disfrutan o no de residencia legal. Nadie podrá ser discriminado por razón de nacimiento, origen racial o étnico, sexo, religión, convicción u opinión, edad, discapacidad, orientación o identidad sexual, expresión de género, enfermedad o condición de salud, estado serológico y/o predisposición genética a sufrir patologías y trastornos, lengua, situación socioeconómica, o cualquier otra condición o circunstancia personal o social". Particularmente especial es el trato que da a la discapacidad, considerando la denegación de los "ajustes razonables" como una lesión de la igualdad de trato y el reconocimiento de la edad y de la salud como causas sospechosas de discriminación[77]. Respecto a estas categorías de discriminación la ley admite que se puedan establecer "diferencias de trato cuando los criterios para tal diferenciación sean razonables y objetivos y lo que se persiga [sea] lograr un propósito legítimo" de igualación sustancial (art. 2.2) y afirma que no "[...] considera discriminación la diferencia de trato [...] que pueda justificarse objetivamente por una finalidad legítima y como medio adecuado, necesario y proporcionado para alcanzarla" (art. 4.2). De esta forma, la Ley 15/2022 está incorporando el juicio de igualdad del Tribunal Constitucional para catalogar una diferencia como "legítima" desde el punto de vista constitucional y para hacerla parte del contenido

---

77 *Cfr.* Grau Pineda, M. C., "La Ley 15/2022, de 12 de julio, integral para la igualdad de trato y no discriminación. La inclusión de nuevas causas autónomas de prohibición de discriminación", *Femeris: Revista Multidisciplinar de Estudios de Género*, Vol. 8, núm. 2, 2023, pp. 32-51.

material de la igualdad. Está definiendo legislativamente como acotar los límites de la igualdad y como materializar el contenido de esta en los distintos contextos en los que ha de ser aplicada. Implica también que funciona como derecho público subjetivo y como límite a los poderes públicos en la línea que hemos sostenido en los epígrafes anteriores de este trabajo. Esto supone una evolución muy significativa en la configuración del principio de igualdad, que contribuye a clarificar su alcance y sus posibilidades de interacción con el resto de los derechos y libertades de las personas.

El Tribunal Constitucional ha avalado en la STC 89/2024 la constitucionalidad de los arts. 2.2 y 4.2 de la Ley 15/2022, a raíz de la duda de constitucionalidad planteada en relación con las limitaciones a la libertad de contratación en el empleo por cuenta ajena (art. 9.1) y en el acceso a la vivienda (art. 20.2) de la misma norma. Los recurrentes impugnaron los arts. 9.1 y 20.2 de la Ley 15/2022 por considerarlos lesivos del art. 38 CE, al limitar de forma irrazonable y desproporcionada la libertad de contratación en el empleo por cuenta ajena y en el acceso a la vivienda, respectivamente. Dejando al margen, algunas incidencias formales de la queja, el Tribunal Constitucional consideró que la lesión invocada perdía todo sustento al ponerla en relación con los arts. 2.2 y 4.2 de la Ley 15/2022, a los que calificó como "[...] fiel reflejo de las "matizaciones" con las que, conforme a la citada doctrina constitucional, se aplica el principio de igualdad y no discriminación a las relaciones privadas. Así, prevén que pueda haber diferencias de trato siempre que obedezcan a criterios razonables y objetivos y se persiga un propósito legítimo respecto del que la diferenciación sea un medio adecuado, necesario y proporcionado. Naturalmente, no bastará que la diferencia de trato tenga formalmente y en abstracto una justificación objetiva y razonable, sino que habrá de verificarse que, en concreto, no encubra o permita encubrir una discriminación contraria al art. 14 CE —discriminación indirecta— [...]"[78].

El texto subraya la importancia de una concepción amplia y dinámica de la igualdad como un derecho autónomo, no simplemente

[78] STC 89/2024 de 5 de junio (recurso de inconstitucionalidad 6706/2022), FJ 3, d).

derivado de otros derechos reconocidos. Esto implica que la igualdad de trato no debe depender de la existencia de una relación de paridad en otros aspectos de la vida social o económica, sino que es un derecho que exige un tratamiento equitativo por sí mismo. Esta perspectiva se alinea en la práctica con la jurisprudencia del Tribunal Constitucional y de los tribunales internacionales de derechos humanos, que han reconocido la importancia de medidas positivas y especiales para garantizar la igualdad efectiva de personas y grupos en situación de desventaja estructural, pero choca con la concepción del principio que tiene nuestro Alto Tribunal, que sigue considerando el derecho a la igualdad de trato como un "derecho típicamente relacional" a los efectos de su configuración constitucional más básica, como podemos comprobar en la casuística sobre este tema citada *supra* y en la reciente STC 89/2024, donde surgía el tema de la categoría ordinaria (y no orgánica) de la Ley 15/2022 en la crítica esbozada en el Voto Particular de la Magistrada doña María Luisa Balaguer Callejón. La Magistrada arguye que el Pleno ha perdido una oportunidad magnífica de revisar la doctrina establecida en la STC 76/1983, en la cual se sentó la teoría de que el art. 14 CE, debido a su ubicación estratégica como pórtico introductorio al catálogo de derechos fundamentales y libertades públicas, que lo sitúa fuera de la Sección Primera del Capítulo II del Título I ("De los derechos fundamentales y de las libertades públicas"), no era objeto de la reserva de ley orgánica estipulada en el art. 81.1 CE para el desarrollo "de los derechos fundamentales y las libertades públicas"[79], considerando que "[...] esta interpretación sistemática de la reserva de ley orgánica, y esencialmente nominalista, obvia tanto la finalidad de la ley orgánica como la naturaleza actual del derecho fundamental a la igualdad de trato que es, exactamente, el tema que desarrolla y regula la Ley 15/2022, [...]". La Magistrada aboga por una interpretación más abierta y por "[...] modificar el paradigma interpretativo del art. 14 CE, [...] flexibilizando poco a poco la jurisprudencia constitucio-

---

79 STC 76/1983 de 3 de agosto (recursos de amparo acumulados 311, 313, 314, 315 y 316/1982), FJ 2.a), párrafo 3º.

nal en materia de igualdad de trato para huir del parámetro rígido marcado por la dimensión relacional del derecho a la igualdad"[80].

La Ley 15/2022 estatuye también que "[e]l derecho a la igualdad de trato y no discriminación es un principio informador del ordenamiento jurídico que se integrará y observará con carácter transversal en la interpretación y aplicación de las normas jurídicas" (art. 4.3) y que será interpretado siempre de conformidad con la legislación y la jurisprudencia aplicable con carácter extensivo y favorable a los derechos de las personas (art. 7). A esto se suma la obligación de que se tenga siempre en cuenta la perspectiva de género, con especial atención a las violencias y al impacto que sufren las mujeres y niñas en el acceso a los derechos, bienes y servicios (art. 4.4).

El tema de la perspectiva de género y su exigencia legal ha sido otra de las cuestiones que se han planteado como duda de constitucionalidad al Tribunal Constitucional al hilo de una legislación reciente y que se resuelve de forma amplia en la STC 89/2024. La queja en el caso de la Ley 15/2022 viene fundada en la consideración de que exigir perspectiva de género en las políticas públicas es exigir un planteamiento puramente ideológico, que contraviene el pluralismo político reconocido por el art. 1.1 CE, la libertad ideológica garantizada por el art. 16.1 CE y la objetividad con la que debe actuar la administración, según el art. 103.1 CE. El Tribunal responde que "[...] la perspectiva de género, lejos de comprometer la neutralidad ideológica del Estado, supone un avance en el respeto a los valores constitucionales, especialmente, los recogidos en los arts. 1.1, 9.2 y 14 CE" y es una consecuencia lógica de la evolución normativa y jurisprudencial del tratamiento de la igualdad entre hombres y mujeres. Para afirmar esto, define qué es la perspectiva de género a partir de la IV Conferencia Mundial de Mujeres de la Organización de Naciones Unidas (ONU)[81] y repasa todos los instrumentos del derecho internacional y del derecho europeo que la recogen, haciendo tam-

---

80 STC 89/2024 de 5 de junio (recurso de inconstitucionalidad 6706/2022), Voto Particular de la Magistrada doña María Luisa Balaguer Callejón, párrafos 3º, 6º y 7º.

81 IV Conferencia Mundial sobre la Mujer, 4 a 15 de septiembre de 1995, Beijing, China: Informe de la conferencia A/CONF.177/20/Rev1 (1995).

bién un repaso al cuerpo legislativo español que la contempla[82] y a su doctrina reciente, cuya fundamentación incorpora la jurisprudenica del Tribunal Europeo de Derechos Humanos en este sentido. La casuística del Tribunal Constitucional en esta materia se acota en dos resoluciones previas a la STC 89/2024. La primera de ellas es la STC 34/2023, donde se evaluó la constitucionalidad de la incorporación de la perspectiva de género en los principios pedagógicos de la Ley Orgánica de educación resolviendo, en relación con el derecho de acceso a la educación de mujeres y niñas, que esta no impone ninguna adhesión ideológica[83]. La segunda es la STC 44/2023, dictada sobre la Ley Orgánica 2/2010, respecto a la educación sanitaria y a la formación de profesionales de la salud con perspectiva de género. En esta sentencia se ratifica lo ya dicho en la STC 34/2023, definiendo la perspectiva de género al precisar que con esta expresión se alude a una "categoría de análisis de la realidad desigualitaria entre mujeres y hombres dirigida a alcanzar la igualdad material y efectiva" y a un "enfoque metodológico y un criterio hermenéutico transversal orientado a promover la igualdad entre mujeres y hombres, como parte esencial de una cultura de respeto y promoción de los derechos

---

[82] Este cuerpo es escaso y reciente. Se concreta en: Ley 30/2003, de 13 de octubre, sobre medidas para incorporar la valoración del impacto de género en las disposiciones normativas que elabore el Gobierno, BOE núm. 246 de 14 de octubre de 2003; Ley Orgánica 1/2004, de 28 de diciembre, de medidas de protección integral contra la violencia de género, BOE núm. 313 de 29 de diciembre de 2004; Ley Orgánica 3/2007, de 22 de marzo, para la igualdad efectiva de mujeres y hombres, *cit.*; Ley Orgánica 5/2018, de 28 de diciembre, de reforma de la Ley Orgánica 6/1985, de 1 de julio, del Poder Judicial, sobre medidas urgentes en aplicación del Pacto de Estado en materia de violencia de género, BOE núm. 314 de 29 de diciembre de 2018; Ley Orgánica 3/2020, de 29 de diciembre, de modificación de la Ley Orgánica de educación, BOE núm. 340 de 30 de diciembre de 2020; Ley Orgánica 10/2022, de 6 de septiembre, de garantía integral de la libertad sexual; Ley Orgánica 1/2023, de 28 de febrero, por la que se modifica la Ley Orgánica 2/2010, de 3 de marzo, de salud sexual y reproductiva y de la interrupción voluntaria del embarazo, BOE núm. 51 de 1 de marzo de 2023.

[83] STC 34/2023 de 18 de abril (recurso de inconstitucionalidad 1760/2021), FJ 7 e).

humanos"[84]. De esta forma, y a pesar de las reticencias del Tribunal Constitucional en épocas anteriores para incorporar la perspectiva de género en su fundamentación, queda avalada la constitucionalidad de esta categoría jurídica y su incorporación por el legislativo en el sistema normativo. Se trata de un avance reciente, consolidado en la doctrina del Tribunal a partir del año 2023 y no exento de problemáticas en su implementación. Sin duda, su aplicación práctica con eficacia y pragmatismo es uno de los grandes retos a los que se enfrenta la ley.

Por lo demás, entre las novedades de la ley cabe destacar que en la necesidad de establecer un marco normativo general, integral y garantista, la norma prevé la creación de un organismo independiente dedicado a la promoción de la igualdad y la lucha contra la discriminación. Este organismo, en línea con las recomendaciones del Consejo de Europa y otras entidades internacionales, tendría competencias para recibir e investigar quejas, realizar estudios y recomendaciones, y supervisar el cumplimiento de la legislación en esta materia. La independencia y la autoridad de este organismo son vistas como fundamentales para asegurar una supervisión efectiva y la aplicación de sanciones cuando sea necesario. La ley establecía un periodo de seis meses desde su entrada en vigor para la creación de este organismo, llamado "Autoridad Independiente para la Igualdad de Trato y la No Discriminación" (Disposición Adicional 1ª), pero a fecha de cierre de este trabajo y dos años después de la entrada en vigor de la ley, esta Autoridad no ha sido creada y sólo se ha podido constatar el avance de los trabajos preparatorios del Ministerio de Igualdad para aprobar los reales decretos que se precisan para su creación.

Asimismo, la ley destaca la importancia de la formación y sensibilización como instrumentos esenciales para la prevención de la discriminación. En este sentido, se promueve la inclusión de contenidos sobre igualdad y no discriminación en los currículos educativos y la formación de profesionales en diversos sectores, especialmente aquellos en posiciones de poder y toma de decisiones, como el funcionariado público, profesionales de la justicia y fuerzas de seguridad.

---

84 STC 44/2023 de 9 de mayo (recurso de inconstitucionalidad 4523/2010), FJ 10.

Además, se enfatiza la necesidad de campañas de sensibilización dirigidas al público en general, para fomentar una cultura de respeto y valoración de la diversidad.

Otro aspecto abordado desde el punto de vista garantista es la protección de las víctimas de discriminación. La ley propone mecanismos para facilitar el acceso a la justicia, como la inversión de la carga de la prueba en casos de discriminación, lo cual es un estándar reconocido en el derecho antidiscriminatorio europeo e internacional que ya había incorporado alguna legislación sectorial en la materia y que el Tribunal Constitucional ha tenido oportunidad de confirmar como constitucional[85]. Esta medida es especialmente relevante para superar las dificultades probatorias que enfrentan las víctimas en estos casos, donde la evidencia directa puede ser escasa.

Además, el texto regula (y otorga un papel importante al hacerlo) las sanciones efectivas, proporcionales y disuasorias como componentes esenciales de un sistema legal que pretenda erradicar la discriminación. Las sanciones no solo deben incluir reparaciones económicas, sino también medidas de restitución y rehabilitación, así como el establecimiento de medidas estructurales para prevenir la repetición de actos discriminatorios. Este enfoque no solo busca compensar a las víctimas, sino también modificar conductas y estructuras que perpetúan la desigualdad.

En términos de derechos específicos, la ley aborda la necesidad de protección en diversas áreas, tales como el empleo, la educación, la salud, la vivienda y el acceso a bienes y servicios[86]. Se reconoce que estas áreas son fundamentales para la participación plena y equita-

---

85 Art. 96 de la Ley 36/2011 de 10 de octubre reguladora de la jurisdicción social, BOE núm. 245 de 11 de octubre de 2011. *Cfr.* STC 67/2022 de 2 de junio (recurso de amparo 6375/2019), FJ 6. Sobre las dudas y críticas que plantea la Ley 15/2022 a este respecto, *vid.* Rodríguez Álvarez, A., "La carga de la prueba en la Ley integral para la igualdad de trato y la no discriminación: algunas consideraciones críticas desde la óptica del proceso civil", *Diario La Ley*, núm. 10131, 2022.

86 *Vid.* a mayor abundamiento y para profundizar en la regulación de la ley en cada una de estas áreas: Sempere Navarro, A. V. y García Gil, M. B. (Dir.), *Una visión transversal del derecho a la igualdad. Ley 15/2022, de 12 de julio*, Sepín, Madrid, 2023.

tiva en la vida social y económica, y que la discriminación en cualquiera de estos ámbitos puede tener efectos devastadores para los individuos y grupos afectados. No obstante, este enfoque integral e interseccional de la norma puede tensionar otra regulación sectorial específica, como sucede con la laboral en materia de despidos en lo que respecta al tratamiento de la enfermedad y la discapacidad como causas de discriminación[87]. También puede entrar en ciertas contradicciones con alguna normativa autonómica, lo cual no sería un problema si acudimos al principio competencial. En cualquier caso, y dejando de lado estos posibles inconvenientes aplicativos, la ley establece un enfoque transversal, que aborda la discriminación no solo de manera sectorial, sino también interseccional, considerando cómo las diversas formas de discriminación interactúan y se refuerzan mutuamente en todas estas áreas. E intentando prevenir y erradicar esta concurrencia de discriminación que perpetúa la desigualdad estructural.

En definitiva, estamos ante una ley muy completa y ambiciosa en sus pretensiones, que recoge una concepción de igualdad real contemporánea acorde a las demandas sociales propias del estado social y democrático de derecho, incorporando las transformaciones en la forma de entender la igualdad de trato y la no discriminación que se han introducido en el imaginario jurídico colectivo por la vía jurisprudencial y por el derecho internacional de los derechos humanos. La norma evidencia el esfuerzo legislativo en dar respuesta a las nuevas formas de discriminación y en garantizar la protección de

---

87 Lousada Arochena, J. F., "La Ley 15/2022, de 12 julio, integral para la igualdad de trato y la no discriminación: incidencia en el Derecho del Trabajo", *El Derecho.Com. Noticias Jurídicas y de actualidad*, 29 de diciembre de 2022 [en línea]: https://elderecho.com/ley-15-2022-igualdad-trato-no-discriminacion-derecho-del-trabajo [Consulta: 31 de julio de 2024]. Y, Agustí Maragall, J., "La nueva ley 15/2022 integral para la igualdad y no discriminación y el despido por enfermedad o condición de salud: El fin de la anomalía", *Jurisdicción social: Revista de la Comisión de lo Social de Juezas y Jueces para la Democracia*, núm. 235, 2022, pp. 5-20. Sobre los efectos en el orden civil, *vid.* Vaquero Pinto Vaquero, M. J., "Ley 15/2022, de 12 de julio, integral para la igualdad de trato y la no discriminación. Aspectos civiles", *Ars Iuris Salmanticensis (AIS): revista europea e iberoamericana de pensamiento y análisis de derecho, ciencia política y criminología*, Vol. 11, núm. 1, 2023, pp. 146-149.

los derechos fundamentales en un contexto de creciente diversidad social, promoviendo una cultura de igualdad y respeto por la dignidad humana. No obstante, no está exenta de ciertas inconveniencias aplicativas que se irán resolviendo a medida que su contenido se vaya implementando.

6. CONCLUSIONES

El Tribunal Constitucional ha desempeñado un papel fundamental en la interpretación y aplicación del principio de igualdad, contribuyendo a darle un contenido material y dinámico que se adapta a las realidades sociales cambiantes. El principio de igualdad se aplica de manera contextual, ponderando los bienes jurídicos constitucionales que se enfrentan en las posiciones jurídicas comparadas a través de una estructura aplicativa que hemos denominado juicio de igualdad y que se dota de argumentos y de fundamentación específica en el contexto jurídico concreto que se evalúe por parte del Tribunal Constitucional. En este proceso se integra la doble dimensión de la igualdad como derecho público subjetivo y como límite de actuación de los poderes públicos. Además, se decantan los límites de la igualdad al considerar como parte de su contenido nuclear la diferencia legítima y, excepcionalmente, la discriminación con el propósito de la parificación de grupos de personas. No así, el derecho de las personas a ser diferenciadas por los poderes públicos.

Las transformaciones en la jurisprudencia constitucional, considerando la influencia de los estándares internacionales y europeos en la configuración de la igualdad y su evolución, han calado en la legislación española, teniendo su especial cristalización en la Ley 15/2022 integral para la igualdad de trato y la no discriminación.

La Ley 15/2022 ha incorporado el juicio de igualdad del Tribunal Constitucional para catalogar una diferencia como "legítima" desde el punto de vista constitucional y para hacerla parte del contenido material de la igualdad, definiendo legislativamente la forma de acotar los límites de la igualdad y materializando el contenido de esta en los distintos contextos en los que ha de ser aplicada. Esto supone una evolución muy significativa en la configuración del principio de igualdad, que contribuye a clarificar su alcance y sus posibilidades de interacción con el resto de los derechos y libertades de las personas. En este sentido, la norma subraya la importancia de una concepción amplia de la igualdad como un derecho autónomo y no dependiente de otros derechos, que tenga su propia sustantividad a la hora de ser aplicado y exigido, lo cual no casa con su categoría de ley ordinaria.

Con una mirada integral, general y garantista la ley aborda la compleja realidad de la discriminación, ofreciendo un marco normativo factible para trabajar y avanzar en la igualdad de trato. Al incorporar los avances del derecho internacional de los derechos humanos, absorber las prácticas de la jurisprudencia constitucional y profundizar en las nuevas y más actuales formas de desigualdad, la ley se posiciona como una herramienta de gran utilidad para los poderes públicos y los operadores jurídicos. Sin embargo, su implementación efectiva dependerá de diversos factores, como la voluntad política, la asignación de recursos y la colaboración de diferentes actores sociales.

BIBLIOGRAFÍA

Agustí Maragall, J., "La nueva ley 15/2022 integral para la igualdad y no discriminación y el despido por enfermedad o condición de salud: El fin de la anomalía", *Jurisdicción social: Revista de la Comisión de lo Social de Juezas y Jueces para la Democracia*, núm. 235, 2022, pp. 5-20.

Alexy, R., "La fórmula del peso", en *El principio de proporcionalidad y la interpretación constitucional*, Ministerio de Justicia y Derechos Humanos, Quito (Ecuador), 2008, pp. 13-42.

Alexy, R., *Teoría de los derechos fundamentales*, Centro de Estudios Políticos y Constitucionales, Madrid, 1993.

Alonso García, E., *La interpretación de la Constitución*, Centro de Estudios Constitucionales, Madrid, 1984.

Alonso García, E., "El principio de igualdad del artículo 14 de la CE", *Revista de Administración Pública*, núm. 100-102, 1983, pp. 21-92.

Balaguer Callejón, M. L., "Igualdad y discriminación sexual en la jurisprudencia del TC", *Revista de Derecho Político*, núm. 33, 1991, pp. 99-134.

Baño León, J. M., "La distinción entre derecho fundamental y garantía institucional en la Constitución española", *Revista Española de Derecho Constitucional*, núm. 24, 1988, pp. 155-179.

Baño León, J. M., "La igualdad como derecho público subjetivo", *Revista de la Administración Pública,* núm. 114, 1987, pp. 179-195.

Bernal Pulido, C., *El principio de proporcionalidad y los derechos fundamentales,* Centro de Estudios Políticos y Constitucionales, Madrid, 2005.

Bernal Pulido, C., "Estructura y límites de la ponderación", *Doxa. Cuadernos de Filosofía del Derecho,* núm. 26, 2003, pp. 6-17.

Barak, A., *Proporcionalidad. Los derechos fundamentales y sus restricciones,* Palestra Editores, Lima (Perú), 2017.

Carbonell Sánchez, M., "Igualdad y Constitución", en *Discriminación, igualdad y diferencia política,* Comisión de Derechos Humanos del Distrito Federal y Consejo Nacional para prevenir la Discriminación (Coed.), México D.F. (México), 2007, pp. 9-56.

Chano Regaña, L., *La igualdad en el control de la constitucionalidad en España,* Dykinson, Madrid, 2024.

Chano Regaña, L., "La igualdad como parámetro de control de la constitucionalidad en la jurisprudencia del Tribunal Constitucional español: evolución, modelo aplicativo y principio de proporcionalidad", *Nuevos horizontes del Derecho Constitucional,* núm. 4, 2023, pp. 78-97.

Chano Regaña, L., "Los aportes de la justicia constitucional española para la consecución de la igualdad entre mujeres y hombres: hitos, retrocesos, avances y retos", en *Reflexiones y propuestas para el liderazgo femenino,* Thomson Reuters Aranzadi, Cizur Menor-Navarra, 2023, pp. 243-267.

Chano Regaña, L., "Ponderación (Tribunal Constitucional español)", *Eunomía. Revista en Cultura de la Legalidad,* núm. 23, 2022, pp. 241-253.

Chano Regaña, L., "La igualdad y la prohibición de discriminación", en *Manual de Derecho Constitucional español con perspectiva de género. Derechos, deberes y garantías constitucionales,* Vol. 2, Universidad de Salamanca, Salamanca, 2022, pp. 81-112.

Cobreros Mendazona, E., "Discriminación por indiferenciación: Estudio y propuestas", *Revista Española de Derecho Constitucional,* núm. 81, 2007, pp. 71-114.

Criado de Diego, M., "La igualdad en el constitucionalismo de la diferencia", *Revista Derecho del Estado,* núm. 26, 2011, pp. 7-49.

D'Andrea, L., *Ragionevolezza e legitimazione del sistema,* Giuffrè, Milano (Italia), 2005.

De Castro y Bravo, F., *Derecho Civil de España,* Tomo I, Civitas, Madrid, 1984.

Dworkin, R., *Los derechos en serio,* Ariel, Barcelona, 1999.

Fernández Ruíz-Gálvez, E., *Igualdad y derechos humanos,* Tecnos, Madrid, 2003.

Ferreres Comella, V., *Justicia constitucional y democracia,* 3ª ed., Centro de Estudios Políticos y Constitucionales, Madrid, 2021.

Gallie, W. B., "Essentially Contested Concepts", *Meeting of the Aristotelian Society on March 12th,* 1956, pp. 167-198.

García Morillo, J., "La cláusula general de igualdad", en *Derecho Constitucional. El ordenamiento constitucional. Derechos y deberes de los ciudadanos,* Vol. I, Tirant Lo Blanch, Valencia, 1994.

García San Miguel, L., *El principio de igualdad,* Dykinson, Madrid, 2000.

Giménez Glück, D., *Juicio de Igualdad y Tribunal Constitucional,* Bosch, Barcelona, 2004.

González Beilfuss, M., *El principio de proporcionalidad en la Jurisprudencia del Tribunal Constitucional,* 2ª ed., Thomson Reuters Aranzadi, Cizur Menor-Navarra, 2015.

González Beilfuss, M., "Delimitación de competencias entre el Tribunal Constitucional y el legislador ordinario en el restablecimiento de la igualdad", *Revista Española de Derecho Constitucional,* núm. 42, 1994, pp. 117-149.

Grau Pineda, M. C., "La Ley 15/2022, de 12 de julio, integral para la igualdad de trato y no discriminación. La inclusión de nuevas causas autónomas de prohibición de discriminación", *Femeris: Revista Multidisciplinar de Estudios de Género,* Vol. 8, núm. 2, 2023, pp. 32-51.

Häberle, P., *La garantía del contenido esencial de los derechos fundamentales en la Ley Fundamental de Bonn,* Dykinson, Madrid, 2003.

Iglesias Vila, M. A., "Los conceptos esencialmente controvertidos en la interpretación constitucional", *Doxa. Cuadernos de Filosofía del Derecho,* núm. 23, 2000, pp. 77-104.

Jackson, V. C. y Tushnet, M. (Eds.), *Proportionality: New Frontiers, New Challenges,* Cambridge University Press, Cambridge (United Kingdom), 2017.

Jiménez-Blanco y Carrillo De Albornoz, A., "Garantías institucionales y derechos fundamentales en la Constitución", en *Estudios sobre la Constitución española: homenaje al profesor Eduardo García de Enterría,* Civitas, Madrid, 1991, pp. 635-650.

Jiménez Campo, J., "La igualdad jurídica como límite frente al legislador", *Revista Española de Derecho Constitucional,* núm. 9, 1983, pp. 71-116.

Klatt, M. y Meister, M., *La estructura constitucional del principio de proporcionalidad,* Marcial Pons, Madrid, 2021.

Klatt, M. y Meister, M., *La proporcionalidad como principio constitucional universal*, Tribunal Constitucional Plurinacional de Bolivia, Sucre (Bolivia), 2019.

Laporta San Miguel, F. J., "Problemas de la igualdad", en *El concepto de igualdad*, Pablo Iglesias, Madrid, 1994, pp. 65-76.

Lousada Arochena, J. F., "La Ley 15/2022, de 12 julio, integral para la igualdad de trato y la no discriminación: incidencia en el Derecho del Trabajo", *El Derecho.Com. Noticias Jurídicas y de actualidad*, 29 de diciembre de 2022.

Martínez Tapia, R., *Igualdad y razonabilidad en la justicia constitucional*, Universidad de Almería, Almería, 2000.

Montilla Martos, J.A., "El mandato constitucional de promoción de la igualdad real y efectiva en la jurisprudencia constitucional. Su integración con el principio de igualdad", *Estudios de Derecho Público en homenaje a Juan José Ruiz Rico*, Tecnos, Madrid, 1997, pp. 437-464.

Morrone, A., *Il custode della regionevolezza*, Giuffrè, Milano (Italia), 2005.

Paladin, L., "Voce Eguaglianza", en *Enciclopedia del Diritto*, Vol. XIV, Giuffrè, Milano (Italia), 1965.

Pinto Vaquero, M. J., "Ley 15/2022, de 12 de julio, integral para la igualdad de trato y la no discriminación. Aspectos civiles", *Ars Iuris Salmanticensis (AIS): revista europea e iberoamericana de pensamiento y análisis de derecho, ciencia política y criminología*, Vol. 11, núm. 1, 2023, pp. 146-149.

Prieto Sanchís, L., "Los derechos sociales y el principio de igualdad sustancial", *Revista del Centro de Estudios Políticos y Constitucionales*, núm. 22, 1995, pp. 9-57.

Rey Martínez, F., "La discriminación múltiple. Una realidad antigua, un concepto nuevo", *Revista Española de Derecho Constitucional*, núm. 84, 2008, pp. 251-283.

Rodríguez Álvarez, A., "La carga de la prueba en la Ley integral para la igualdad de trato y la no discriminación: algunas consideraciones críticas desde la óptica del proceso civil", *Diario La Ley*, núm. 10131, 2022.

Rodríguez Piñero, M. y Fernández López, M. F., *Igualdad y discriminación*, Tecnos, Madrid, 1986.

Rubio Llorente, F., "La igualdad en la jurisprudencia del Tribunal Constitucional. Introducción", *Revista de Derecho Constitucional*, núm. 31, 1991, pp. 9-36.

Ruiz Manero, J., "Dos enfoques particularistas de la ponderación entre principios constitucionales", en *La argumentación jurídica en el estado constitucional*, Palestra, Lima-México D. F. (Perú, México), 2013, pp. 225-238.

Ruiz Miguel, A., "Sobre el concepto de igualdad", en *El principio constitucional de igualdad*, Comisión Nacional de Derechos Humanos, México D. F. (México), 2003, pp. 31-67.

Ruiz Miguel, A., "La igualdad en la jurisprudencia del Tribunal Constitucional", *Doxa. Cuadernos de Filosofía del Derecho*, núm. 19, 1996, pp. 39-86.

Sánchez-Girón Martínez, B., "El nuevo tratamiento de las medidas de acción positiva en la Ley 15/2022", *Femeris: Revista Multidisciplinar de Estudios de Género*, Vol. 8, núm. 2, 2023, pp. 52-74.

Schmitt, C., *Teoría de la Constitución*, Alianza, Salamanca, 1996.

Sempere Navarro, A. V. y García Gil, M. B. (Dir.), *Una visión transversal del derecho a la igualdad. Ley 15/2022, de 12 de julio*, Sepín, Madrid, 2023.

Suay Rincón, J., "El principio de igualdad en la jurisprudencia del Tribunal Constitucional", en *Estudios sobre la Constitución española (Homenaje al Profesor García de Enterría)*, Tomo II, Civitas, Madrid, 1991, pp. 837-892.

Jurisprudencia

STC 22/1981 de 2 de julio (cuestión de inconstitucionalidad 223/1980).

STC 76/1983 de 3 de agosto (recursos de amparo acumulados 311, 313, 314, 315 y 316/1982).

STC 103/1983 de 22 de diciembre, (cuestión de inconstitucionalidad 301/1982).

STC 148/1986 de 25 de noviembre (recurso de amparo 57/1986).

STC 128/1987 de 16 de julio (recurso de amparo 1123/1985).

STC 160/1987 de 27 de octubre (recurso de inconstitucionalidad 263/1985).

STC 19/1988 de 16 de febrero (cuestión de inconstitucionalidad 593/1987).

STC 109/1988 de 8 de junio (recurso de amparo 453/1987).

STC 184/1990 de 15 de noviembre (cuestión de inconstitucionalidad 1419/1988).

STC 222/1992 de 11 de diciembre (cuestión de inconstitucionalidad 1797/1990).

STC 3/1993 de 14 de enero (cuestión de inconstitucionalidad 231/1987).

STC 103/1993 de 22 de marzo (recurso de amparo 1587/1990);.

STC 126/1997 de 3 de julio (cuestión de inconstitucionalidad 661/1996).

STC 181/2000 de 21 de junio (cuestiones de inconstitucionalidad acumuladas 3536/1996, 47, 1115, 2823, 3249, 3297, 3556, 3949 y 5175/1997 y 402/1998).

STC 200/2001 de 4 de octubre (cuestión interna de inconstitucionalidad 2992/1999).

STC 253/2004 de 22 de diciembre (cuestión de inconstitucionalidad 2045/1998).

STC 69/2007 de 16 de abril (recurso de amparo 7084/2002).

STC 12/2008 de 29 de enero (cuestión de inconstitucionalidad 4069/2007 acumulada al recurso de inconstitucionalidad 5653/2007).

STC 59/2008 de 14 de mayo (cuestión de inconstitucionalidad 5939/2005).

STC 176/2008 de 26 de diciembre (recurso de amparo 4595/2005).

STC 152/2011 de 29 de septiembre (cuestión de inconstitucionalidad 648/2006).

STC 19/2012 de 15 de febrero (recurso de inconstitucionalidad 1046/1999).

STC 29/2012 de 1 de marzo (cuestión de inconstitucionalidad 2651/2005).

STC 160/2012 de 20 de septiembre (cuestión de inconstitucionalidad 6021/2001).

STC 171/2012 de 4 de octubre (cuestión de inconstitucionalidad 311/2003).

STC 198/2012 de 6 de noviembre (recurso de inconstitucionalidad 6864/2005).

STC 41/2013 de 14 de febrero (cuestión de inconstitucionalidad 8970/2008).

STC 92/2014 de 10 de junio (cuestión interna de inconstitucionalidad 693/2013).

STC 156/2014 de 25 de septiembre (cuestión de inconstitucionalidad 3361/2012).

STC 236/2015 de 19 de noviembre (recurso de inconstitucionalidad 2733/2011).

STC 31/2018 de 10 de abril (recurso de inconstitucionalidad 1406/2014).

STC 91/2019 de 3 de julio (cuestión interna de inconstitucionalidad 688/2019).

STC 1/2021 de 25 de enero (recurso de amparo 1343/2018).

STC 156/2021 de 16 de septiembre (recurso de inconstitucionalidad 1960/2017).

STC 67/2022 de 2 de junio (recurso de amparo 6375/2019).

STC 34/2023 de 18 de abril (recurso de inconstitucionalidad 1760/2021).

STC 44/2023 de 9 de mayo (recurso de inconstitucionalidad 4523/2010).

STC 89/2024 de 5 de junio (recurso de inconstitucionalidad 6706/2022).

ATC 209/1985 de 20 de marzo (recurso de amparo 12/1985).

STEDH 6 de abril de 2000, Gran Sala, *caso Thlimmenos contra Grecia* (Demanda núm. 34369/1997).

STJUE de 21 de julio de 2011, *caso Károly Nagy contra Mezőgazdasági és Vidékfejlesztési Hivatal* (Asunto C-21/2010).

El sistema de partidos como un ardid clave en el ilusionismo de la paridad democrática

MARÍA MACÍAS JARA
Profesora Dra. de Derecho Constitucional
Universidad de Alcalá, Madrid

1. INTRODUCCIÓN

Los principios inherentes al Estado de Derecho nacieron sin la incorporación del principio feminista abocando a un modelo de Estado inconcluso que, en cierta medida, ha acumulado, desde la democracia deficitaria, algunos esfuerzos por tratar de incorporar un principio inclusivo para equiparar a la ciudadanía excluida del pacto social de configuración de los Estados. Como es sabido, a partir de la Conferencia "Mujeres al poder", celebrada en Atenas en 1992, surgió, en aras de incorporar a las mujeres a la participación en el poder y en la toma de decisiones, el término "democracia representativa paritaria", ideas que se consolidaron en la Declaración y Plataforma de Acción de Pekín de 1995, con ocasión de la IV Conferencia Mundial sobre la Mujer. Quedó, así, proclamada la necesidad de la total integración de las mujeres en las sociedades democráticas, constatándose el consenso existente en torno a la universalidad y globalidad de los problemas comunes de las mujeres, basados en su posición coincidente de subordinación.

La Democracia paritaria se instituyó, por lo tanto, en un postulado fundamentador de la actuación de los poderes públicos y una garantía para la salvaguarda de la igualdad en la realización de los derechos sociales, civiles y políticos de las mujeres y de los hombres. La paridad requiere acabar con el monopolio del poder y de la representación depositada en una porción del pueblo soberano, mientras que la otra va quedando sin masa crítica suficiente para hacer valer cualitativamente las propias ideas. Democracia paritaria no significó más que entender que, en democracia, las mujeres y los hombres han de formar parte de las élites políticas, sociales y económicas para que la defensa de sus intereses y de sus derechos no quede en manos ajenas[1].

Tras más de 15 años de la incorporación del principio de presencia equilibrada por la Ley Orgánica 3/2007, de 3 de marzo, para la igualdad efectiva de mujeres y hombres (en adelante, LOI), apenas se consigue traspasar entre 2 y 4 puntos el umbral mínimo del 40% en las últimas Legislaturas. Considerar un logro el mero cumplimiento de una norma, no supone más que evidenciar, a mi juicio, la latente desigualdad en la representación política que no ha sido capaz de abordar la necesidad de un nuevo pacto social, conformándose con la perenne concesión de derechos. Ciertamente, las mujeres se han hecho más visibles, pero en buena medida se encuentran situadas en una barrera de visibilidad ficticia lejos del poder político real. Cuando de la presencia no resulta la paridad cualitativa ni la toma de decisiones efectiva nos situamos ante la vertebración del feminismo en política, siendo las mujeres las visiblemente enfrentadas y, de nuevo, los hombres los que ostentan el poder estructural.

Precisamente porque no se ha alcanzado una igualdad real, cualitativa, es por lo que la exclusión de las mujeres del ejercicio del poder y de los pactos políticos continúa dándose, incluso, al margen de las cifras de escaparate, produciéndose, a lo sumo, una igualdad cuantitativa, de mera superficie o ficticia, reversible.

---

1 Judith Astelarra, *Las mujeres podemos: otra visión política*, Icaría, Barcelona, 1986, p. 65.

Se han centrado los esfuerzos por articular mecanismos de concesión de espacios desde la acción positiva o, más tarde, la presencia equilibrada incidiendo en la colocación de las listas electorales en un intento de cesión de parcelas de representación política, pero apenas se ha removido un ápice la hegemonía de los partidos políticos y la reproducción de los patrones en el ejercicio del poder político. En consecuencia, cualquier herramienta para la igualdad representativa será yerma si se articula al margen de buena parte del pueblo soberano y se sigue asentando en la fortaleza de un sistema de partidos férreo y ajeno a la necesidad de reconfigurar el pacto, aún excluyente, del poder.

Por consiguiente, la Democracia paritaria se configuró como un criterio definidor de la plena ciudadanía, pero su construcción no ha sido suficiente porque, por un lado, ninguna de las acciones producidas ha considerado afectar al auténtico núcleo de poder que conforman los partidos y formaciones políticas en nuestro sistema parlamentario. Y, por otro, porque la formulación en los sistemas jurídicos del principio democrático feminista en la representación política no ha contado con el convencimiento y la voluntad política suficiente para comprender que su realización no es más que llevar a cabo la proyección del valor y principio de igualdad inherente a las sociedades democráticas contemporáneas. Si se hubiera siquiera intentado comprender, se derivaría la urgencia de creación de un pacto constituyente definidor de los sujetos políticos y de las posiciones de poder desde las que materializar los derechos y la realización de la plena ciudadanía.

2. LA PRESCINDIBLE PRETENSIÓN DE ADJETIVAR LA DEMOCRACIA COMO PARITARIA

La democracia moderna se presenta como un conjunto de instrumentos formales de participación directa o indirecta, y, sobre todo, de un sistema de valores que se conducen en auténticos canales de transformación de las libertades políticas en el ejercicio de derechos que posibilitan la conciliación de la libertad con la igualdad y la justicia social.

Son síntomas de la calidad de las democracias el ejercicio de control del poder, el Derecho como eje para la solución de conflictos, la participación y el pueblo como depositario de soberanía. La democracia pluralista proporciona una estructura política que permite la composición y defensa de intereses diversos, hace posible convivir mediante la organización del disenso y reduce las diferencias ideológicas y sociales a conflictos resolubles por la vía institucional. En definitiva, permite la primacía de lo que une sobre lo que separa, para que las sociedades puedan convivir en paz y resolver sus conflictos desde el Derecho.

Es sabido que la Constitución española (en adelante, CE) califica al Estado de democrático en el art. 1.1 e instaura la soberanía popular, al especificar en el art. 1.2 que el poder reside en el pueblo, proclamando como valores superiores: la libertad, la igualdad, la justicia y el pluralismo político (art. 1.1, CE). En el art. 6 del mismo Título Preliminar incorpora una fórmula de trascendencia constitucional y democrática al establecer la importante función pública que desempeñan los partidos políticos en tanto vehículos de formación y manifestación de la voluntad popular.

A pesar de que el Tribunal Constitucional español señaló en tempranas sentencias[2] que el mandato pertenece al representante y no al partido, el papel protagonista reconocido a los partidos políticos en España, instrumento fundamental para la consecución del valor del pluralismo político, ha puesto de manifiesto cierta crisis fáctica de la representación política. Cuestión fácilmente visible en las previsiones que sobre el sometimiento del individuo al grupo se contienen, tanto en la legislación electoral, que parte de listas cerradas y bloqueadas en el Congreso acordadas por las cúpulas de los partidos, como en los reglamentos parlamentarios, otorgando protagonismo absoluto a los grupos parlamentarios frente al parlamentarismo individual.

Los partidos políticos, constitucionalizados en el art. 6 CE, se rigen por el principio de libertad tanto para su creación como en el ejercicio de su actividad, por lo tanto, como asociaciones privadas en virtud del art. 22, CE, con el límite de que "su estructura interna

---

2 SSTC 5/1983, de 4 de febrero y 10/1983, de 21 de febrero.

y funcionamiento deberán ser democráticos". En este sentido, no se trata de órganos del Estado, sino de asociaciones que llevan a cabo funciones públicas[3]. Tales se encuentran desarrolladas en la Ley Orgánica 6/2002, de 27 de junio, de Partidos Políticos (en adelante, también, LOPP), detallándose su creación libre con inscripción registral, su organización y funcionamiento interno y, también, su disolución en los casos de ilícito penal, de vulneración grave y reiterada de la exigencia de democracia interna o de connivencia con la violencia, especialmente, la terrorista.

El mandato representativo originado en la Revolución francesa, posteriormente, trasladado a Europa, provocó la conexión entre el concepto de representación y el concepto de soberanía en el que se sustituye el principio de soberanía del Monarca por el principio de soberanía del Parlamento. Implicó la autonomía absoluta del representante frente al representado, el mandato libre o lo que se conoce como prohibición del mandato imperativo en aras del mandato representativo, expresamente recogido en el art. 67.2 CE. Los y las representantes, una vez elegidos, no actúan como reflejo único de los intereses de la parte que los eligió, sino en nombre de todos y de todas, pueblo indivisible. Esa es la idea de democracia[4]. Así, representar implica decidir y decidir implica poder, en este caso, político. De este modo, no será posible referirse a la noción de representación política, en el pensamiento político actual, sin aludir a la idea de poder, de su ejercicio y, también, de su legitimación[5]. Legitimar el poder supone, correlativamente, limitarlo a través de la separación entre el pueblo soberano —ciudadano y ciudadana— y quien actúa en su nombre mediante el mecanismo de la democracia representativa.

El reconocimiento de la participación política como derecho fundamental recogido en el art. 23 CE ha llevado al Tribunal Constitucional español a ampliar el conjunto de facultades incluidas en dicho derecho y en el de acceso al cargo público representativo, con-

---

3 STC 3/1981, de 2 de febrero.

4 Hanna Fenichel Pitkin, *El concepto de representación*, Centro de Estudios Constitucionales, Madrid, 1985, pp. 233 y ss.

5 Giuseppe Duso, *Il contrato sociale nella filosofia política moderna*, Franco Angeli, Milán, 1998, p. 18.

siderándolas una garantía institucional de la participación que no se agota en su consideración de Estado democrático, sino que, como reflejo de la participación en la sociedad, los ciudadanos y las ciudadanas, pueden tener otras opciones de intervenir en la vida social, cultural y económica, sobre todo, si se vincula al principio democrático, la cláusula de Estado social. Por ejemplo, a través de los sindicatos (art. 7 CE), los medios de comunicación públicos (art. 20.3 CE), en la educación (art. 27 CE) o en las organizaciones de consumidores y usuarios (art. 51.2 CE), a través del ejercicio del derecho de reunión y manifestación (art. 21 CE) o el de asociación (art. 22 CE), entre otros. Hoy, se insiste en la conveniencia de incrementar la democracia participativa, con diversas propuestas relacionadas con ampliar la participación ciudadana, fundamentalmente enfocada en el ámbito local o las posibilidades que abren las nuevas tecnologías y la denominada ciberdemocracia.

Sin embargo, lo cierto es que, en la práctica, el sistema de partidos resulta ser la pieza angular ante la incapacidad de acortar la distancia entre el ideal y el logro; es decir, entre lo comprometido para responder como grupo de acción al cuerpo soberano y lo que éste percibe como expectativa irrealizada, mermando la legitimidad democrática de la representación, aunque los mecanismos para ocupar el escaño sean legítimos[6].

Es entonces cuando la democracia se ve necesitada de acompañarse de términos adjetivantes que traten de redefinir lo que, por esencia, debiera ser, como, por ejemplo: libre, plural, participativa o

---

6 Sobre la noción de legitimidad, Enrique Serrano Gómez, *Legitimación y Racionalización. Weber y Habermas: la dimensión normativa de un orden secularizado*, Anthopos, Barcelona, 1994, p. 139. "Legitimidad significa que la pretensión que acompaña a un orden político de ser reconocido como correcto y justo no está desprovista de buenos argumentos. En este sentido, un orden legítimo merece el reconocimiento. Legitimidad significa el hecho del merecimiento de reconocimiento por parte de un orden político". Y, en general, sobre la democracia deliberativa, Jurgen Habermas, *Facticidad y validez. Sobre el derecho y el Estado democrático de Derecho en términos de teoría del discurso*, Trotta, Valladolid, 1998. María Macías Jara, "Ante una democracia representativa debilitada: Una quimera entre el ideal y el logro", *Revista Estudios de Deusto*, Vol. 65, n.º 2, pp. 132-134.

paritaria. Las desviaciones que se producen entre el ideal y el logro consiguen disociar el caleidoscopio democrático ante la expectativa que la ciudadanía tiene de la democracia, pero, en verdad, responden a la impericia de la actuación política de articular los medios adecuados que cumplan con la identidad propia de la democracia, produciendo su erosión más que su plenitud. La mayor conexión entre el ideal y el logro seguramente haría de la democracia representativa una herramienta más útil y eficaz para abordar con mayor nivel de participación el pacto constitutivo de la reconstrucción jurídica y sociopolítica del Estado que está por venir y que supone, a mi juicio, la mayor carencia irresuelta de las democracias contemporáneas. Me refiero a aquella que construyó el concepto de Estado constitucional en base a la división del pueblo soberano y a la desigualdad en el ejercicio del poder político produciendo una representación excluyente y una democracia incompleta. Cuestión que ha llevado, de nuevo, a la necesidad de precisar que la democracia ha de ser, también, paritaria[7].

Está pendiente de afrontar desde el sistema de partidos la base contractual constitutiva del pueblo soberano conformado en sendos sujetos políticos no subordinados entre sí e iguales en dignidad[8].

En este plano, el reconocimiento de la dualidad del pueblo soberano no entra, a mi entender, en colisión con la indivisibilidad de su esencia en cuanto a cuerpo representado ni en cuanto a conjunto de representantes, por lo que la existencia y el reconocimiento de una Nación dual no ha de conducir a la estéril idea de pretender dividir la soberanía y la representación política en tantas partes como categorías, identidades o tipología de ciudadanía exista[9]. De este modo, las mujeres han de posicionarse como sujeto político pleno porque

---

7 Paloma Saavedra Ruiz (Dir.), *Hacia una democracia paritaria. Análisis y revisión de las leyes electorales vigentes*, Palermo, CELEM. 1999

8 Sylviane Agacinski, *Politique des sexes*, Seuil, Paris, 1998. Eva Martínez Sampere, "La legitimidad de la democracia paritaria", *Revista de Estudios Políticos*, núm. 107, Madrid, 2000, pp. 136-141.

9 "(...) las mujeres, como los hombres, son uno de los componentes del cuerpo social y no una categoría entre otras". Paloma Saavedra Ruiz (Dir.), *Hacia una democracia paritaria. Análisis y revisión de las leyes electorales vigentes*, Palermo, CELEM. 1999, p. 277.

desdibujar su posición de subordinación desde la multiplicación del género, diluye también la realidad que se comparte en la situación de sometimiento y legitima, bajo la ficción del ensalzamiento de la diversidad, nuevas posiciones definitorias del poder fortaleciendo el patriarcado, siempre atento a las alianzas que le permitan no perder su estatus de dominación[10]. Ello no significa, en mi opinión, un quebranto de la autonomía e individualidad de las mujeres y de su diversa posición e identidad, sino, por el contrario, un sustrato desde el que construir y asegurar todas las opciones vitales queridas por el ser humano. Precisamente, la reivindicación es, en sí misma, transformar la consideración de las mujeres como categoría subordinada a la condición de sujeto político libre e igual que, por derecho propio, alcance, sin mayor dilación, la incorporación plena al pacto de configuración de los Estados constitucionales.

Es tiempo de articular un nuevo escenario que incida directamente en la hegemonía de los partidos políticos y que habrá de construirse desde la conformación de quienes componen y ostentan la soberanía, lo que no conlleva a la parcelación social ni a la categorización parlamentaria, pues no resulta compatible con la idea de representación ni de soberanía ni, por consiguiente, con el ejercicio de la democracia participativa[11] en libertad e igualdad.

La exigencia de democracia exige preservar su calidad. La democracia es libertad de participación, pero la libertad no puede ir sino de la mano de la igualdad en la representación política, de modo que sólo será legítima aquella democracia en la que, además de aproxi-

---

10 Los debates en relación con la teoría *queer* y la fragmentación del feminismo pueden consultarse en el interesante estudio de Luisa Posada Kubissa, "Las mujeres y el sujeto político feminista en la cuarta ola", *IgualdadES*, núm. 2, 2020, pp. 20 y ss

11 Sobre la necesidad de una mayor dosis de participación política dentro también de las democracias representativas, se han dado propuestas en relación con los mecanismos de democracia directa en conjunción con la delegada y el sistema de partidos. Véase, por ejemplo, Hans Kelsen, *De la esencia y valor de la democracia*, Krk Ediciones (Edición y traducción de Juan Luis Requejo Pagés), Oviedo, 2006, p. 114 y Crawford Brough Macpherson, La democracia liberal y su época, Alianza, Traducción de Fernando Santos Fontenla), Madrid, 2003, p. 122.

mar el ideal al logro, la igualdad efectiva de las mujeres y de los hombres se presente, no como un medio o una acción de compensación o de satisfacción hacia un grupo, sino como una premisa jurídico-política derivada de los principios y postulados por los que nuestro Estado se constituye en un Estado social y democrático de Derecho. Por lo tanto, la transformación de la democracia deficitaria a la mejor democracia representativa participativa paritaria —si es que son necesarios los calificativos—[12], habrá de apostar por la elaboración de pactos y de consensos sobre todo aquello que afecte a los derechos e intereses de la ciudadanía a fin de preservar y fortalecer un objetivo superior, patrimonio de todos y de todas: la Democracia —la paritaria, claro—.

Es por la convicción sobre este axioma que se ha optado en estas líneas por definir la paridad de democrática y no la democracia de paritaria. Entendiendo aquella como la que incorpora la igualdad cualitativa capaz de influir en la toma de decisiones sin la contaminación de instrumentos o intermediarios que, aun legítimos, actúan sin voluntad trasformadora, reduciendo la paridad a una cifra, un alarde o una perspectiva, un ardid ilusionista carente de todo elemento democrático. Porque, ¿qué otra democracia puede definirse que no sea la paritaria?

Por ello, se ha de estar alerta ya que no se trata —o no solo— de aumentar la presencia de las mujeres, sino de que su participación alcance el estándar de poder soberano capacitante para revertir en el aumento de la calidad de la democracia[13]. Y ello no puede realizarse al margen de la configuración del sistema de partidos.

---

12 Sobre la ineludible conexión actual entre la democracia y el calificativo de paritaria, María Macías Jara, "La democracia en clave de igualdad. Entre la alternancia y las listas abiertas para la igualdad efectiva de género", *Asparkía*, núm. 26, 2015, p. 52.

13 Susan H. Williams, "Equality, Representantion and Challenge to Hierarchy: Justi-fying Electoral Quotas for Women", en Susan H. Williams (ed.), *Constituting Equality. Gen-der Equality and Comparative Constitutional Law,* Cambridge University Press, New York, 2009, pp. 53-72. Y María Antonia García De León, *Elites discriminadas. Sobre el poder de las mujeres*, Madrid, Anthropos, 1994.

Las leyes que han tratado de incidir en el sistema electoral han producido cierta visibilidad y presencia femenina, pero se ha constatado que lo cuantitativo no ha obtenido resultados cualitativos[14]. Existe una importante resistencia en la cúpula política que impide a las mujeres penetrar en las estructuras de poder porque lo que se las reserva, a golpe de intervención legislativa, continúa siendo una concesión de espacios cedidos por quienes continúan ostentando el poder real.

El auténtico contrato deberá incorporarse desde la construcción de un elemento común primigenio, un pacto constitucional, porque las mujeres no pretenden más ardides, ni lugares simbólicos vacíos de poder, ni nuevas concesiones o parcelas para ejercer el poder brevemente o siendo las primeras o las únicas o invisibles. Lo que se reclama es la posición en igualdad desde la que las mujeres puedan escoger en libertad aquel ámbito de poder que contribuya al aumento de la deliberación pública[15] y pueda aportar e influir en el grado máximo de calidad de la democracia. Pero no es posible sin deconstruir los andamiajes internos del poder en la esencia del sistema de partidos.

La democracia no es un concepto inerme ni un mero mecanismo sistematizador del poder, sino un contexto para la participación que, como afirmó Anne Phillips, "(…) Conlleva también una fuerte convicción de que los y las ciudadanos tengan igual valor intrínseco"[16]. Se requiere, por lo tanto, un pacto libremente sellado por los ciudadanos y las ciudadanas, de igual valor, capaz de modificar las herencias liberales caducas y obsoletas basadas en la desvertebración del pueblo soberano, ampliando los debates públicos y permeando, esta vez, en las estructuras generatrices del poder para ofrecer las solucio-

---

14 Una muestra en https://www.inmujeres.gob.es/MujerCifras/PoderDecisiones/PoderLegislativo.htm (consultada en febrero de 2025).

15 Juan Carlos Velasco Arroyo, "Acerca de la democracia deliberativa. Fundamentos teóricos y propuestas prácticas", Asamblea. Revista Parlamentaria de la Asamblea de Madrid, núm. 9, 2003, p. 7. Puede consultarse también el interesante estudio de Carlos Rico Motos, *Deliberación parlamentaria y democracia representativa*, Madrid, Congreso de los Diputados, Madrid, 2016.

16 Anne Phillips, *Which equalities matter?* Cambridge: Polity Press, 1999, pp. 2 y ss.

nes que permitan asentar las nuevas bases democráticas del futuro Estado constitucional.

3. LA AUSENCIA DEL PRINCIPIO PARITARIO FEMINISTA EN LA CONFIGURACIÓN DEL SISTEMA DE PARTIDOS

Muchos factores pueden esgrimirse para explicar la falta de relación entre las previsiones normativas que ya estableciera la Ley Orgánica 3/2007, de 22 de marzo, para la igualdad efectiva de mujeres y hombres (en adelante, LOI) y la realidad. No es objeto de este trabajo entrara en su análisis, pero puede recordarse el reparto de roles y espacios por el que las mujeres han quedado fuera de la vida pública política y de la toma de decisiones o la configuración de los distintos sistemas electorales en relación con el desfavorecimiento para la inclusión de las mujeres en puestos de representación política, entre otros[17].

Sin embargo, creo que la pieza medular en este entramado gira en torno al papel que juegan los partidos políticos en, por un lado, la disposición de las candidaturas y el orden de estas en las listas de partido, en particular, en las cerradas y bloqueadas. De ello quiso ocuparse la LOI, traspasando la capacidad transformadora de la reserva electoral como acción positiva aceptada al abrigo del art. 9.2 CE y la socialidad del Estado hacia la configuración de un principio democrático de presencia equilibrada, inescindible, a su vez, del Estado de Derecho, expresado en mínimos y máximos sin acepción al sexo (40%-60%). Se aventuraba esta modificación legislativa como un importante avance para la visibilización de las mujeres y la formación de la masa crítica suficiente para revertir en las decisiones

---

17 En general, Octavio Salazar Benítez, *Las cuotas electorales femeninas: una exigencia del principio de igualdad sustancial. Contra el monopolio de los púlpitos*, Córdoba, 2001. María Macías Jara. *La Democracia representativa paritaria*, Córdoba, 2009.

tomadas hacia el conjunto de la sociedad y, con ello, a la calidad de la democracia[18].

No obstante, a pesar de tales previsiones, resulta inquietante que la situación haya variado muy poco en esencia y que, a pesar de las décadas de importante narrativa para apostar por la paridad empero del tremendo rechazo que produjo la reserva electoral como medida de acción positiva entre la doctrina constitucionalista, la inclusión de las mujeres en la representación política —sea vía legislativa, sea vía interna de los partidos políticos—, siga quedando en manos de la sensibilidad de quien toma las decisiones desde el monopolio del poder y a la deriva de la voluntad de los dirigentes de las formaciones políticas.

Se reitera que no es ilimitada ni hegemónica la autonomía privada de los partidos políticos que, en el ejercicio de funciones públicas, resulte estar vulnerando un derecho fundamental a la igualdad en el acceso a cargos públicos representativos. En este sentido, la imposición a los partidos, federaciones y coaliciones de partidos y agrupaciones de electores de que cumplan con la democracia y con la regla cuestionada de la presencia equilibrada, en virtud del art. 44 bis LOREG, no carece de legitimidad constitucional, según nuestro Tribunal Constitucional, quien sostuvo que "los partidos políticos, en tanto asociaciones cualificadas por sus funciones constitucionales, son un cauce válido para el logro de la sustantivación de la igualdad". Y, en consecuencia, "La libertad para confeccionar las candidaturas no es ilimitada en virtud de las exigencias de elegibilidad por lo que tampoco lo ha de ser en cuanto a exigencias de composición equilibrada en razón del género, ya que ésta constituye una constricción

18 Recuérdese que la LOI modificó la Ley Orgánica 5/1985, de 19 de junio, de Régimen Electoral General añadiendo un nuevo artículo 44 bis cuya legitimidad fue constatada por el Tribunal Constitucional en la conocida STC 12/2008, de 29 de enero. Algunas referencias del contenido del pronunciamiento del TC y algunas consecuencias en las elecciones habidas tras la LOI, puede consultarse, María Macías Jara, "La democracia representativa paritaria: algunas cuestiones en torno a la LO 3/2007, de 22 de marzo", *Aequalitas.* Revista jurídica de igualdad de oportunidades entre mujeres y hombres, núm. 23, 2008, p. 45.

instrumentada, no lesiva para el ejercicio de derechos fundamentales y satisface exigencias constitucionales"[19].

Quizás, luego el Tribunal Constitucional se mostró titubeante en la trascendencia de la paridad para la democracia al diluir su esencia. A mi juicio, hubiera sido deseable que, en lugar de ofrecer un tratamiento de la paridad como mero límite legal para el partido político, lo hubiera constatado como un valor del Estado democrático, pues la paridad no es una cuestión ideológica, sino una condición necesaria para el pleno goce de los derechos inherentes a sus titulares en un Estado de Derecho y una premisa intrínseca a la democracia y al ejercicio de la plena ciudadanía. Por ende, una pauta democrática *sine qua non* para el funcionamiento y estructura interna de las formaciones políticas.

Sin embargo, las reformas legislativas no han abordado, hasta el momento y más allá de las condiciones de composición de candidaturas referidas en la LOREG, ninguna fórmula para compeler a los partidos políticos a cumplir, en términos efectivos, los parámetros específicos que ya contenía la LOI en relación con la presencia equilibrada de mujeres y hombres. La realidad es que, a la vista de las cifras en la representación política, aun materializando las previsiones normativas, la paridad se ha traducido, a lo sumo, en el acatamiento por las formaciones políticas de la composición formal de las listas electorales, sorteando, a la postre, su proyección cualitativa.

Ciertamente, resulta difícil establecer una relación inequívoca entre el incumplimiento del principio de presencia equilibrada por los partidos políticos y la ausencia de representación femenina elevada por encima de los umbrales mínimos establecidos bajo prescripción normativa. Dicho de otro modo, las formaciones políticas pueden cumplir con el porcentaje requerido y estar contribuyendo, al tiempo, a una desigualdad soterrada si no coloca a sus candidatas en puestos de liza o, al menos, en aquellos que previsiblemente van a ser traducidos en escaños, tal y como ha sucedido.

Desde este sutil ardid sobre la colocación de las listas electorales bajo el fortalecimiento del sistema de partidos, la consecuencia

---

19 STC 12/2008, de 29 de enero FJ 5 y FJ 6.

inmediata ha sido la resistencia injustificable a sobrepasar el 40% legalmente exigido hasta el año 2019, situándose la presencia cuantitativa de las mujeres en un histórico y efímero 47,4%. Este ha sido uno de los principales obstáculos para la igualdad efectiva apoyado, probablemente, en el gran escollo de la LOI, al no haber abordado en paralelo una formulación del principio de presencia equilibrada en la democracia y estructura de los partidos políticos ni su proyección en la Ley Orgánica 6/2002, de 27 de junio, de Partidos Políticos.

Es conocida la fuerte influencia del sistema de partidos en los sistemas electorales[20] y, correlativamente, en la representación política de las mujeres, siendo otra de las cuestiones pendientes el monopolio masculino de los puestos de liza o de cabeza de lista.

Se han ofrecido algunas propuestas que pueden resumirse en la imposición de un sistema de doble cremallera, ordenando las circunscripciones por población de modo que, recibiendo un partido sus votos de manera uniforme, en las circunscripciones de igual tamaño conseguiría, normalmente, el mismo número de escaños. Si ese número fuera impar en todas ellas, en la mitad, resultaría favorecido un sexo y en la otra mitad el sexo contrario, de forma que quedarán compensados. El orden poblacional se utilizaría para definir la segunda cremallera, de manera que el partido sólo puede elegir en una de las circunscripciones el sexo con el que empieza su lista, quedando automatizado en las sucesivas. A nivel global no se sabrá el sexo que obtendría más representantes y no estoy segura de que quedara resuelta la cuestión en relación con las formaciones políticas que no concurren en todas las circunscripciones. Otra de las formulaciones anotadas pasa por establecer una ordenación de todos los partidos de acuerdo con el porcentaje de votos esperado y, en función de ello, condicionar el sexo de cabeza de lista en orden alternativo por partidos. De esta manera, se establecería una nueva cremallera entre partidos, pudiendo hacerse por sorteo la deter-

---

20 Pippa Norris, "Procesos de reclutamiento legislativo: una perspectiva comparada», en Edurne Uriarte y Arantxa Elizondo (coords.), *Mujeres en política*, Barcelona, Ariel, 1997, pp. 149-181 y Pippa Norris, "The Impact of Electoral Reform on Women's Representation", *Acta Politica*, núm. 41, 2006, p. 5.

minación del sexo por el que empieza cualquier lista de cualquier partido en cada circunscripción electoral. Se llamaría a este sistema triple cremallera y representaría la mayor equidad a todos los niveles, limitando a los partidos, a la hora de elegir el sexo de los puestos de liza y aumentando el equilibrio entre sexos con respecto a la doble cremallera[21].

Esta última propuesta podría resultar una de las más efectivas en lo que afecta a la paridad cuantitativa y la eliminación de las argucias de partido. Sin embargo, tengo la impresión de que, en la actualidad democrática, el problema no es tanto la presencia, sino la ficción de poder que conlleva. La presencia sin poder es síntoma de lo que considero una igualdad "ficticia".

La igualdad ficticia es seguramente la más inicua porque, ante el reflejo de cierta solidez se encuentra la más inestable y eventual igualdad, afectando al estancamiento cualitativo en la consecución real de las posiciones de poder. La igualdad ficticia tiene el peligro de presentarse como suficiente por la comunidad jurídica y sociopolítica, basando en el reconocimiento formal y en los genéricos postulados de libertad, la igualdad conseguida.

Sin embargo, las cifras ponen en evidencia que la igualdad hasta ahora alcanzada solo es un espejismo de sí misma sometida a decisiones volubles y a menudo antojadizas de quienes realmente arbitran el poder por lo que, lejos de suponer el ejercicio pleno de un derecho reconocido constitucionalmente, se convierte nuevamente en una concesión del espacio para ejercer el derecho, lo que implica correlativamente una inevitable fragilidad de lo que se observa como logro.

En todo caso, se estará por ver si la reciente Ley de Paridad consigue hacer de la igualdad algo más que una entelequia, independiente de las múltiples variables que la hacen caer en un devenir ideológico e incierto más cercano a la igualdad ficticia que a la efectiva. Creo que una de las causas de ello reside en la falta de transversalidad en la construcción normativa de la paridad ya que las reformas se han

---

21 En detalle, Victoriano Ramírez González y Adolfo López Carmona, "Mejora de la paridad de género en el Congreso de los Diputados", *Revista Española de Sociología*, núm. 23, 2015, pp. 106 y ss.

limitado excesivamente a la norma que recoge los resultados de la representación sin acompañarse de otra que incida en las élites políticas, en tanto responsables en buena medida de la ausencia de una mejor democracia.

4. UNA OPORTUNIDAD PERDIDA EN LA DECONSTRUCCIÓN DE LA HEGEMONÍA DE LAS FORMACIONES POLÍTICAS

La Ley Orgánica 2/2024, de 1 de agosto, de representación paritaria y presencia equilibrada de mujeres y hombres (en adelante, Ley de paridad) vuelve a insistir en la colocación de las listas modificando el artículo 44 bis LOREG, para hacer obligatoria la presentación de listas integradas por personas de ambos sexos ordenados de forma alternativa, es decir, incorpora el sistema llamado de "listas cremallera" para el Congreso, los Parlamentos autonómicos, el Parlamento Europeo y los entes locales. En relación con las elecciones autonómicas, la Ley de Paridad posibilita que sus leyes electorales puedan ir más allá en la garantía de la presencia de las mujeres en los parlamentos. En cuanto al Senado, las listas de partido deberán observar también una composición paritaria, excluyéndose la obligatoriedad de la alternancia en los municipios de menos de 5.000 habitantes, aunque, en los de más de 3.000, se exige una composición equilibrada.

Previsiblemente, es posible que este sistema que, recuérdese, ya impusiera la Ley francesa o Castellano Manchega hace alguna década, evite la argucia de las formaciones políticas que ha llevado a minimizar, hasta el momento, la representación parlamentaria femenina que, tras más de 15 años de su imposición legislativa, apenas consigue traspasar el umbral de mínimos en 2 a 4 puntos, siendo, en todo caso, voluble al convencimiento de quien dispone las candidaturas en el uso de la posición hegemónica. Por ello, confieso cierto sentimiento de incredulidad, incluso, aunque la alternancia aumente las cifras, ya que las listas cremalleras pueden llegar a ofrecer de nuevo un espejismo de la igualdad en base a las cifras sin llegar a evitar la posición hegemónica y el control de los púlpitos de quien los domina bajo la legitimación del sistema de partidos en el Estado constitucional.

Creo que la propuesta de la Ley de paridad ha sido una oportunidad perdida para acometer, transversalmente, una reforma de mayor calado que incida directamente en la estructura y funcionamiento interno de los partidos políticos y en las bases de la paridad democrática.

La única afectación a los partidos políticos que ha añadido la Ley de paridad en la Disposición final quinta que modifica la Ley Orgánica 6/2002, de 27 de junio, de Partidos Políticos, consiste en añadir un nuevo apartado 6 al art. 7 LOPP, sobre la organización y funcionamiento democrático de los partidos instándoles, en una fórmula, en mi opinión, edulcorada, al deber de incorporar un plan de igualdad interno, con la única finalidad expresa de incluir medidas para detectar y prevenir la violencia machista en el seno de las formaciones políticas, incluyendo un protocolo de actuación.

No había razones para no haber alcanzado la paridad democrática en el contexto de la LOI. Los instrumentos normativos existentes podrían haber sido suficientes si se considera la paridad un síntoma de una saludable democracia. Pero no resulta ser así, por lo que, quizás, ya que se ha modificado la norma en un intento de fortalecimiento de la paridad, podría haber acometido una reforma más ambiciosa, amparándose en la función y utilidad educativa que encierra el Derecho en los Estados constitucionales.

Por ejemplo, podría haberse si quiera introducido una mención expresa al principio de paridad democrática en el art. 6 o, específicamente, en el art. 7.1 LOPP, en los que se regula la democracia, la organización y el funcionamiento interno de los partidos políticos. También era sencillo disponer la exigencia de representación paritaria en la condición de elegibles y electores entre los derechos de las personas afiliadas en el art. 8.4 b) LOPP. Tampoco es nuevo. Puede tomarse de referencia la fundamentación del Tribunal Constitucional en la STC 56/1995, de 6 de marzo, que señala: "(...) la exigencia constitucional de organización y funcionamiento democráticos no sólo encierra una carga impuesta a los partidos, sino que al mismo tiempo se traduce en un derecho o un conjunto de derechos subjetivos y de facultades atribuidos a los afiliados respecto o frente al propio partido, tendentes a asegurar su participación en la toma de las decisiones y en el control del funcionamiento interno de los mismos" (FJ 3 a).

Además, creo imprescindible integrar en el art. 9.1 LOPP, dedicado a la actividad, en razón al respeto de los valores constitucionales expresados en los principios democráticos, explícitamente, el de paridad para ponerlo, asimismo, de manifiesto, en el cumplimiento de las funciones que constitucionalmente se les atribuyen de forma democrática. Dicho sea de paso, hubiera sido muy acertado incluir en el apartado b) del art. 9.2 LOPP una referencia expresa a la violencia política contra las mujeres, ya que se añade por la Ley de Paridad el deber del protocolo de actuación ante la violencia machista en el art. 7.6 LOPP.

Estas indicaciones, en la base del art. 9.2 a) LOPP y con los efectos previstos en el art. 10.2 b) y c) LOPP, darían lógicamente cierta cobertura a la sanción establecida por la reiteración sistemática y sistémica de la imposibilidad de realizar el sistema democrático ante la ausencia de paridad y sus consecuencias respecto a los principios democráticos y la perenne conculcación de los derechos fundamentales afectados en la consecución de la igualdad representativa de mujeres y hombres.

Por lo tanto, deberían concretarse legalmente los mecanismos que depuren el control de la prescripción de la paridad en la democracia interna de los partidos políticos, dada su capacidad para condicionar o mediatizar el ejercicio de los derechos de sufragio activo y pasivo de la ciudadanía, pues más allá de su difusa configuración legal, se está en presencia de una exigencia sustancial democrática.

5. ALGUNAS CONCLUSIONES. REDEFINIENDO LA DEMOCRACIA

Se ha esgrimido la dificultad de determinar la exigencia efectiva de la paridad democrática en el seno de las formaciones políticas, dada su compleja conformación a caballo entre la función pública que desempeñan y la naturaleza jurídica de asociación privada que les es propia. Ahora bien, dicha naturaleza no es razón, sino excusa para tratar de legitimar la ausencia de voluntad de las formaciones políticas en la consolidación de la paridad democrática, pues la autonomía de los partidos políticos no es ilimitada, especialmente, en tanto se les encomienda la prescripción de configurarse en base a un funcionamiento y una estructura interna democrática. Si se parte de que la democracia lleva implícita la participación plena de hombres y de mujeres, no se entiende que la esfera interna de los partidos políticos escape de esta exigencia.

Seguramente bastara tal formulación para entender que democrático significa paritario, en los que nos concierne, pero no pareciendo calar en las voluntades políticas, hubiera sido interesante insistir en ello en las últimas reformas legislativas presentadas por la Ley de Paridad, ya que se acometen.

Aun así, puede modularse la alternancia. No serían los primeros argumentos que se esgrimen en base a la dificultad de conformar las listas en los términos legalmente establecidos por falta de afiliación o de disponibilidad de mujeres. Creo que, además de la presencia equilibrada como estipulación supletoria a la composición paritaria o alternancia, contenida en la formulación actual del art. 44 bis LOREG, hubiera sido deseable afianzar una mayor garantía e incorporar la cláusula: "siendo la alternancia imprescindible en todo puesto o tramo de la lista que, previsiblemente, vaya a traducirse en escaños" para aquellas situaciones en las que solo se exige la presencia equilibrada.

En todo caso, no hay razones por las que las listas electorales no se hayan configurado antes así, ya que la presencia equilibrada propuso un mínimo de representación suficiente, no un techo infranqueable cuyo estancamiento cuantitativo viene a evidenciar que el lánguido aumento en la visibilidad de la representación femenina no se traduce en la consecución real de las posiciones de poder. Por el contrario, la paridad democrática continúa expuesta a la voluntad de las oligarquías políticas de ser concretado en su eficacia o en un mero ardid que no responde más que a una nueva concesión de derechos y de espacios desde los artificios que se articulan por las mismas élites dispuestas a ponerlos en marcha —o no—, constatando una suerte de ejercicio por las mujeres de una representación política cedida. Ante este panorama, asistimos a una democracia vaciada, carente de los principios que por esencia debieran conducirla, hueco sustituido por calificativos que la recuerdan a lo que debiera ser y no es, produciendo un desconcierto en la ciudadanía y un vacío a menudo insalvable de legitimidad política.

La cesión de espacios en la representación política a las mujeres que debieran ocupar en tanto pueblo soberano ofrece una visión distorsionada del caleidoscopio de la representación democrática. De poco o nada sirve que el sistema de partidos desequilibre el prisma triangular heterogéneo que forma junto con la presencia equilibrada o, ahora, la alternancia y el sistema representativo parlamentario si no ha interiorizado la paridad como valor democrático. La influencia de la ideología de partido en la consideración de la paridad como perspectiva o enfoque desatiende la idea de que la fortaleza de la democracia reside en el pueblo soberano, mujeres y hombres, titulares del ejercicio del poder en igualdad y libertad.

Me parece que normativamente no se ha incidido bastante en la gran relevancia de los partidos políticos y la falta de democracia interna como claves para la realización de la paridad democrática, a pesar de las previsiones de las leyes de presencia equilibrada y paridad. Se ha anotado la posibilidad de un sistema de listas abiertas, pero creo que, en realidad, como puede verse en el Senado, ello no modifica el punto de partida de la problemática señalada centrado en el sistema de partidos. La reforma pendiente debe llevar a un mayor control de la democracia interna de las formaciones políticas que seguirían disponiendo quienes conforman el contenido de la lista, pero evitando la posición titánica y hegemónica que ostentan en la representación popular y en la paridad democrática. Su incumplimiento cualitativo ante la falta de voluntad y democracia interna de las formaciones políticas se muestra, en la práctica y más allá del acatamiento de los límites formales legales para dar curso a la lista, difícilmente impugnable. Los propios estatutos de las formaciones políticas legitiman fórmulas de propuestas de listas a Consejos Territoriales, órganos de dirección y políticos que reproducen los grupos y élites depositarios de la confianza de los dirigentes, ajenos a la idea de paridad y a la inclusión cualitativa de las mujeres como sujeto de soberanía.

Me he decantado en diversos estudios previos sobre este tema en la necesidad de intervenir; primero, a través de la reserva electoral, como medida de acción positiva; más tarde, normativamente, en la conexión con la representación paritaria no solo como un mandato de la socialidad del Estado en la igualdad efectiva, sino como un principio y una garantía del Estado democrático de Derecho, tal y como trató después de articular la LOI con el principio de presencia equilibrada y como sigue insistiendo la Ley de paridad reforzando la colocación de las candidaturas con la alternancia. Sin embargo, tengo la convicción de que la razón de que no sea cualitativamente efectiva lo que parece el ilusionismo de la paridad democrática reside, por un lado, en el palmario desinterés de compartir el poder de quienes lo ostentan desde el sistema de partidos. Ello únicamente produce, a golpe legislativo, la cesión de espacios de representación política que constatan la segunda razón, más importante, según creo, y que no es otra que la ausencia de un pacto de iguales redefinidor del sujeto político y de la democracia. Se precisa que la Constitución, en tanto Norma suprema, ofrezca la ductilidad necesaria para hacer efectivos los derechos garantizables y sólidos los cimientos del Estado democrático de Derecho. Ello exige un pacto constituyente que se configure, no como un medio o como un fin, sino como un inicio, un principio para asegurar las posiciones de poder de los hombres y de las mujeres que conforman el pueblo soberano en aras de la calidad de la representación y de la paridad democrática.

De lo contrario, las carencias anotadas obligarán a las mujeres a "permanecer alertas" (Simone de Beauvoir) para preservar las conquistas y blindar los derechos que sólo devendrán irreversibles desde los pactos constituyentes transformadores de una mejor democracia. Una transformación que, sin embargo, las mujeres sólo podrán hacer desde la consideración de sujeto político y la plena ciudadanía; desde una "habitación propia" (Virginia Woolf).

BIBLIOGRAFÍA

Anne Phillips, *Which equalities matter?* Cambridge: Polity Press, 1999.

Carlos Rico Motos, *Deliberación parlamentaria y democracia representativa*, Madrid, Congreso de los Diputados, Madrid, 2016.

Crawford Brough Macpherson, *La democracia liberal y su época*, Alianza, Traducción de Fernando Santos Fontenla), Madrid, 2003.

Enrique Serrano Gómez, *Legitimación y Racionalización. Weber y Habermas: la dimensión normativa de un orden secularizado*, Anthopos, Barcelona, 1994.

Eva Martínez Sampere, "La legitimidad de la democracia paritaria", *Revista de Estudios Políticos*, núm. 107, Madrid, 2000, pp. 136-141.

Giuseppe Duso, *Il contrato sociale nella filosofia política moderna*, Franco Angeli, Milán, 1998.

Hanna Fenichel Pitkin, *El concepto de representación*, Centro de Estudios Constitucionales, Madrid, 1985.

Hans Kelsen, *De la esencia y valor de la democracia*, Krk Ediciones (Edición y traducción de Juan Luis Requejo Pagés), Oviedo, 2006.

José Luis Cascajo Castro, "Controles sobre los partidos políticos", en González Encinar, José Juan, (coord.), *Derecho de partidos*, Madrid, Espasa-Calpe, 1992.

Juan Carlos Velasco Arroyo, "Acerca de la democracia deliberativa. Fundamentos teóricos y propuestas prácticas", *Asamblea. Revista Parlamentaria de la Asamblea de Madrid*, núm. 9, 2003.

Judith Astelarra, *Las mujeres podemos: otra visión política*, Icaría, Barcelona, 1986, p. 65.

Jurgen Habermas, *Facticidad y validez. Sobre el derecho y el Estado democrático de Derecho en términos de teoría del discurso*, Trotta, Valladolid, 1998.

Luisa Posada Kubissa, "Las mujeres y el sujeto político feminista en la cuarta ola", *IgualdadES*, núm. 2, 2020.

María Antonia García De León, *Elites discriminadas. Sobre el poder de las mujeres*, Madrid, Anthropos, 1994.

María Macías Jara, *La Democracia representativa paritaria*, Córdoba, 2009.

María Macías Jara, "Ante una democracia representativa debilitada: Una quimera entre el ideal y el logro", *Revista Estudios de Deusto*, Vol. 65, n.º 2, pp. 132-134.

María Macías Jara, "La democracia en clave de igualdad. Entre la alternancia y las listas abiertas para la igualdad efectiva de género", *Asparkía*, núm. 26, 2015, p. 52.

María Macías Jara, "La democracia representativa paritaria: algunas cuestiones en torno a la LO 3/2007, de 22 de marzo", *Aequalitas*. Revista jurídica de igualdad de oportunidades entre mujeres y hombres, núm. 23, 2008, p. 45.

Octavio Salazar Benítez, *Las cuotas electorales femeninas: una exigencia del principio de igualdad sustancial. Contra el monopolio de los púlpitos*, Córdoba, 2001.

Paloma Saavedra Ruiz (Dir.), *Hacia una democracia paritaria. Análisis y revisión de las leyes electorales vigentes*, Palermo, CELEM. 1999.

Pippa Norris, "Procesos de reclutamiento legislativo: una perspectiva comparada», en Edurne Uriarte y Arantxa Elizondo (coords.), Mujeres en política, Barcelona, Ariel, 1997, pp. 149-181 y Pippa Norris, "The Impact of Electoral Reform on Women's Representation", Acta Politica, núm. 41, 2006.

Susan H. Williams, "Equality, Representantion and Challenge to Hierarchy: Justi-fying Electoral Quotas for Women", en Susan H. Williams (ed.), *Constituting Equality. Gen-der Equality and Comparative Constitutional Law*, Cambridge University Press, New York, 2009.

Sylviane Agacinski, *Politique des sexes*, Seuil, Paris, 1998.

Victoriano Ramírez González y Adolfo López Carmona, "Mejora de la paridad de género en el Congreso de los Diputados", Revista Española de Sociología, núm. 23, 2015.

Igualdad y poder. Un reto tras 40 años de autonomía

JULIA RUIZ MARTÍNEZ
Periodista
Universitat Ceu San Pablo València

JULIA SEVILLA MERINO
Profesora honorífica de Derecho Constitucional
Universitat de València

1. INTRODUCCIÓN

El poder es un elemento consustancial en las relaciones sociales. Bien sea como potestas, bien como auctoritas, ha estado presente en la historia de la humanidad. Y como en toda relación, existe un sujeto que lo posee y otro que es objeto o que lo sufre. En el Estado moderno, constitucional y democrático de Derecho como es el nuestro a partir de la definición recogida en la Constitución de 1978, los hombres siempre han sido más "sujetos del poder" y las mujeres "más objetos".

Las mujeres ya pueden haber luchado codo con codo con sus coetáneos en las revoluciones o haber conseguido con grandes y cruentas batallas el derecho al voto porque, en la división entre sufragio activo y pasivo, a las mujeres las buscan para votar, pero no para formar parte de las listas electorales. Las mujeres han necesitado una ley especial (la ley de igualdad o las correspondientes de las CC AA) para que se entendiera que en el concepto de "ciudadanos" también estaban "las ciudadanas". Cuando ya llevábamos casi 20 años con la Constitución aprobada hubo de aprobarse la Ley Orgánica 3/2007, de 22 de marzo para la Igualdad Efectiva de Mujeres y Hombres (LOI en adelante).

Transcurridos 16 años desde la aprobación de esta ley, es oportuno hacer balance. Ver cómo evolucionan esos parlamentos y esos gobiernos antaño habitados sólo por hombres y cómo las mujeres han ido haciéndose hueco en los espacios de poder. El estudio objeto de esta ponencia, circunscrito al ámbito de la Comunitat Valenciana, se fija en este impulso que supuso para las mujeres la ley de igualdad (Ventura, A., 2022), pero, sobre todo, en sus gateras, en los respiraderos de aire que ayudan a que la tendencia masculina a poseer el poder encuentre resquicios por los que colarse.

La LOI pretende ser una relectura de la Constitución para que las mujeres alcancen la categoría de sujetos muy especialmente en el acceso al poder. Partimos de la Constitución que, en su art. 23, regula el derecho de los ciudadanos a participar en los asuntos públicos, directamente o por medio de representantes libremente elegidos en elecciones periódicas por sufragio universal, y le sigue el derecho de acceso en condiciones de igualdad a las funciones y cargos públicos con los requisitos que señalen las leyes. Pero siempre queda la interpretación por la vía práctica que han entendido los partidos políticos: que los hombres eran los mejores representantes.

La relación del movimiento feminista con los partidos políticos no ha sido constante ya que existía una corriente que rechazaba la participación en el poder y en los partidos políticos por considerarlos ajenos a su concepción de la sociedad y del poder. Por su parte, existía otro grupo que practicaba la triple militancia (asociación feminista, partido y sindicato) y que consideraba que lo malo del poder era no tenerlo o no tenerlo propio y, por ello, se empeñaron en que en los programas se incluyeran las clásicas reivindicaciones feministas.

Resultaba difícil de entender esa cultura política predominante de normas no escritas pero reproductoras de la misoginia imperante en la sociedad. Como ejemplo, el citado art. 14 de la Constitución Española (CE) que sitúa el sexo como tercera discriminación en lugar de la primera, básica y fundamental, que se da en todas las otras discriminaciones.

En nuestro país han sido pocos los partidos que han adoptado alguna cuota interna (Sevilla, J, 2006), pero ha hecho que se produjera el efecto "contagio" y que llegasen mujeres a los espacios de poder.

La reforma de la Ley Electoral que llegó con la LOI fue decisiva para aumentar la presencia de las mujeres en los Parlamentos. Esta ley parte de la afirmación de que las mujeres también son sujetos constitucionales en su artículo 1: "Las mujeres y los hombres son iguales en dignidad humana, e iguales en derechos y deberes (...) Tiene por objetivo hacer efectivo el derecho a la igualdad de trato y de oportunidades entre mujeres y hombres, en particular mediante la eliminación de la discriminación de la mujer...."

La LOI recoge un concepto clave: la composición equilibrada de mujeres y hombres de forma que en el conjunto de la lista los candidatos de cada uno de los sexos no superen el 40%. Además, mandata que esta proporción se mantenga en cada tramo de cinco puestos o lo más cerca posible de esta proporción en función del número de puestos a cubrir. Será exigible esta proporción en las listas electorales para municipios con población superior a 3.000 habitantes y se aplica también a las elecciones de las Asambleas legislativas de las Comunidades Autónomas.

En conclusión:

Se aplica a las listas electorales y por tanto afecta a la composición del parlamento y de los ayuntamientos, pero no se aplica a otros espacios de poder (la Junta de Síndics, por ejemplo) o de otras instituciones que también se analiza en el estudio: la composición de las Diputaciones y sus órganos rectores y la elección de los senadores y senadoras autonómicos.Tampoco tiene aplicación en la composición del Gobierno autonómico y deja fuera de su alcance los puestos que representan la cima del poder: las presidencias de estas instituciones, si bien el efecto contagio y visibilidad ha hecho que, en nuestra comunidad, los Gobiernos también intenten ser paritarios.

2. JUSTIFICACIÓN Y METODOLOGÍA

La recogida y posterior análisis de datos se centra en aquellas personas que han ocupado los puestos más elevados de cada institución, aquellos en los que se toman las decisiones de calado, o permiten participar de ellas y/o gozan de mayor visibilidad e influencia. En concreto, el listado comprende a las personas que han sido titulares de los siguientes cargos a lo largo de los últimos 40 años[1]: Presidencia de la Generalitat o miembros de los Gobiernos valencianos (I a X legislatura, etre 1983-2023); presidencia de Les Corts, portavocías de grupos parlamentarios y miembros de la Mesa de Les Corts (I a X legislatura); presidencia y vicepresidencia de las diputaciones provinciales de València, Castelló y Alicante (1979-2023); alcaldías de las tres capitales de provincia en el periodo democrático hasta 2023; titulares de la Delegación de Gobierno en la Comunitat Valenciana desde el primer nombramiento (1984-mayo 2023); y máximos responsables orgánicos de las principales formaciones políticas.

El listado resultante comprende un total de 300 hombres y mujeres.

En la recopilación de datos, se ha tenido en cuenta toda la carrera política de estas personas, la edad de entrada y de salida en el mundo de la política; el tiempo de permanencia en los cargos, el destino profesional después de salir del ámbito político o la relación de los cargos con los puestos orgánicos en sus respectivos partidos. En el fichero también se ha registrado información relativa a la formación académica o el perfil profesional de las personas seleccionadas. La principal fuente de información han sido las propias instituciones a través de la consulta de sus propias webs o mediante contacto con las mismas.

---

1 Se cerró la recogida de datos en mayo de 2023.

La información recabada permite un estudio cuantitativo y cualitativo de la participación de las mujeres y los hombres en el poder político valenciano. Elementos para responder a estas preguntas: ¿Qué ha ocurrido en la escena política valenciana estas cuatro décadas? ¿Qué partidos han contribuido en mayor o menor medida a modificar esa fotografía primera en blanco y negro de hombres poderosos?

Probablemente, en el listado ni están todas las personas que son ni son todas las que están. Hombres y mujeres, como Carmen Alborch, claves en la historia de la política española y valenciana, pero que han quedado fuera por no formar parte de las categorías seleccionadas. El poder político, además, no siempre depende del cargo que una persona ocupa. Hay poderes en la sombra, que mueven hilos, que son invisibles.

3. LES CORTS

Su ubicación en el Estatuto como primera institución valenciana confirma un sistema parlamentario en el que todas las instituciones tienen su origen en el parlamento. Representa a la población de la Comunitat y los parlamentarios y parlamentarias se eligen por sufragio universal libre, igual, directo y secreto. Es titular de la potestad legislativa, donde reside la esencia de la autonomía, lo que diferencia la descentralización administrativa o política. El medio más básico de participar en política es formar parte del órgano que representa a la ciudadanía. El art. 5 del Reglamento de Les Corts (RCV) lo dice: "Una vez proclamados electos, estos se reunirán en sesión constitutiva". Son los partidos los que deciden qué personas y en qué orden van en sus listas, que, en nuestro sistema electoral, son cerradas y bloqueadas, lo que determina que los partidos tengan una capacidad decisoria absoluta sobre la ubicación de hombres y mujeres en las listas electorales y por lo tanto en la composición de la Cámara.

Como se muestra en el gráfico a continuación, los retratos del poder de las primeras Corts presentaban casi exclusivamente presencia masculina: Las mujeres apenas representaban el 5,62% en las dos primeras legislaturas: 1983, 1987. En la tercera legislatura, el porcentaje subió al 12%. Es decir, nos encontramos ante una presencia testimonial de las mujeres.

La conclusión, a nuestros efectos, es que la proporción numérica de mujeres no dependía entonces del número de escaños que se alcanza sino de cómo está repartido entre los sexos el liderazgo y/o de la cuota de poder que alcancen. Figuras como Glòria Marcos en las primeras legislaturas y de Mónica Oltra (con un liderazgo muy potente y una importante proyección mediática) no se habían dado o se han dado menos, en los grandes partidos (PSOE y PP), con la excepción de Rita Barbera, una de las diputadas que más tiempo permaneció en las Corts y que gozó de influencia y poder. La disciplina interna en estos partidos ha determinado que no hayan tenido ninguna candidata a la Presidencia de la Generalitat.

Antes de que se aprobase la LOI en 2007, les Corts ya tenían un porcentaje superior al 40% de diputadas, por lo que, en principio, encajaba en el concepto de composición equilibrada de mujeres y hombres.

Grupos parlamentarios Corts (1983-2023)

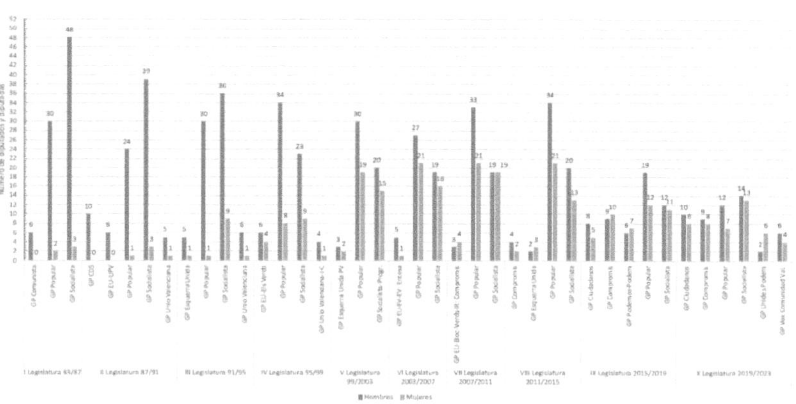

Fuente: Elaboración propia.

Cabe anotar que en marzo de 2006 se aprueba la reforma del Estatuto de Autonomía que modifica, entre otras cosas, el art. 23, por el que aumenta de 89 a 99 la composición numérica de la Cámara. (Sevilla, J. 2007) Y ocurrieron cosas curiosas. En principio, con la LOI ya en vigor y aplicable a los comicios de 2011 podría pensarse que el porcentaje del 44% aún mejoraría para las mujeres. Sin embargo, la influencia de los resultados electorales no se puede controlar por ley, lo que dio lugar a consecuencias paradójicas. Aprobada la LOI, el porcentaje en el conjunto de Les Corts cayó al 40%: El GP Popular alcanzó el 38,18%, el GP Socialista el 39,39%, el GP Compromís el 33,33%, y el GP Esquerra Unida el 60 %. Y es que la historia de Les Corts con las mujeres ha tenido sus singularidades.

No ha sido la única "curiosidad "que nos ha traído el aumento de escaños y opciones políticas en Les Corts. La siguiente legislatura (2015-2019), llamada del Botànic, alumbró una cámara con 54 diputados y 45 diputadas. La foto del inicio de la legislatura es la de unas Corts muy cerca de la paridad (47% mujeres), pero a esa imagen inicial hubo que contraponer otra; la de la Mesa de Les Corts sin ninguna diputada que nos hizo retrotraer 22 años pese a los avances que se habían dado en la legislación igualitaria.

3.1. Mesa de les Corts

La Mesa de Les Corts Valencianes está integrada por el presidente/a de Les Corts, dos vicepresidentes/as y dos secretarios/as. Los diputados y diputadas son quienes eligen, entre ellos, al presidente/a de Les Corts Valencianes. Con todo, aunque este es el sistema de elección que marca la norma, en la práctica de manera previa a la votación los partidos políticos pactan internamente quienes formarán parte de la Mesa y quién en función de los resultados electorales será el presidente o presidenta. Es decir, una elección de partido previa, que después se traslada en forma de instrucción a los diputados y diputadas del grupo parlamentario que han de ejecutarla, y en el que los hombres han sido de manera sistemática los señados.

Así, el 69% de los miembros de la Mesa han sido varones frente al 31% de mujeres: 25 hombres y 11 mujeres.

Por partidos, a lo largo de las diez legislaturas, la mayoría de las mujeres que han formado parte de la Mesa de Les Corts han sido propuestas por los grupos socialista y popular. El grupo de Podem es el único que ha situado más mujeres que hombres en el órgano encargado de la dirección del Parlamento valenciano. En total, ocho hombres han estado al frente de la presidencia de Les Corts frente a dos mujeres: Marcela Miró y Milagrosa Martínez, ambas del PP. La izquierda nunca ha situado a una mujer como principal autoridad del Parlamento.

Respecto a la evolución de la Mesa, como se muestra en el siguiente gráfico, las diputadas no estuvieron presentes en la Mesa de les Corts hasta la V legislatura, es decir, una ausencia de 16 años.

A partir de esa legislatura, las mujeres están presentes en la Mesa (entre dos y tres puestos). A partir de la V legislatura parecía que Mesa de Les Corts formada sólo por diputados como la que había vivido el parlamento durante cuatro legislaturas consecutivas no era posible, máxime con una Ley Orgánica de Igualdad en vigor. Pero, aunque por breve espacio de tiempo, fue así. Las negociaciones de la izquierda para formar gobierno tras veinte años de hegemonía popular tuvieron como primer objetivo un acuerdo respecto al reparto de poder en la Presidencia y la Mesa de las Corts. El resultado fue la foto de una Mesa formada solo por diputados como primera imagen de la IX legislatura, la primera del Botànic y que suponía la vuelta de la izquierda a las instituciones. Los partidos presentes en nuestro parlamento demostraron que cuando solo hay un puesto a cubrir y si encima ese es el de la presidencia de Les Corts, el mejor para ocuparlo es un compañero, un diputado.

La imagen echaba por tierra todo lo que pudieran decir los programas electorales respecto a la consideración que les merecían las mujeres como representantes. No se podía repetir la elección, no había votos nulos ni en blanco y todos escribieron el nombre que su grupo acordó. Al pacto del Botànic le quedaba algún fleco y ese fue el que produjo el cambio en un miembro de la Mesa. Dimitió el Presidente (GPS) y el Vicepresidente (Compromís). La elección de una mujer remedió "algo" la primera imagen que escenificaba el machismo imperante y subyacente en los partidos políticos, aquel que reparte el poder entre iguales, con secretismo y que no piensa en las mujeres. Fue evidente que para representar al partido en la Mesa de Les Corts el mejor era un compañero. Un gesto que explicaba mejor que cualquier argumento el por qué cuesta tanto a las mujeres acceder al poder aun cuando el sistema sea una democracia y se acaben de modificar las leyes de acceso a los Parlamentos para tener una representación paritaria. Pero, como a veces ocurre, no hay mal que por bien no venga. Los partidos reflexionaron ante lo ocurrido e impulsaron una reforma del reglamento parlamentario y de toda la normativa vigente para la elección de personas en las instituciones. (Sevilla, J., 2021)

En el debate generado en torno a la necesidad de introducir cambios normativos que impidieron situaciones como la ocurrida, también se justificó la reforma por la constatación de la presencia preferente de diputados en los puestos relevantes de poder: las diez comisiones permanentes legislativas, que ya se habían constituido las presidencias y vicepresidencias, estaban distribuidas de la siguiente manera: siete diputados en las presidencias frente a tres diputadas presidentas y siete vicepresidencias ocupadas por diputados frente a tres ocupadas mujeres.

A partir de las intervenciones de ese debate, que prestigia el interés de Les Corts por la igualdad, se propusieron redacciones alternativas a los artículos del Reglamento que regulan las elecciones para los órganos de la Cámara, además de la inclusión de la palabra personas en lugar del doblete Diputados y Diputadas. El art. 3 modifica el art. 37 del Reglamento que regula la elección de la Mesa de tal forma que, si la presidencia la ocupa un diputado, la vicepresidencia primera la ocupará una diputada, la vicepresidencia segunda la ocupará un diputado, la secretaria primera una diputada y la secretaria segunda un diputado. El mismo sistema se aplica a la elección de la Mesa de las Comisiones. Siguiendo esta lógica argumentativa también se modificaron las leyes reguladoras de las Instituciones de la Generalitat para garantizar la paridad de sexos en sus órganos extendiendo la composición acordada para los órganos de Les Corts al resto de las instituciones del Estatuto de Autonomía. (BOC 17.21/04/2017)

En la X legislatura, finalizada cuando se publicó este trabajo, se aplicó a la composición de la Mesa la reforma del Reglamento aprobada en la anterior legislatura. Se cumplió la norma de igualdad, si bien, como ha sido la tónica habitual estos cuarenta años (a excepción de la V legislatura), ellas han seguido siendo minoría y bajo la presidencia de un compañero varón.

Mesa de les Corts (Acumulado 1983-2023)

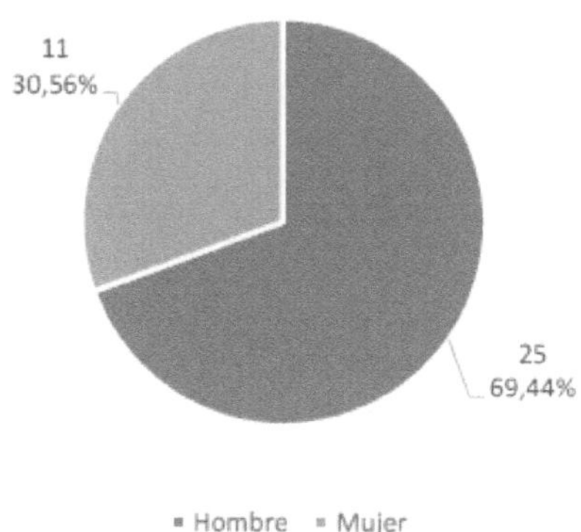

Fuente: Elaboración propia.

Mesa de les Corts por Partidos y Legislaturas (1983-2023)

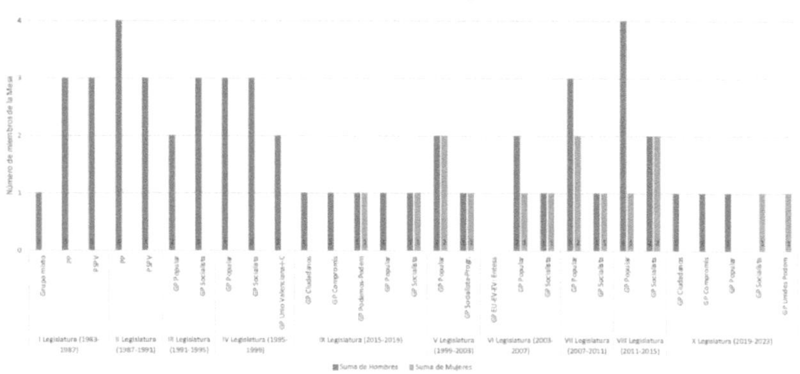

Fuente: Elaboración propia.

3.2. Síndics y Síndiques de les Corts

Los diputados y diputadas en número no inferior a tres, incluidos en las listas de un mismo partido, agrupación o coalición electoral que hubiesen comparecido como tal ante el electorado en las últimas elecciones autonómicas, tendrán derecho a constituir grupo parlamentario propio. (Art. 23.1) Cada Grupo Parlamentario designará un Síndic o Sindica entre los o las diputadas que formen parte del mismo. Son, pues, la representación de la pluralidad de la Cámara de los partidos que han merecido el suficiente respaldo del electorado para superar una barrera electoral del 5% (art 12,a de la Ley electoral) También son un indicativo de la ausencia de paridad y de quién es quién en un partido, ya que estar al frente de la portavocía de un grupo parlamentario permite una importante proyección política, tanto si la persona pertenece al partido que gobierna o al que está en la oposición, al tiempo que es un salvoconducto para acceder a los cenáculos del poder. La política y la estrategia puede marcarse desde el Palau de la Generalitat, pero Les Corts en un régimen parlamentario representa a la ciudadanía. ¿Quiénes han ocupado en estos cuarenta años de forma mayoritaria estos puestos claves del poder?

Desde el punto de vista cuantitativo es evidente que se trata de un espacio que históricamente ha estado reservado a los hombres. El 70% de las veces el puesto de síndic ha sido para un hombre: solo quince diputadas han sido en estos cuarenta años síndica de sus respectivos grupos parlamentarios.

En este espacio de poder se da también la paradoja de que partidos como el PSPV, que impulsó la LOI, es el que peor parado sale en la fotografía, ya que en toda la historia de les Corts, en el momento de publicación del informe, sólo había apostado por una mujer para dirigir el grupo parlamentario.

El PP fue pionero a la hora de confiar la portavocía del grupo a una mujer. Rita Barberá fue la primera síndica de Les Corts. En las dos últimas legislaturas, tres diputadas populares han ejercicio este cargo

Por su parte, Esquerra Unida y Compromís han apostado más por mujeres que por hombres en este puesto al igual que Ciudadanos.

Desde un análisis más cualitativo, no es extraño que el Síndic o la Síndica tenga o pueda tener una "carrera" política, tanto por su duración como por los cargos de poder que han ocupado o puedan ocupar.

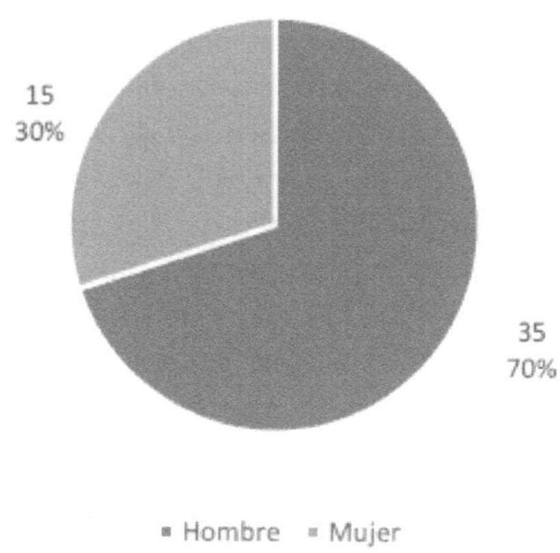

Fuente: Elaboración propia.

3.3. *Evolución de las portavocías grupos parlamentarios*

Cómo ocurre en prácticamente todas las áreas de poder analizadas, las mujeres han estado ausentes durante años. La evolución es paulatina y han tenido que pasar prácticamente cuarenta años para llegar a hablar con cierta propiedad de síndicas y no sólo de síndics. Antes de la actual legislatura, la de los grandes cambios, la mirada al pasado, tal como se muestra en el siguiente gráfico, es, salvo alguna excepción, una sucesión de portavocías exclusivamente masculinas.

Al inicio de la democracia los grupos parlamentarios optan de manera sistemática por los varones para ser dirigidos. Sólo hay una excepción en la II legislatura cuando Rita Barberá, se convierte en síndica del grupo popular, la primera de Les Corts. Habrá que esperar a la IV legislatura para que una mujer logre de nuevo acceder a este espacio: la entonces líder de EU, Glòria Marcos, que al igual que Barberá ocho años atrás hubo de lidiar (y sufrir) un espacio muy masculinizado.

Con todo, la conquista de este espacio de poder por parte de las mujeres aún estaba muy lejos de normalizarse. La V y la VI legislatura vuelve a ser territorio exclusivo de los hombres sin que ninguno de los partidos que en esos años logró representación parlamentaria (PP, PSPV y EU) confiaran ese puesto a una mujer. Cabe incidir en la reflexión de que, en la mayoría de los casos, cuando un partido se queda en la oposición, se simultanea el puesto de máximo responsable orgánico del partido con el síndic del grupo parlamentario. Habitualmente quién controla el partido, encabeza la lista para presidir la Generalitat y en este círculo lo más probable es que sólo haya hombres.

La X Legislatura da el salto cualitativo con una foto de sólo síndicas. Ahora bien, aunque la composición es un paso de gigante en materia de igualdad, tuvo truco. La legislatura no arrancó equilibrada: tres hombres frente a dos mujeres. Fueron los relevos producidos en las portavocías durante las legislaturas lo que favoreció a las mujeres en la recta final. En definitiva, una Junta de Síndics que acaba siendo toda de Síndicas y que, lamentablemente, no era el diseño que los partidos políticos presentes en la Cámara, ganadores de las elecciones, habían dibujado para un órgano tan importante y deseado por y en los partidos políticos

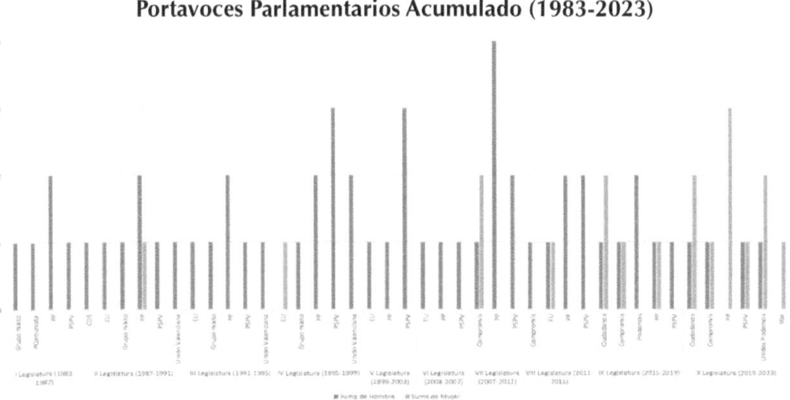

Fuente: Elaboración propia.

4. SENADORES Y SENADORAS TERRITORIALES

El nombre del Senado ya se utilizaba en Roma para la institución compuesta por miembros que tenían experiencia en cargos considerados importantes como eran los magistrados. En nuestra Constitución, el Senado es la Cámara de representación territorial (art. 69 CE) que está formada por los senadores y senadoras elegidos por sufragio universal, libre, igual, directo y secreto y por los senadores y senadoras territoriales: "designados por la Asamblea legislativa de las Comunidades Autónomas de acuerdo con lo que establezcan los Estatutos que asegurará en todo caso la representación proporcional" (art. 69,5 CE).

Nuestro Estatuto lo recoge, como función de Les Corts, en el art 22,f y en la Llei de Designació de Senadors cuyo primer texto es de 1988. También lo regula el Reglament de Les Corts.

El repaso a quienes han accedido desde Les Corts al Senado desde 1982 es un claro ejemplo del largo camino hacia la paridad y cómo, en aquellos lugares en los que no rigen normas de igualdad, la presencia de hombres es mayoritaria.

No encontramos ninguna mujer hasta 2004, año en que es designada Andrea Fabra a propuesta del Grupo Parlamentario Popular. Seis legislaturas completas (desde la II que se inicia en 1982 y que coincide con la I legislatura de les Corts hasta la VIII) sin mujeres. 17 años.

En 2008 Leire Pajín, esta vez vía GP Socialista se convierte en la segunda mujer en ser senadora territorial por la Comunitat Valenciana. En 2011 se eligen dos: Rita Barberá, por el GP Popular; y María Pilar Lima, por el GP Podem que se mantienen en 2016. En 2019 solo la socialista Josefina Antonia Bueno forma parte de la lista de senadores designados por Les Corts. Y, finalmente, en esta legislatura, Gloria Calero es la única mujer que posee la condición de senadora territorial.

Seis mujeres han adquirido la condición de senadoras territoriales frente a los treinta hombres que han tenido acomodo en este espacio en cuarenta años.

Cabe apuntar, además, que muchos de ellos han encadenado nombramientos legislatura tras legislatura. El expresidente de la Generalitat, Joan Lerma, es quien acumula más tiempo. Fue designado en la V Legislatura y ha continuado de manera ininterrumpida hasta la actualidad. Antonio García Miralles (ex presidente de Les Corts) fue otro de los históricos de esta cámara. Rita Barberá acabó su vida política (también personal, murió siendo Senadora) en esta Cámara.

El repaso a las trece legislaturas convierte los puestos de senador y senadora territorial como uno de los espacios de poder más masculinizados. A lo largo de su historia se han realizado 86 nombramientos, de los cuales, en 76 ocasiones, los partidos escogieron a un varón.

Si repasamos los nombres de las personas que han accedido a Senadores Autonómicos de nuestra Comunidad se podría decir que responden al concepto romano de su creación, al menos en gran parte: son personas con amplia experiencia en el ámbito de la política y que han detentado cargos en la cúspide del poder, lo que conlleva casi de forma irremediable que sean hombres, un rasgo que comparte con el Senado Romano. En aquel tiempo que las mujeres optasen a un cargo público en primera persona era impensable, en nuestro moderno Estado, ser ciudadanas no parece suficiente. También hemos necesitado leyes especiales.

Salta a la vista que el listado presenta un porcentaje importante de ex altos cargos de primer nivel (ex presidentes de la Generalitat, de Les Corts, ex consellers), lo que podría interpretarse como valoración de la experiencia adquirida y reconocimiento por las jornadas tan extensas que representa ocupar lugares tan destacados. Ser senador o senadora territorial es sinónimo de prestigio. La parte crítica, sin embargo, es que casi ninguna mujer ha tenido opción a inmolarse en ese sacrificio voluntario. Las estadísticas/los números no engañan. Y, por otra parte, el recorrido que hemos hecho muestra que la carrera política de las mujeres es más reducida y tiene aún vetados determinados espacios. Por lo tanto, es más difícil alcanzar el tiempo de permanencia necesario en según qué sitios para generar ese "debe" por los servicios prestados.

Senadores y Senadoras Territoriales Acumulado (1983-2023)

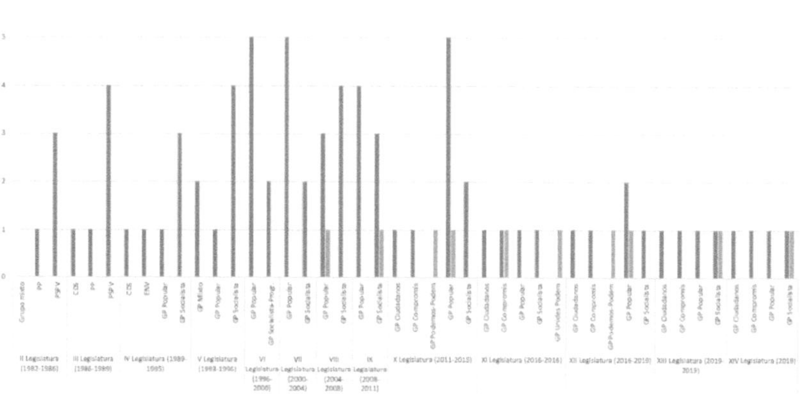

Fuente: Elaboración propia.

5. LA PRESIDENCIA DE LA GENERALITAT

La ley 5/1983, de 30 de diciembre, de Gobierno valenciano sirvió para desarrollar el perfil de los distintos órganos del Consell de la Generalitat según las líneas maestras establecidas en el recién aprobado Estatuto de Autonomía. En su artículo 1 recoge que "el President de la Generalitat, que también lo es del Consell, dirige la acción del Consell, coordina las funciones de éste y ostenta la más alta representación de la Comunitat Valenciana, así como la ordinaria del Estado en ésta". Cuarenta años después, hemos de concluir que el uso sexista del lenguaje en esta ley era, en cierto modo, premonitoria. Sabemos que el lenguaje no es neutral y que los legisladores de entonces de manera consciente o inconsciente no tuvieron en mente que una mujer ostentara "la más alta representación de la Comunitat Valenciana". Y así ha sido. Una profecía autocumplida. Seis hombres han ocupado en la historia de la democracia valenciana la presidencia de la Generalitat. Dos, pertenecientes al PSPV, y cuatro al Partido Popular. Ninguna mujer lo ha conseguido hasta ahora.

La presidencia de la Generalitat ha funcionado como una suerte de oligopolio masculino en el que en contadas ocasiones una mujer ha tenido opciones reales de alcanzarla. Nos situamos en una democracia de partidos en la que son las formaciones políticas las que deciden qué personas serán presidenciables, un sistema perverso para las mujeres ya que al funcionar con una dinámica patriarcal hace muy complicado el acceso a los lugares más altos del poder.

Los aparatos orgánicos de los partidos han sido de forma mayoritaria controlados por hombres de manera que 'entre iguales' se ha designado el cartel electoral. Como explicó Simón de Beauvoir al revisar el concepto de Levi-Strauss sobre reciprocidad (el reconocimiento del otro como igual en la diferencia) no puede aplicarse a la relación entre mujeres y hombres ya que los individuos adscritos en la categoría mujer se encuentran en relación de dependencia e inferioridad respecto al hombre que se identifica a sí mismo con la humanidad. Y en el caso que nos ocupa: el hombre ha estado identificado como president de la Generalitat.

A lo largo de estos años, un número muy reducido de mujeres han estado en la casilla de salida rumbo a la presidencia, cerca de convertirse en la primera autoridad del pueblo valenciano, pero la aritmética de las urnas ha jugado en su contra. Pocas oportunidades de pelear con opciones reales de ganar y sin el viento electoral de cara.

A las puertas de las elecciones autonómicas de 2023 para decidir la Presidencia de la Generalitat, los carteles electorales de los principales partidos de la Comunitat Valenciana (aquellos con posibilidades reales de alcanzar este cargo) están copados por varones. Un dato que evidencia que, en lo que a la cima del poder se refiere, nada ha cambiado para las mujeres en estos cuarenta años. La estadística es demoledora al respecto y muestra cómo la carrera política de las mujeres hacia la cuota máxima de poder es también una tubería con fugas.

La información recopilada relativa a las 43 candidaturas a la presidencia de la Generalitat para los comicios autonómicos celebrados entre 1983 y 2023 revela que en 35 casos el cartel electoral lo ocupó un hombre y sólo en ocho ocasiones, una mujer. Es decir, ellas han representado el 19 por ciento de esta lista dominada por hombres. En total, sólo siete mujeres presidenciables ya que una de ellas (Mónica Oltra) fue candidata en dos ocasiones. De estas siete mujeres, sólo tres estaban en partidos con opciones reales de disputar este cargo: Rita Barberá (1987), Isabel Bonig (2019) por el PP y Mónica Oltra (2015 y 2019) por Compromís. Ninguna de ellas, está ya en la escena política. Las otras candidatas fueron: Marga Sanz (EU), Glòria Marcos (Compromís), Carolina Punset (Ciudadanos) y, también por Ciudadanos, para las elecciones de 2023, Mamen Peris.

En este terreno, el de la política con mayúsculas, hay pocos avances. Para las elecciones de 2023, cinco hombres compiten por ocupar el Palau de la Generalitat. De los partidos que en la actualidad tienen representación parlamentaria, sólo un partido (Ciudadanos), además, en caída libre y sin casi opciones de mantenerse en Les Corts, presenta a Mamen Peris.

Por su parte, los seis presidentes de la Generalitat Joan Lerma, Eduardo Zaplana, José Luis Olivas, Francisco Camps, Alberto Fabra y Ximo Puig (tres de ellos con más de un mandato a sus espaldas) han tenido una dilatada carrera política. Tres de ellos siguen en activo (Puig, Lerma y Fabra) y los otros tres se han caído de la rueda del poder como consecuencia de su implicación en presuntos casos de corrupción.

El análisis de esta lista de presidenciables arroja otros datos: el PSPV nunca ha presentado una mujer para presidir la Generalitat; el PP lo ha hecho en dos ocasiones. Fue el primero en hacerlo con Rita Barberá en las elecciones de 1987. La segunda candidata fue Isabel Bonig en 2019.

Los partidos minoritarios son los que mejores estadísticas presentan a la hora de apostar por las mujeres como candidatas. El primer Compromís presentó a Gloria Marcos y el segundo Compromís a Mónica Oltra en dos ocasiones. EU concurrió con Marga Sanz. Ciudadanos debutó con Carolina Punset y ahora presenta a Mamen Peris.

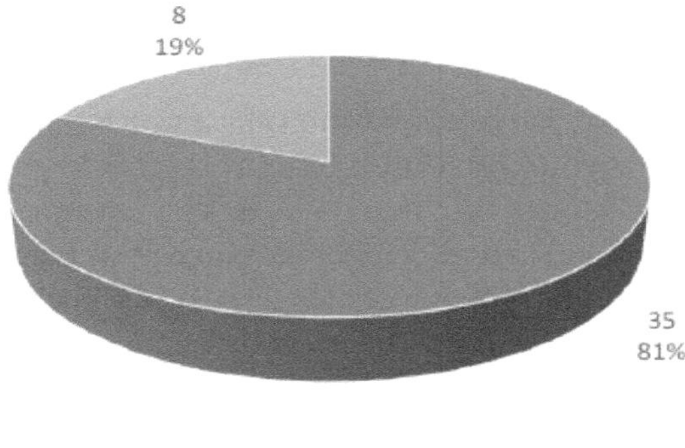

Fuente: Elaboración propia.

6. EL CONSELL

La ley de Gobierno define en su artículo 13 el Consell como "el órgano colegiado que ostenta la potestad ejecutiva y reglamentaria y dirige la Administración de la Generalitat" y añade que se compone del President de la Generalitat, del Vicepresidente o Vicepresidentes, en su caso, y de los Consellers. Y así fue durante diez años y hasta un 12 de julio de 1993, año en el que por primera vez una mujer (Pilar Pedraza) es nombrada consellera de Cultura y se incorpora como miembro del Ejecutivo valenciano durante la etapa socialista de Joan Lerma. Una rara avis en un espacio muy masculinizado que no se democratizó plenamente para las mujeres hasta 33 años después. Habrá que esperar a 2015 para encontrar, con el Gobierno de coalición del PSPV y Compromís, el primer Consell paritario, es decir, con el mismo número de hombres que de mujeres.

Los números ofrecen una cruda fotografía de estos cuarenta años de democracia desigual: a lo largo de estas diez legislaturas han formado parte del Ejecutivo valenciano (sin contar los presidentes) un total de 97 personas: 67 varones y 30 mujeres. Esto supone que sólo el 30% de los miembros del Consell han sido mujeres. Haría falta al menos tres legislaturas con Ejecutivos formados exclusivamente por féminas para saldar esta deuda.

Los gobiernos del PP son los que más mujeres han aportado al Consell: catorce frente a las ocho nombradas bajo el paraguas del PSPV. Compromís ha situado a seis y Esquerra Unida, una.

Las vicepresidencias del Gobierno valenciano también ha sido un terreno arduo de conquistar: diez hombres frente a tres mujeres. Es en la octava legislatura y bajo mandato popular, en concreto, al 28 de julio de 2011, cuando una mujer (Paula Sánchez de León) se convierte en la primera vicepresidenta del Consell. Desde entonces y hasta la actualidad, el cargo de vicepresidencia ha estado ocupado por otras dos mujeres (Mónica Oltra y Aitana Mas, ambas de Compromís). El PSPV sólo ha tenido un vicepresidente (nunca una vicepresidenta); mientras que el PP ha tenido siete; y Unides Podem, dos.

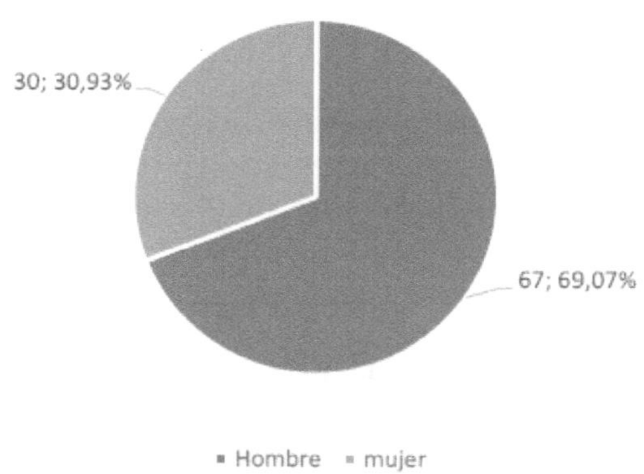

Fuente: Elaboración propia.

6.1. Evolución de los gobiernos valencianos

El análisis con perspectiva de género de la composición de los distintos ejecutivos valencianos (son diez legislaturas, pero un total de 36 gobiernos) evidencia la influencia positiva de la LOI a la hora de alentar la presencia de mujeres en el Ejecutivo. Las conselleras se incorporan de forma paulatina a partir de la tercera legislatura y el despegue es evidente a partir de 2007. El periodo comprendido entre 1993 (cuando la primera mujer es nombrada consellera) y 2015 (primer gobierno paritario) está marcado por ejecutivos con una discreta presencia de mujeres. De hecho, las conselleras han sido minoría en estos órganos de poder durante años: o estaban solas en un Consell de hombres o como mucho sumaban tres miembros en Consell de más de diez personas.

Habrá que esperar a la VII legislatura (2007-2011) para encontrar ejecutivos con menor brecha de género. Así, de aquella sucesión de gobiernos de clara hegemonía masculina se pasa a otros con mayor presencia femenina. En la citada legislatura y ya con la ley de Igualdad en vigor se forman gobiernos con cuatro y hasta cinco mujeres. Ahora bien, hay que tener en cuenta que, en estos años, el Consell llegó a ampliarse hasta 15 miembros, con lo que el incremento de mujeres no fue proporcional ni alcanzó el equilibrio.

La paridad se consigue en 2015 con el primer gobierno del PSPV y Compromís y se repite en 2019 con el actual Gobierno de coalición integrado por PSPV, Compromís y Unides Podem.

En esa última legislatura, los relevos en las diferentes carteras han dado lugar al hito histórico de un Ejecutivo con más mujeres que hombres.

Gobiernos GVA pro Legislaturas Acumulado

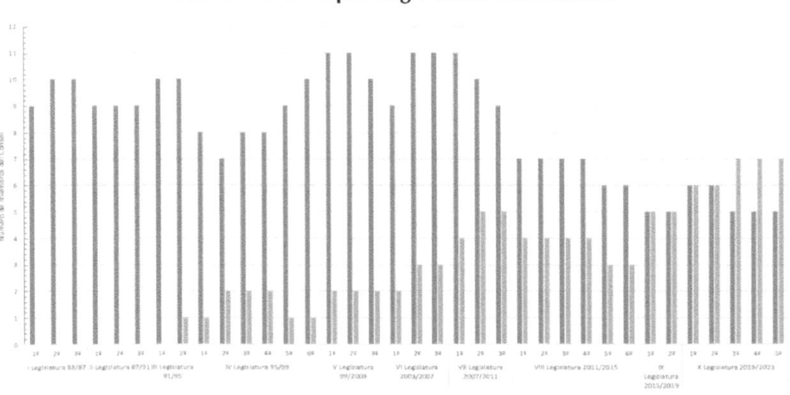

Fuente: Elaboración propia.

6.2. Áreas de poder en el Consell

El sesgo de género respecto a quienes han formado parte del Ejecutivo valenciano también es detectable si nos fijamos en el qué. Como se ha visto, las mujeres han asumido de forma paulatina responsabilidades dentro del Consell, si bien las áreas de poder o carteras en las que de forma más frecuente han sido asignadas revelan una segregación horizontal acorde con los estereotipos de género, aquellos que vinculan a los hombres con ciertas tareas (presupuestos, economía, obras públicas, etc.) y a las mujeres con el mundo de los cuidados. Se producen ausencias incomprensibles en ciertos ámbitos que casan mal con la igualdad real y evidencian que aún queda camino por recorrer.

El análisis expuesto a continuación muestra qué carteras han ocupado los consellers y las conselleras a lo largo de estas diez legislaturas y de los diferentes gobiernos conformados tras los ajustes dentro del Consell.

Las conselleras han dirigido principalmente las áreas de Servicios Sociales (siete responsables); Educación, Cultura y Universidades (8); Agricultura y Medio Ambiente (6) y la portavocía del Consell (5).

Ninguna[2] mujer ha estado al frente de las competencias de Hacienda y Economía. Estos departamentos, que llevan el peso de la gestión presupuestaria y marcan las políticas económicas y las relaciones con el mundo empresarial, siempre han estado en manos de hombres.

La conselleria de Infraestructuras y Obras Públicas, otro sector altamente masculinizado, ha tenido tres mujeres al frente, mientras que la conselleria de Sanidad, el departamento que más recursos gestiona, sólo ha tenido al frente dos conselleras frente a once consellers distintos.

También se ha dado déficit de mujeres al frente de las competencias relacionadas con la gestión de los recursos humanos y las emergencias.

---

2 En junio de 2023 Ruth Merino fue nombrada Consellera de Hacienda por el Gobierno de Carlos Mazón.

Una mujer, la popular Alicia de Miguel, se convirtió en 2003 (V legislatura) en la primera portavoz del Consell. Hasta ese momento estas funciones (informar de los asuntos tratados por el Ejecutivo) había recaído en hombres.

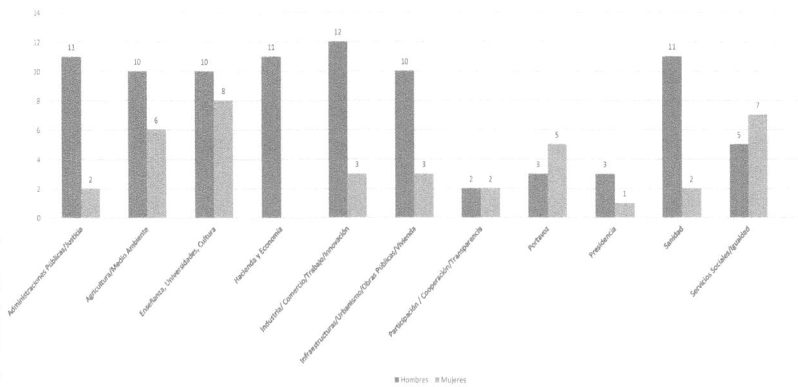

Fuente: Elaboración propia.

7. LA DIPUTACIONES PROVINCIALES

Con la llegada de la democracia y la constitución de los gobiernos autonómicos, las diputaciones han dejado de tener la posición que ocupaban antes de proyectarse el mapa autonómico que, recordemos no tenía prevista una puesta en marcha tan rápida. De hecho, fue un hecho ajeno: el golpe de Estado, el que precipitó que se acelerase la puesta en marcha de las Autonomías con la aprobación del mapa estaturario. Ahora bien, desde el punto de vista de las aspiraciones de cualquiera que desee hacer carrera política, las diputaciones son lugares claves, trampolines que impulsan a otros lugares o generan recompensas por los servicios prestados. Las diputaciones son, además, un ámbito de reconocimiento político.

Presidir una diputación no es cosa menor, de hecho, la historia de estos 40 años ha demostrado que estos han sido espacios idóneos para 'hacer política', controlar los aparatos orgánicos, ganar influencia y construir liderazgos. Hablamos de una institución que se conforma por elección indirecta. La norma dice que la composición de su pleno se realiza por elección de las concejalas y concejales de todos los ayuntamientos de cada partido judicial, pero la práctica es más prosaica ya que tanto la presidencia como los diputados y diputadas provinciales suelen decidirse en los despachos de quienes mandan en los partidos.

Al tratarse de una elección indirecta no opera la exigencia de presencia equilibrada de hombres y mujeres contemplada en la Ley de Igualdad de 2007, por lo que la existencia de corporaciones paritarias depende más de la voluntariedad y el compromiso de los partidos. De hecho, este espacio de poder no se tuvo en cuenta en la reforma electoral de la Ley Electoral consecuencia de la Ley de Igualdad, por lo que históricamente la composición de las diputaciones ha estado lejos de la paridad.

Por otro lado, cabe destacar que la elección de la persona presidenciable (formalmente por votación en el pleno) se produce, en realidad, en otros circuitos, la de los aparatos de los partidos (en los que tradicionalmente las mujeres no han participado o lo ha hecho de manera muy tangencial). La conclusión es que son instituciones con cúpulas muy masculinizadas dado que la persona que preside la corporación provincial tiene margen para nombrar las vicepresidencias, cargos que a la postre forman parte de su círculo de confianza. Y aquí la máxima de elegir 'a los iguales' opera de nuevo. Rige la política de los iguales, que no, la política de la igualdad.

Estas son algunas de las conclusiones más destacadas sobre la lista de personas que ha ocupado la presidencia y las vicepresidencias de las diputaciones provinciales: en 40 años, sólo dos mujeres han logrado ser presidentas de diputación en la Comunitat Valenciana, pero ninguna ha ocupado todavía la presidencia de la Diputación de Castelló.

Un total de 21 hombres ha presidido las corporaciones provinciales de València, Castelló y Alicante. Varios de ellos repitieron mandato. Ninguna de las dos mujeres citadas estuvo más de un mandato en la presidencia.

Por su parte, las vicepresidencias han estado copadas por hombres. Si sumamos las tres diputaciones, encontramos 65 vicepresidentes varones frente a 16 mujeres. La presencia de mujeres se queda, por tanto, en el 19%.

Por partidos políticos, las mujeres se concentran en los partidos de centroderecha. Así, el PP y Ciudadanos suman doce vicepresidentas, mientras que las restantes cuatro fueron nombradas a instancias del PSPV, Compromís y EU.

Presidencias Diputación València, Alicante, Castelló

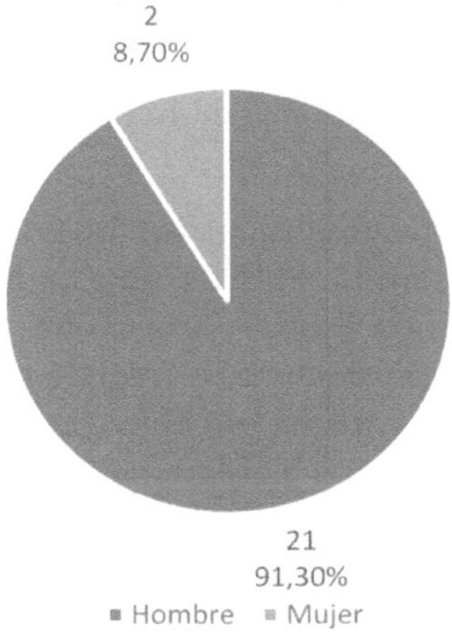

Fuente: Elaboración propia.

7.1. Diputación provincial de València

Por la Diputación Provincial de València han pasado desde 1979 un total de nueve presidentes y una presidenta. Estos son los datos más destacados: la presidenta Clementina Ródenas (1991-1995) fue la excepción a la regla de una sucesión de presidentes (nueve en total). Ródenas presidió una diputación custodiada por cuatro vicepresidencias, todas ellas ocupadas por varones.

Desde 1979 hasta hoy la máxima representación de la institución provincial ha recaído casi en su totalidad en varones. Ocho hombres (cuatro del PSPV y cuatro del PP) han estado al frente de la diputación. Tres de ellos (Antonio Asunción, Fernando Giner y Alfonso Rus) encadenaron dos mandatos consecutivos. Ródenas sólo se mantuvo un mandato.

Respecto a las vicepresidencias, según la información obtenida, 31 hombres han ocupado vicepresidencias frente a siete mujeres. Habrá que esperar veinte años para que una mujer logre entrar en el espacio de las vicepresidencias. Fue en 1999 durante mandato del PP con el nombramiento de Purificación Martínez, que compartió cargo con cinco vicepresidentes varones.

Hasta 2011 no se alcanzó la paridad en las vicepresidencias. Todavía bajo mandato popular, tiene lugar la primera corporación provincial con el mismo número de hombres que de mujeres en las vicepresidencias.

La paridad se rompe en el siguiente mandato, en 2015, y ya con el Gobierno de coalición de PSPV, Compromís y Unides Podem. El equilibrio de poder entre las tres formaciones atiende a siglas, pero no al sexo. Así, bajo la presidencia de Jorge Rodríguez, se nombraron ocho vicepresidencias ocupadas por cinco hombres y tres mujeres. El desequilibrio continúa en las legislaturas siguiente.

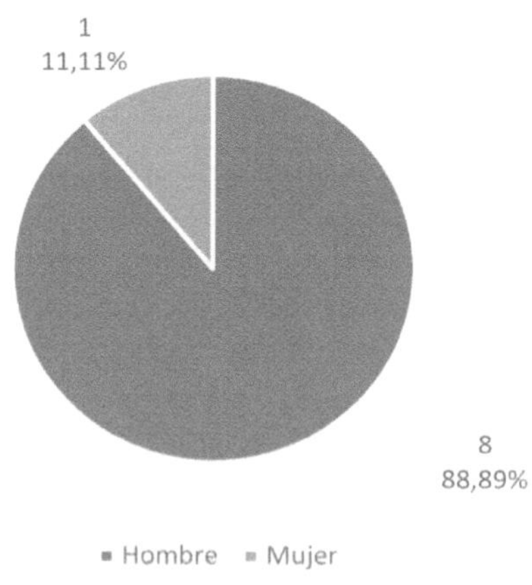

Fuente: Elaboración propia.

7.2. Diputación provincial de Castelló

La presencia de mujeres en puestos claves de la Diputación de Castelló ha sido la más deficitaria de las tres corporaciones provinciales de la Comunitat. Así, el sillón de la presidencia de la Diputación de Castelló ha resultado inaccesible para las mujeres. A lo largo de cuarenta años, UCD, PSPV y PP se han repartido a partes iguales la máxima representación de la corporación provincial con el común denominador de que en todos los casos los elegidos han sido varones: seis hombres han presidido esta diputación, frente a cero mujeres.

También las vicepresidencias han sido territorio de reserva casi exclusiva del poder masculino. Desde 1979 han estado en nómina un total de 19 vicepresidentes y tan solo dos vicepresidentas. Las mujeres apenas han representado el 9% de las vicepresidencias. El nombramiento de la primera mujer como vicepresidenta tuvo lugar de forma tardía; en diciembre de 2011, prácticamente treinta años después de la primera corporación en democracia.

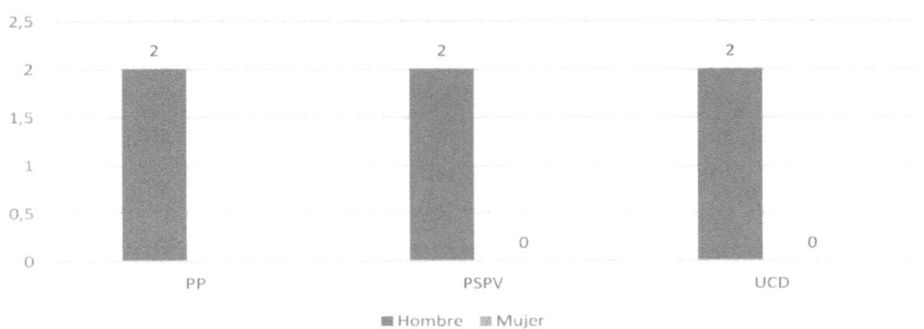

Fuente: Elaboración propia.

7.3. Diputación provincial de Alicante

La Diputación provincial de Alicante es también territorio masculino, si bien, al igual que en la institución de la provincia de València, sólo una mujer ha logrado ser presidenta. En total, ocho hombres han sido presidentes de la corporación provincial: cinco presidentes por el Partido Popular y dos más por el PSPV. Sólo una mujer ha ocupado la presidencia. Se trata de Luisa Pastor, que dirigió la institución en el periodo comprendido entre 2011 y 2015.

Tampoco las vicepresidencias han sido un espacio de fácil acceso para las mujeres. En total, 22 vicepresidencias han sido ocupadas por hombres frente siete ocupada por féminas. De estas siete vicepresidentas, seis pertenecían al PP y la séptima a Ciudadanos, que conformó gobierno con el PP en esta última legislatura. La primera vicepresidenta de la Diputación de Alicante es María del Carmen Jiménez Egea nombrada en 2003 bajo mandato del popular José Joaquín Ripoll. En 2007 tiene lugar la primera corporación provincial con más mujeres que hombres en la vicepresidencia. Ripoll conforma un equipo de gobierno con tres vicepresidentas y un vicepresidente. La situación se prolonga en 2011. Esa legislatura con Luisa Pastor presidenta, contó con tres vicepresidencias, ocupadas por dos mujeres y un hombre. La corporación (2015-2019) supone un bofetón al principio de presencia equilibrada. El popular César Sánchez conforma una corporación con siete vicepresidentes.

Como reflexión general, se observa que las diputaciones dan esquinazo a las leyes de igualdad ya que la conquista por parte de las mujeres de las cuotas máximas de poder sigue siendo complicada. Después de la aprobación de la LOI y pese a que las diputaciones no están incluidas, hay un avance en el acceso de mujeres a las vicepresidencias, aunque no es posible hablar de una paridad consolidada. Las diputaciones son piezas claves a la hora de sostener el sistema patriarcal del poder. Con un sistema de elección indirecta desprovista de elementos correctores para los sesgos de género, se convierten en espacios propicios para que los hombres ganen peso e influencia en los partidos que, a su vez, son el terreno en los que se forjan y son elegidas las personas que aspiran a las máximas cuotas de poder.

Presidencia Diputación Provincial de Alicante (1979-2023)

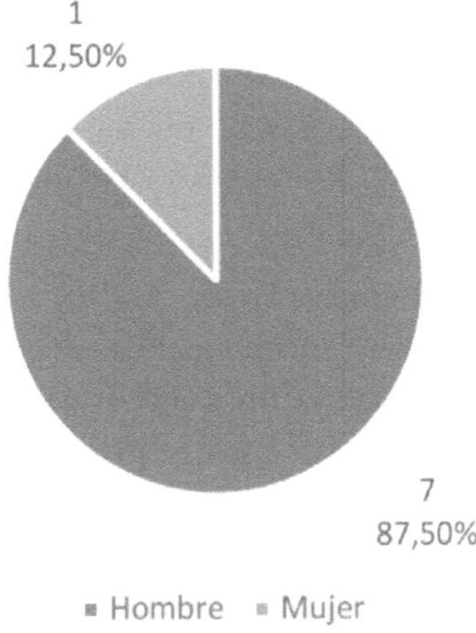

Fuente: Elaboración propia.

8. DELEGACIONES DE GOBIERNO

Las Delegaciones del Gobierno ejercen la dirección y la supervisión de todos los servicios de la Administración General del Estado y sus Organismos públicos situados en su territorio. Adscritas orgánicamente al Ministerio de Política Territorial, los delegados o delegadas del Gobierno son nombrados por la persona que ocupa la presidencia del Gobierno. Por tanto, a los efectos de este estudio, se trata de designaciones unipersonales que no están sujetas a ninguna obligatoriedad de paridad más allá de las recomendaciones de la ley de igualdad sobre la necesidad del acceso de las mujeres a los espacios de poder.

Estos cargos han sido, al menos en el ámbito de la Comunitat Valenciana, un espacio para impulsar determinadas carreras políticas o para buscar acomodos tras pasar por algún cargo de relieve. Al tratarse de la primera autoridad del gobierno central en territorio valenciano, tradicionalmente se han buscado perfiles de la confianza del presidente de la Generalitat o del presidente del Gobierno que tiene en este cargo 'sus ojos y sus oídos'.

Del análisis realizado sobre este cargo, cabe destacar los siguientes datos:

El cargo ha sido ocupado desde 1984 hasta la fecha de finalización del estudio por 16 personas, seis de ellas mujeres. Con anterioridad a la figura del Delegado de Gobierno, existían gobernadores civiles. Hubo seis hombres en este cargo.

Las seis mujeres (Carmen Moya, Carmen Mas, Paula Sánchez de León, Ana Botella, Gloria Calero, Pilar Bernabé) representan el 37,5% del total de nombramientos, un porcentaje que, aunque se acerca, no cumple con el principio de presencia equilibrada si bien es muy superior a la representación que han tenido las mujeres en otros espacios de poder estudiados. De las seis mujeres, cuatro fueron nombradas por gobiernos socialistas y dos por gobiernos del PP. Populares y socialistas han preferido hombres para estos puestos, si bien en el caso del PSPV ha habido casi paridad en los nombramientos: cuatro mujeres y cinco hombres.

El tiempo medio de permanencia en el cargo de ellas es inferior al de los hombres: Como media (sin contar a la recién nombrada Pilar Bernabé) ellas han durado 1 año y siete meses frente a casi tres de ellos. La mujer que más tiempo estuvo en el cargo fue la popular Paula Sánchez de León (dos años y medio) y el hombre con mayor permanencia fue Burriel, con 6 años en el cargo.

9. ALCALDÍAS

Las alcaldías de las grandes ciudades han sido históricamente cargos públicos muy masculinizados. Se trata de cargos unipersonales en los que se refleja la segregación vertical que afecta al sexo femenino cuando se trata de alcanzar los puestos de máximo nivel de decisión.

El Instituto de la Mujer sitúa a la valenciana como la cuarta comunidad con mayor porcentaje de mujeres al frente de ayuntamientos: el 28, 41% por detrás de Asturias (29,45%); País Vasco (30,28%) y Murcia (37, 78%). Dos décadas atrás, tras las elecciones de 2003, el porcentaje de mujeres al frente de una alcaldía era de sólo el 12%. La serie histórica evidencia que los cambios legales han ayudado, pero no han dado el empujón definitivo para una verdadera paridad.

El cambio clave desde el punto de vista de las candidaturas electorales se produjo con la LOI que introdujo medidas de paridad. En el ámbito local, sin embargo, y a diferencia de lo que ha ocurrido en los parlamentos el avance en igualdad ha ido más lento ya que la dinámica es que los partidos elijan a varones como carteles electorales al margen de la proporción obligada en los siguientes puestos de la lista. De ahí que, la fotografía final sea que los ayuntamientos siguen siendo instituciones muy masculinizadas.

9.1. Alcaldías de las capitales de provincia

El estudio está centrado en las alcaldías de las tres capitales de provincia. El objetivo es determinar si es posible hablar de reparto equilibrado de poder en términos de sexo o si, por el contrario, existe también un debe respecto a las mujeres. En un primer análisis, el recuento de hombres y mujeres que han ejercido estos cargos a lo largo de estos 40 años evidencia una clara hegemonía masculina: un total de 21 alcaldes y alcaldesas en las tres ciudades. La lista la integran 5 mujeres y 16 hombres.

La proporción varía según la capital de provincia analizada:

- València: Dos alcaldesas y tres alcaldes. La presencia de mujeres alcanza el 40% y el de los hombres, el 60%
- Alicante: Dos mujeres y siete hombres, lo que supone un 28% de mujeres y 72% de hombres.
- Castelló: Cinco alcaldes y una alcaldesa: las mujeres representan el 20% de las alcaldías y los hombres, el 80%.

Por partidos políticos, el reparto es de tres alcaldesas por el PSPV (Clementina Ródenas, Eva Montesinos y Amparo Marco) y dos por el PP (Rita Barberá y Sonia Castedo).

Por su parte, de los 17 alcaldes de las tres provincias se reparten de la siguiente manera: 7 pertenecen o han pertenecido al PP; 8 al

PSPV y uno (Joan Ribó, actual alcalde de València cuando se elaboró este estudio) a Compromís.

9.1.1. Alcaldías en València

En el caso de la ciudad de València, las mujeres han tenido un papel relevante en estos puestos. A diferencia de lo que ocurre en Castelló y Alicante, su representación ha alcanzado el 40% de acuerdo con el concepto de presencia equilibrada, pero, además, es importante incorporar al análisis la variable de permanencia en el cargo y la proyección y la personalidad política de varias de sus protagonistas. La conclusión en el caso de las alcaldías de Valencia es que las mujeres han tenido un protagonismo más acentuado que los varones. Varias cuestiones sostienen esta afirmación.

Primero, la socialista Clementina Ródenas se convirtió en la primera alcaldesa de València en enero de 1989, un periodo en el que la presencia de las mujeres era testimonial. Ródenas se mantuvo en el cargo hasta 1991 y su carrera política continuó como presidenta de la Diputación de València. Fue la mujer que rompió dos techos de cristal en un breve espacio de tiempo.

En segundo lugar: la popular Rita Barberá es otra de las excepciones en el páramo que fue para las mujeres la primera mitad de estos cuarenta años de autogobierno. Sucedió a Clementina Ródenas en la alcaldía en 1991 y mantuvo la vara de mando hasta 2015, año en que el PP perdió las elecciones. Prácticamente 25 años. Rita Barberá pulveriza el récord respecto a permanencia en el mismo cargo. Su carrera política continuó, además, hasta 2016, año en el que falleció. Sus treinta y tres años de carrera política ininterrumpida la sitúan en el club de quienes han permanecido más de tres décadas en cargos públicos. Barberá, además, fue la primera mujer que encabezó una lista para presidir la Generalitat y fue una de las primeras síndicas en Les Corts. Su liderazgo fue innegable y su nombre está unido a la política valenciana de las últimas cuatro décadas.

9.1.2. Alcaldías de Alicante

La fuerza de las mujeres en la alcaldía de la ciudad de València no es extensible a la lista de alcaldes y alcaldesas en la ciudad de Alicante: al frente del Ayuntamiento de Alicante en estas cuatro décadas ha estado un total de nueve representantes; siete hombres y dos mujeres. El mandato de la popular Sonia Castedo se extendió durante seis años, pero los varones han sido omnipresentes en las alcaldías de Alicante y han permanecido en el poder durante 37 años. La segunda mujer en llegar a la alcaldía fue Eva Montesinos (por el PSPV), pero fue una alcaldesa sustituta, ya que apenas estuvo unas semanas en el cargo.

9.1.3. Alcaldías de Castelló

El poder local en Castelló también tiene nombre de varones. Hasta 2015 sólo los hombres habían presidido el Ayuntamiento de la ciudad. La elección en 2015 de Amparo Marco como alcaldesa de Castelló es la excepción a la regla de poder político en el Ayuntamiento de Castelló, donde se da una sucesión ininterrumpida de hombres. Desde 1991 y hasta 2015, los populares estuvieron al frente de este ayuntamiento y nunca eligieron una mujer para encabezar la lista municipal.

10. ANÁLISIS DATOS GENERALES

10.1. Representación política por sexo

Trescientas personas, en su inmensa mayoría hombres, han formado parte de esa élite de la política valenciana. En total, 222 hombres han ocupado los cargos de mayor relieve y visibilidad frente a 78 mujeres. Porcentualmente, los hombres representan el 74% y ellas el 26%, es decir, el tercio del poder.

El 70% de esas 78 mujeres han accedido a los cargos bajo el paraguas del PSPV y el PP, partidos mayoritarios que prácticamente por periodos iguales (veinte años) han gobernado (en solitario o coaligados con otros partidos) las principales instituciones. Con todo, es el PP el que numéricamente más mujeres aporta a esta lista: 34 frente a las 21 aportadas por el partido socialista.

Cabe precisar que el PSPV gobernó en solitario al principio de la democracia (13 años), una etapa negra para las mujeres en el terreno de la política, ya que su acceso a cargos de responsabilidad fue prácticamente testimonial. Con todo, bajo el paraguas socialista se nombró a la primera consellera (Pilar Pedraza) y Clementina Ródenas se convirtió en la primera mujer en ser alcaldesa de València y presidir la Diputación de València. El impulso socialista al acceso de las mujeres al poder se concreta a partir de 2015 con los gobiernos paritarios del Botànic.

El PP gobernó las principales instituciones entre 1995 y 2015. En el ecuador de este periodo de veinte años, en 2007, el Gobierno socialista de Rodríguez Zapatero aprobó la ley de igualdad. La norma impulsa la entrada paulatina de las mujeres en estos espacios de poder.

La dinámica patriarcal del PP y PSPV se rompe con los partidos o coaliciones minoritarias que surgen o toman impulso después de la LOI. Compromís y Ciudadanos aportan a esta cima del poder analizada más mujeres que hombres.

Los partidos minoritarios de centro y regionalistas protagonistas en la primera etapa de la democracia (Unión Valenciana y UCD/CDS) ofrecen un claro sesgo de género en sus designaciones.

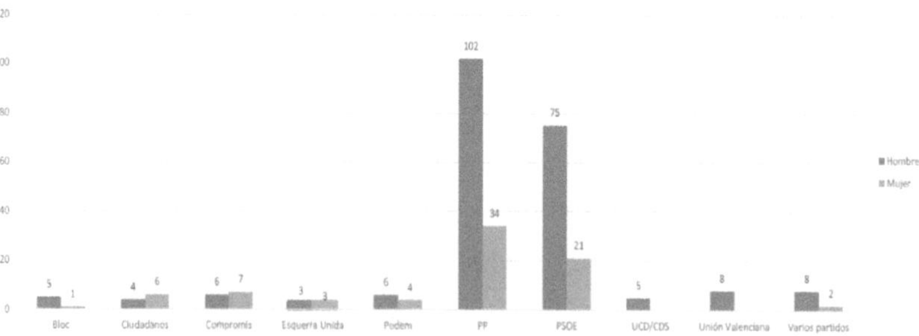

Fuente: Elaboración propia.

10.2. Permanencia en política por sexo

La hegemonía masculina en los puestos más altos de la política valenciana en estos cuarenta años resulta aún más evidente al sumar los años acumulados en cargos Así, la carrera política de todas estas personas suma un total de 4.574 años, de los que 3.464 son años de poder de los varones y 1.110, de las féminas. En suma, una brecha de género temporal de 2.300 años. Nada menos que 23 siglos.

Por partidos políticos, los representantes de los grandes partidos, PP y PSPV, son los que acumulan más años en política en consonancia con el tiempo que estas formaciones han gobernado las principales instituciones.

Ciudadanos es el único de los partidos analizados en el que la permanencia de las mujeres supera la de los hombres: 51 frente a 23 años. Por su parte, en Compromís la brecha de género temporal es la más reducida. La suma de los años en cargos públicos de esta coalición suma 93 años y, el de las mujeres, 85.

Respecto a la permanencia en política, la brecha es mucho menor si se analiza la media de tiempo que han permanecido los hombres y mujeres. Así, el tiempo medio de la carrera política en los hombres es de 15,7 años frente a los 14,2 años de permanencia media de las mujeres. Según estos datos, las mujeres han tenido muchas más dificultades que sus compañeros varones a la hora de acceder a determinados puestos, aunque una vez en la rueda del poder, extienden su carrera política. Cuestión diferente es la relevancia de los cargos acumulados y el destino una vez termina su vida política.

Los políticos varones encuentran con mayor facilidad acomodo en cargos relacionados con su actividad política o bien en ámbitos privados conectados con el poder.

La lista de las diez personas con la carrera política más dilatada está integrada por siete hombres y tres mujeres. Las personas con más tiempo de permanencia en política son, por este orden: Joan Lerma (45 años), Ciprià Ciscar y Ximo Puig (40 años), Andrés Perelló (38 años), José Cholbi, Miguel Valor (36 años), María Angels Ramón Llin, Carmen Martínez (35 años), Luis Díaz Alperi (34 años) y Rita Barberá (33 años). Cinco son cargos del PSPV y los otros cinco, del PP.

Un total de 34 cargos han acumulado más de 25 años en política. En el club con un cuarto de siglo a sus espaldas, sólo figuran cinco mujeres.

La hegemonía masculina en los espacios de poder en los primeros veinte años de autonomía permite, como muestra el gráfico a continuación, que los hombres no sólo fueran protagonistas en esa etapa sino que, al llegar antes, a muchos de ellos les resultó más fácil estirar su trayectoria política durante décadas.

Suma de años en política por partidos (1979-2023)

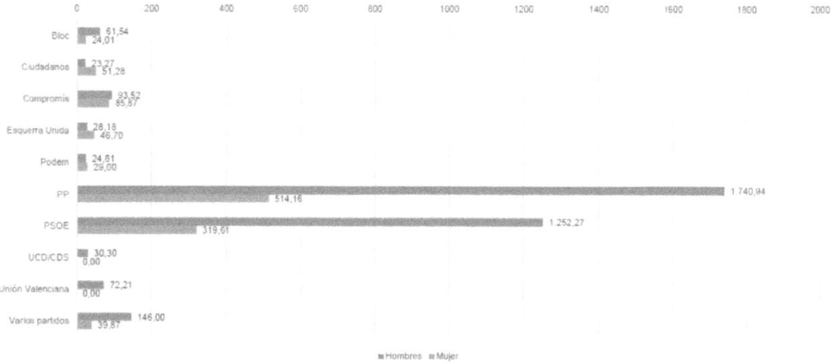

Fuente: Elaboración propia.

10.3. Edad de entrada y salida

Las principales conclusiones relativas al análisis sobre la edad de entrada y salida de la política de hombres y mujeres:

La edad media de entrada en el mundo de la política de los cargos seleccionados muestra muy poca diferencia por sexos y se sitúa en los 37,7 para los hombres y 31,1 para las mujeres. Por su parte, la edad media de salida es de 53,7 en los varones y de 51,2 en las mujeres.

El análisis por cohortes de edad respecto a la entrada y la salida permite afinar un poco más y encontrar sesgos de género. El 36% de los hombres alargan su carrera política más allá de los 57 años, una circunstancia que sólo ocurre en el 22% de las mujeres. El tramo de edad entre los 47 y 52 años es el que con mayor frecuencia se produce la salida del mundo político. En torno a 22% de los hombres y un 21% de las mujeres salen en esa etapa de la vida.

Respecto a la edad de entrada en política, los tramos de edad en los que con mayor frecuencia entran los hombres en política es la etapa que va desde los 28 hasta los 38 años. En el caso de las mujeres, se adelanta un poco más, entre los 23 y los 33.

10.4. Perfil académico/profesional

El perfil académico y/o profesional no muestra grandes diferencias en cuanto a sexo. La formación en Derecho (en cualquiera de sus ramas) es la más frecuente tanto en los hombres como en las mujeres de la muestra.

10.5. Cargo orgánico

El poder orgánico en la Comunitat Valenciana tiene, sobre todo, rostro de varón. En los últimos cuarenta años, una treintena de personas ha ejercido la máxima responsabilidad en las diferentes formaciones políticas valencianas. La inmensa mayoría (22) son hombres, mientras que sólo siete mujeres han tenido mando en plaza.

Los datos ponen de nuevo al descubierto las contradicciones en partidos como el PSOE que, aunque cuando han gobernado han impulsado las leyes más importantes en favor de la igualdad, de puertas para dentro siguen siendo reductos muy masculinizados. Desde 1979 hasta la actualidad, el PSPV ha contado con seis secretarios generales (Joan Pastor, Joan Lerma, Joan Romero, Jorge Alarte, Joan Ignasi Pla y Ximo Puig), pero ninguna mujer ha dirigido hasta ahora[3] este partido.

El Partido Popular de la Comunitat Valenciana, por su parte, ha tenido desde su constitución nueve presidentes regionales y una presidenta. La única mujer presidenta del PPCV, Isabel Bonig tomó las

---

3 Diana Morant fue elegida Secretaria General del PSPV-PSOE en marzo de 2024.

riendas del partido tras la derrota electoral de Alberto Fabra en 2015. Durante esa legislatura, fue elegida presidenta de los conservadores y optó en calidad de candidata a la presidir la Generalitat en 2019. La presión de la cúpula nacional del PP, en ese momento en manos de Pablo Casado, para operar un relevo en la presidencia del partido acabó con la salida de Bonig y la llegada de Carlos Mazón, actualmente presidente de la Generalitat.

La otra marcha destacada esta legislatura de mujeres que han ejercido un liderazgo innegable en política es la de la portavoz de Compromís y vicepresidenta del Consell, Mónica Oltra. Compromís y los partidos que integran esta coalición, así como Esquerra Unida han dado más protagonismo a las mujeres en el aparato orgánico.

En una democracia de partidos políticos como la existente en España y, por ende, en la Comunitat Valenciana haber ejercido un cargo orgánico de cierto relieve (aunque no sea necesariamente el más elevado) es un trampolín hacia el cargo público. El análisis de los datos así lo demuestra. Casi un tercio de los cargos públicos seleccionados formaron parte de la dirección del partido que amparó su nombramiento. Son 84 personas, de las cuales el 72% son hombres.

11. CONCLUSIONES

En el año 2007 existían razones de sobra para, en el ámbito de la participación política, adoptar medidas para allanar el acceso de las mujeres a los ámbitos de decisión. En ese momento, el desequilibrio de sexos en los espacios de poder era clamoroso y de ahí, la aprobación de la LOI que reguló el principio de presencia o composición equilibrada. La norma pretendía asegurar una representación "suficientemente significativa de ambos sexos en órganos y cargos de responsabilidad".

Dieciséis años después de la aprobación de esta ley, podemos concluir que la norma ha servido de aliento para ampliar la presencia de las mujeres en la política, aunque se ha quedado corta en lo que respecta al acceso a la cima del poder y a aquellos espacios en los que el equilibrio queda en manos de la voluntad de los partidos políticos.

El análisis cuantitativo de los espacios seleccionados revela que en estas cuatro décadas la representación de las mujeres se ha situado en una media del 26%. En lugares claves como la Mesa y la portavocía de las Corts o los gobiernos de la Generalitat, la representación ha sido del 30%, mientras que en las Diputaciones, el porcentaje baja al 19%. Las mujeres son la mitad de la población, pero apenas han tenido el tercio del poder.

El poder valenciano ha estado en manos de los hombres casi de forma exclusiva en las dos primeras décadas de la democracia. Ellos fueron los protagonistas y durante años se han resistido a hacer sitio a las mujeres. Existe con ellas una deuda histórica que hemos cifrado en 2.300 años. Sólo en el Consell, haría falta, al menos tres legislaturas con gobiernos formados exclusivamente por mujeres para saldar la deuda de preeminencia de consellers.

Esta deuda, además, compete a todos los partidos; a la izquierda y a la derecha ya que desde ambos lados se ha contribuido al saldo negativo. Los grandes partidos, PP y PSPV, son los que más años han estado al frente de las instituciones y, en este sentido, los que cargan con mayor responsabilidad de la infrarrepresentación de las mujeres. Ahora bien, también es cierto que bajo sus mandatos se rompieron los techos de cristal en los espacios analizados.

La democracia echó a andar con gobiernos y parlamentos monocolores en los que el papel de las mujeres fue, en términos generales, irrelevante. En estos inicios, sólo algunas mujeres, en cierto modo excepcionales, tuvieron un protagonismo destacado y formaron parte con nombre propio de esta historia.

En la última década y, con la llegada de gobiernos de coalición (PSPV, Compromís, Unides Podem), el avance en igualdad ha sido evidente: la paridad, por ejemplo, ha llegado al Consell. Además, la legislatura llegará a su fin con fotografías antaño impensables como son las de un Ejecutivo con más conselleras que consellers o una junta de sindicas en las Corts integrada exclusivamente por mujeres. Pero este avance no sólo ha costado, sino que es susceptible de dar pasos atrás.

No es posible cantar victoria porque la paridad no es siempre la primera opción. Además, como se ha visto en este trabajo, aún hoy rige la máxima de que cuando sólo hay un puesto y este toca la cima, con casi toda probabilidad será para un hombre. El histórico de senadores territoriales es un claro ejemplo de esta máxima y, sobre todo, la candidatura a presidir la Generalitat. El poder se elige entre iguales, pero no en igualdad.

Todavía hoy son necesarios cambios estructurales y culturales que permitan una democracia plena en el que las mujeres puedan incorporarse en igualdad de condiciones que los hombres al ejercicio de la política y que, al igual que ellos, puedan promocionar a los puestos de mayor responsabilidad sin tener que apearse a mitad del camino, sin ser sustituidas o intercambiadas.

La infrarrepresentación de las mujeres en los ámbitos de poder no se corregirá si los partidos sólo se ciñen a lo legalmente establecido. Que en cuarenta años ninguna mujer haya presidido la Generalitat y que en las elecciones de 2023 ninguna formación presesentó candidata con opciones reales de competir es una anomalía que evidencia que, en cuanto a poder e igualdad, se refiere, el reto continúa.

Edad, año de entrada y tiempo de permanencia (burburja)

Fuente: Elaboración propia.

BIBLIOGRAFÍA Y FUENTES CONSULTADAS

VENTURA FRANCH, A, "40 anys d' Estatut de Autonomía de la Comunitat Valenciana: de la promoció de la dona a la igualtat de les dones i homes", *Revista Valenciana de Reformes Democratiques,* nº 6, 2022, 205-222

SEVILLA MERINO, J. Mujeres y Ciudadania: La democracia paritaria, Col. leccio Quaderns Feministes, Valencia, 2004

SEVILLA MERINO, J."Las mujeres parlamentarias en la Legislatura Constituyente", Cortes Generales. *Ministerio de Presidencia.* Madrid, 2006

SEVILLA MERINO, J. "Mujeres y hombres en la vida política: las cuotas para las mujeres en los partidos políticos" *Aequalitas. Revista jurídica de igualdad de oportunidades entre mujeres y hombres,* nº 19, 2006

SEVILLA MERINO, J. "Paridad y leyes electorales "Igualdad ¿para qué?: a propósito de la Ley Orgánica para la Igualdad Efectiva de Mujeres y Hombres", *Comares,* 2007

Sevilla J., Ruiz J, Felipe J. Igualdad y Poder. "Un reto tras cuarenta años de autonomía". Valencia, 2023 https://drive.google.com/file/d/1XEZi9bEZixKSmc3YlW0d7ECRaOc5QZUa/view

Corts Valencianes: https://www.cortsvalencianes.es/

Diputació de Castelló: https://www.dipcas.es/va/

Diputació de València: https://www.dival.es/es

Diputació de Alacant: https://www.diputacionalicante.es/

Generalitat Valenciana: https://www.gva.es/

El derecho a la igualdad ante una emergencia sanitaria. ¿Cómo se encuentra nuestro ordenamiento jurídico para afrontar una nueva situación de excepcionalidad?

NAIARA ARRIOLA ECHANIZ
Profesora acreditada Titular de Derecho Constitucional
Universidad Pontificia Comillas-ICADE (Madrid)

SUMARIO: 1. INTRODUCCIÓN. 2. ¿UNIDAD VERSUS IGUALDAD? LA GESTIÓN (DES)CENTRALIZADA DENTRO Y FUERA DEL ESTADO DE EXCEPCIONALIDAD. 2.1. Estatal. 2.2. Autonómico. 3. MARCO (Y VACÍO) NORMATIVO APLICABLE Y APLICADO DURANTE LA CRISIS SANITARIA OCASIONADA POR LA COVID-19. 4. ANÁLISIS CRÍTICO DE LAS JURISPRUDENCIA CONSTITUCIONAL Y PROPUESTAS PARA UNA GESTIÓN (DES)CENTRALIZADA FUERA DEL ESTADO DE EXCEPCIÓN. 5. CONCLUSIONES. BIBLIOGRAFÍA.

1. INTRODUCCIÓN

Se viene entonando que son muchos los riesgos que acechan a la ciudadanía, todos ellos suponen (o pueden suponer) una amenaza para la seguridad en diversas manifestaciones, tales como: territorial, pública, individual, económica o sanitaria[1]. Como manifestaciones

---

1 Desde la sociología política, algunos de estos supuestos y, sobre todo, el concepto de "sociedad de riesgo" ha sido conceptualizado por Ulrich Beck en su obra. Sirva como botón de muestra: Beck, U., *La sociedad del riesgo: hacia una nueva modernidad*, Paidós, Barcelona, 2006. Desde una perspectiva del riesgo económico, aunque se aleja del objeto de estudio en lo sanitario, Beck analiza críticamente lo que implica un movimiento global y en esto si conecta con la pandemia derivada de la COVID-19, *vide*: Beck, U., Poder y

concretas de estos riesgos podríamos enumerar: las crisis medioambientales, los conflictos armados, el terrorismo yihadista, las ciberamenazas, las crisis económicas globales, los grandes flujos migratorios o la pandemia causada por la COVID-19 (que es la que nos va a ocupar en las líneas subsiguientes).

Todos estos ejemplos son de carácter global y, entre ellos, la crisis sanitaria ocasionada por la COVID-19 se materializó en una crisis epidemiológica global. Las medidas que adoptaron los Estados para confrontar la pandemia tensaron valores y bienes nucleares de las *politeias* actuales, tales como: derechos fundamentales de la ciudadanía, el Estado de derecho y la propia democracia. Supuestos como el acontecido ponen de manifiesto que en una situación excepcional hay que conciliar la extensión y el riesgo de la propia situación, con la menor lesión posible al ejercicio de las libertades y derechos fundamentales. Cabe añadir a esta ecuación conciliadora que los poderes públicos se basen en el principio de proporcionalidad para equilibrar su actuación en tal circunstancia de excepcionalidad planteada[2].

La crisis sanitaria ocasionada por la COVID-19 en España, concretizó en nuestro territorio las cuestiones que se acaban de apuntar en un ejemplo práctico y complejo que a día de hoy mantiene muchas preguntas sin respuesta. Algunas de las estas cuestiones se analizarán críticamente en este capítulo, aunque por limitaciones de espacio de este trabajo no todas ellas.

En España, ante la gestión de una crisis sanitaria de la magnitud de la ocasionada por la COVID-19, interactúan cuatro planos: dos de carácter territorial, nacional y autonómico; y dos de carácter jurídico-político, la idoneidad y proporcionalidad de las medidas adoptadas por las autoridades públicas competentes y el propio ordenamiento jurídico existente que debía y debe actuar como facilitador de la adopción de las mismas. Este ordenamiento jurídico tendrá que ser

---

contrapoder en la era global: la nueva economía política mundial, Paidós, Barcelona, 2004.

2 Serra Cristóbal, R. "Enfrentar riesgos para la seguridad sanitaria en el marco de un Estado de derecho. Lecciones a aprender de la COVID-19", *Teoría y Realidad Constitucional*, nº 53, 2023, pp. 232-233.

analizado a la luz de las sentencias dictadas por el TC antes las decisiones jurídico-políticas adoptadas en España como consecuencia de la crisis sanitaria.

El análisis que se propone en este capítulo se justifica por dos motivos: uno, desde un punto de vista jurídico, la inacción es la pauta predominante una vez que las reformas acontecidas, tanto a nivel estatal como autonómico, han sido declaradas inconstitucionales por el Alto Tribunal; dos, a lo anterior se añade la posibilidad de que pueda darse una situación de crisis, mantienen de actualidad esta cuestión sanitaria global a medio e, incluso, corto plazo[3].

En España, el art. 1.1 LOAES vincula la declaración de alguno de los estados de excepcionalidad (alarma, excepción o sitio) a la concurrencia de «(…) circunstancias extraordinarias [que] hiciesen imposible el mantenimiento de la normalidad mediante los poderes ordinarios de las Autoridades competentes». En consecuencia, el estado de excepcionalidad establece un marco de acción para los poderes gubernamentales, definiendo quién, cuándo y bajo qué condiciones se pueden limitar o suspender, según los casos, los derechos fundamentales durante un período determinado, con el propósito de restablecer la normalidad.

Si se sigue un concepto-racional normativo de Constitución y su naturaleza es la de noma jurídica superior del ordenamiento jurídico, debemos garantizarla a través de reglas jurídico-constitucionales. Máxime ante una situación de excepcionalidad. El Derecho de excepción (o Derecho excepcional) se fundamenta en el mantenimiento sustancial del orden constitucional en situaciones de crisis, si bien, "con la previsión de una serie de competencias extraordinarias taxativamente enumeradas, que suponen la suspensión de la Constitución en alguno de sus extremos, pero solo de forma temporal, ciñéndose a la imprescindible limitación de derechos y manteniendo

3 Mateu, P., "¿Estamos preparados? La OMS advierte de que tarde o temprano habrá una nueva pandemia" [en línea], *National Geographic España.* 10 abril 2024, <https://www.nationalgeographic.com.es/ciencia/estamos-preparados-oms-advierte-que-tarde-temprano-habra-nueva-pandemia_21603> [Consulta: 18/06/2024].

los debidos controles parlamentarios sobre el ejercicio de esas competencias extraordinarias que puede asumir el Gobierno"[4].

El Derecho de excepción legitima la respuesta del Estado para protegerse, bien sea previniendo bien sancionando, y ofrece los medios jurídicos necesarios para su protección y permanencia. Y la respuesta del Estado debe pivotar alrededor de esta máxima: la democracia debe protegerse respetando sus propios valores y principios[5]. Siguiendo a Kelsen, la igualdad, como principio, es esencial para la democracia, ya que la democracia aspira a ser una sociedad de colaboración entre iguales. En palabras de TORRES DEL MORAL, "la democracia no es un régimen éticamente neutral o agnóstico, sino que profesa unos valores, una ética que se vierte en el Ordenamiento jurídico"[6]. Por tanto, la democracia española y la Constitución que le da forma jurídica no son éticamente agnósticas y tienen unos valores propugnados desde el art. 1.1 CE: "(...) la libertad, la justicia, la igualdad y el pluralismo político".

El TC en jurisprudencia sentada ha determinado que el sistema de fuentes del derecho de excepción lo conforman: la Constitución, la Ley Orgánica 4/1981 y la decisión gubernamental por la que se declara el estado de alarma. De este modo, la legalidad excepcional que contiene la declaración gubernamental desplaza durante el estado de alarma la legalidad ordinaria en vigor, en la medida en que viene a excepcionar, modificar o condicionar durante ese periodo la aplicabilidad de determinadas normas, tales como: Leyes, normas o disposiciones con rango de Ley, cuya aplicación puede suspender o desplazar[7].

En las páginas que siguen se abordará en primer lugar la regulación prevista en España para una crisis sanitaria de la magnitud de la

---

4 Serra Cristóbal, R., ob. cit., p. 242.

5 Aba Catoira, A. "El Estado de alarma en España". *Teoría y Realidad Constitucional*, núm. 28, 2011, p. 316.

6 Torres del Moral, A. "Terrorismo y principio democrático". *Revista de Derecho Político*, núm. 78, 2010, p. 145.

7 STC 148/2021, de 14 de julio de 2021. JF 1, donde también se citan los siguientes pronunciamientos del TC: ATC 7/2012, de 13 de enero, FFJJ 3 y 4, la STC 83/2016, de 28 de abril, FJ 10.

pandemia derivada por la COVID-19. Después se revisarán, desde un punto de vista crítico, las sentencias del Tribunal Constitucional ante los Reales Decretos por el Gobierno y las posibles respuestas antes los recursos de inconstitucionalidad planteados contras las normas gallega y vasca. Además, se analizarán también los acuerdos que se adoptaron por las CCAA gallega y vasca para anular las elecciones autonómicas durante la pandemia. La cuestión de fondo que guiará este análisis y que se responde en las conclusiones es la siguiente: ¿cómo podría afectarse en el futuro ante una nueva pandemia?, ¿podría prepararse nuestro ordenamiento jurídico para ese posible escenario garantizando el principio de igualdad y la seguridad jurídica? Las reformas que se proponen en las conclusiones garantizan el principio de igualdad, y concretamente respecto de las distintas medidas adoptadas a nivel autonómico en equilibrio con el conjunto del estado y el principio de lealtad.

2. ¿UNIDAD *VERSUS* IGUALDAD? LA GESTIÓN (DES)CENTRALIZADA DENTRO Y FUERA DEL ESTADO DE EXCEPCIONALIDAD

Biglino ha señalado que, desde la entrada en vigor de la Constitución de 1978, ningún fenómeno ha provocado un impacto de tal intensidad sobre nuestro orden constitucional como el que ha generado tener que hacer frente a la crisis sanitaria consecuencia de la COVID-19[8].

En España esta crisis sanitaria mantiene muchas cuestiones jurídicas sin regular. Entre ellas este capítulo analizará críticamente las tensiones que esta crisis y su pandemia conexa han supuesto para

---

8 Biglino Campos, P. "Introducción: los efectos horizontales de la covid" en Biglino Campos, P.; Durán Alba, J.F. (dirs.), *Los efectos horizontales de la Covid-19 sobre el sistema constitucional: estudios sobre la primera oleada.* Zaragoza: Fundación Manuel Giménez Abad, 2021, p. 1; Biglino Campos, P. "La resiliencia de nuestro sistema constitucional: introducción" en Álvarez Vélez, M.I. (coord.), *El Estado constitucional pospandemia: ¿crisis o fortalecimiento?* Tirant lo Blanch, Valencia, 2023, pp. 13-16.

España como Estado autonómico, tanto cuando el Derecho de excepción reclamó un mando centralizado, como cuando se instauró la "autoridad competente delegada" y la "cogobernanza" previstas en el Real Decreto 926/2020, de 25 de octubre, en un intento de acoger una fórmula descentralizada dentro del Derecho de excepción aun cuando se trata de una regulación de dudoso encaje constitucional.

Como se avanzaba en la introducción, en la crisis sanitaria (y jurídica, si se permite la apreciación) interactúan cuatro planos: dos de carácter territorial, nacional y autonómico; y dos de carácter jurídico-político, la idoneidad y proporcionalidad de las medidas adoptadas por las autoridades públicas competentes y el propio ordenamiento jurídico existente que debía y debe actuar como facilitador de la adopción de las mismas. En este apartado se afrontarán las dos primeras.

2.1. Estatal

El plano estatal de ordenación y regulación de esta pandemia se centra en los dos estados de alarma declarados en 2020 al amparo de la CE y de la LOAES. Más adelante, se revisarán críticamente gracias a las dos SSTC emitidas en relación con ellos.

La fuente normativa básica para la declaración del primer estado de alarma fue el Real Decreto 463/2020, de 14 de marzo, por el que se declaraba el estado de alarma para la gestión de la situación de crisis sanitaria ocasionada por el COVID-19. BOE núm. 67 de 14 de marzo de 2020[9].

---

9 Desde una perspectiva constitucional, el RD 463/2020 (y sus sucesivas prórrogas) abren una miríada de cuestiones, relativas a las limitaciones impuestas respecto de determinados los derechos fundamentales, por todos sabido: circulación desarrollo de actividades económicas y reunión (arts. 7, 10 y 11 RD 463/2020). Por limitaciones de espacio y porque se alejan d la temática concreta que nos ocupa nos remitimos a los análisis críticos que sobre estas cuestiones ha publicado la doctrina constitucionalista. Sobre esta cuestión, *vide*, entre otros: Arroyo Gil, A. "La limitación de los derechos fundamentales en el contexto del estado de alarma" en en Carmona Contreras, A.M.; Rodríguez Ruíz, B. (coords.), *Constitución y pandemia el Estado*

La fundamentación jurídica de la declaración del Estado de alarma el 14 de marzo de 2020: el art. 4. b), de la LOAES, habilita al Gobierno para, en el ejercicio de las facultades que le atribuye el artículo 116.2 de la Constitución, declarar el estado de alarma, en todo o parte del territorio nacional, cuando se produzcan crisis sanitarias que supongan alteraciones graves de la normalidad.

La comparecencia del Presidente del Gobierno para dar cuenta al Congreso de los Diputados de la declaración del estado de alarma, en cumplimiento del artículo 116.2 CE 1978, se celebró el día 18 de marzo. La Junta de Portavoces, ese mismo día, convocó un pleno para el 25 de marzo a las 15:00 donde se debatirá la prórroga o no de dicho estado de alarma (artículo 116.2 CE 1978).

Este estado de alarma se mantuvo hasta el 12 de abril de 2020, por el Real Decreto 476/2020, de 27 de marzo. La segunda prórroga se adoptará hasta el 26 de abril de 2020 por el Real Decreto 487/2020, de 10 de abril. La tercera prórroga durará hasta el 10 de mayo de 2020, según establece el Real Decreto 492/2020, de 24 de abril. La cuarta prórroga se declarará hasta el 24 de mayo de 2020, según el Real Decreto 514/2020, de 8 de mayo de 2020. La quinta prórroga será hasta el 7 de junio de 2020, en virtud del Real Decreto 537/2020, de 22 de mayo. Y, finalmente, la sexta prórroga se adoptará hasta el 21 de junio de 2020, en virtud del Real Decreto 555/2020, de 5 de junio.

---

ante la crisis sanitaria, Tirant lo Blanch, Valencia, pp. 241-278; De Montalvo Jääskeläinen, F. "Limitación de derechos fundamentales y requisitos constitución de previsión normativa en tiempos de pandemia" en Álvarez Vélez, M.I. (coord.). *El Estado constitucional pospandemia: ¿crisis o fortalecimiento?* Valencia: Tirant lo Blanch, 2023, pp. 35-60; Lepsius, O. "Protección de los derechos fundamentales en la pandemia del coronavirus". *Teoría y Realidad* Constitucional, núm. 47, 2021, pp. 71-96; Fernández de Casadevante Casamayor, P. "Los derechos fundamentales en estado de alarma: una suspensión inconstitucional", *Revista Vasca de Administración Pública. Herri-Arduralaritzako Euskal Aldizkaria,* nº. 119, 2021, pp. 59-99; Penadés de la Cruz, A.; Garmendia Madariaga, A. (coords.). *Informe sobre la democracia en España 2020. El año de la pandemia,* Fundación Alternativas, Madrid, 2021.

La disposición final primera del RD 463/2020 ratificó las medidas adoptadas por las autoridades competentes de las Administraciones Públicas como sigue:

> "1. Quedan ratificadas todas las disposiciones y medidas adoptadas previamente por las autoridades competentes de las comunidades autónomas y de las entidades locales con ocasión del coronavirus COVID-19, que continuarán vigentes y producirán los efectos previstos en ellas, siempre que resulten compatibles con este real decreto.
> 2. La ratificación contemplada en esta disposición se entiende sin perjuicio de la ratificación judicial prevista en el artículo 8.6.2º de la Ley 29/1998, de 13 de julio".

Las autoridades competentes en todo el territorio nacional (artículo 2 RD 463/2020) para los 15 días naturales (artículo 3 RD 463/2020) en los que se ha declarado el estado de alarma son: el Presidente del Gobierno como autoridad competente (artículo 4.1 RD 463/2020) y, bajo la superior dirección de éste, serán autoridades competentes delegadas, en sus respectivas áreas de responsabilidad (artículo 4.2 RD 463/2020): la Ministra de Defensa; el Ministro del Interior; el Ministro de Transportes, Movilidad y Agenda Urbana y el Ministro de Sanidad quien, además, será autoridad competente delegada en las áreas de responsabilidad que no recaigan en la competencia de alguno de los tres Ministros anteriores. Además, durante la vigencia del estado de alarma quedó activado el Comité de Situación previsto en la disposición adicional primera de la Ley 36/2015, de 28 de septiembre, de Seguridad Nacional, como órgano de apoyo al Gobierno en su condición de autoridad competente (artículo 4.4 RD 463/2020). Asimismo, todos los Cuerpos y fuerzas de seguridad del Estado los Cuerpos de Policía de las comunidades autónomas y de las corporaciones locales quedaron bajo las órdenes directas del Ministro del Interior, a los efectos de este real decreto (artículo 5.1 RD 463/2020) y, en aquellas comunidades autónomas que cuenten con cuerpos policiales propios, las Comisiones de Seguimiento y Coordinación previstas en las respectivas Juntas de Seguridad establecieron los mecanismos necesarios para asegurar las limitados previstas en el presente RD (artículo 5.3 RD 463/2020). Como se percibe de lo antedicho, en este RD se mantuvo un mando centralizado siguiendo la línea del Derecho de excepción previsto en el texto constitucional y en su normativa de desarrollo.

En el informe del Consejo de Estado, de 22 de marzo de 2021, se aclara que a partir del momento en el que se produce la declaración de un estado de alarma —definida como una situación de anormalidad constitucional—, se origina a su vez la alteración del reparto competencial ordinario, puesto que ambos órdenes de competencias no son alternativos ni excluyentes. Con la declaración del estado de alarma es el Gobierno la autoridad competente, tal como señala la LOAES, aunque, por delegación de este, se podrán conferir competencias al Presidente de la CA para cuyo territorio se decrete (art. 7 LOAES)[10]. Respecto del reparto competencial, la declaración del estado de alarma en 2020 no impidió que las autoridades sanitarias pudieran acordar, al amparo de la legislación sanitaria estatal o autonómica, otras medidas distintas de las acordadas por el Gobierno en dicha declaración. De hecho, la LOAES prevé, para los estados de alarma declarados con ocasión de una crisis sanitaria, que la autoridad competente pueda adoptar, por sí, según los casos, además de las medidas previstas en la propia LOAES, las establecidas en las normas para la lucha contra las enfermedades infecciosas (art. 12 LOAES). A partir de aquí, Álvarez Vélez señala que podemos sacar dos consecuencias: "en primer lugar, que, además de las medidas que ya se adoptaban en los decretos de declaración del estado de alarma, las autoridades sanitarias competentes, bien fueran estatales o autonómicas, podrían adoptar otras medidas al amparo de la legislación sanitaria, y, en segundo lugar, que esas medidas tenían como límite ser compatibles con las previstas en los mencionados decretos, pues, en caso contrario, podrían incurrir en un vicio de inconstitucionalidad"[11].

El segundo estado de alarma se declaró por el Real Decreto 926/2020, de 25 de octubre, vigente hasta el 9 de noviembre de 2020, pero sería prorrogado el 3 de noviembre por 6 meses más, a

---

10 Dictamen del Consejo de Estado de 22 de marzo de 2021, exp. n.º 213/2021.

11 Álvarez Vélez, M.I., "Reparto competencial en materia sanitaria y las complicaciones surgidas durante el estado de alarma en España", *Revista Española de Derecho Constitucional*, nº 128, 2023, pp. 104-105.

propuesta del Gobierno y autorizado por el Congreso (Real Decreto 956/2020), y su finalización se produjo el 9 de mayo de 2021.

Así entre el primer y el segundo RD de declaración del estado de alarma las diferencias en la cuestión que nos ocupa fueron notables. En primer término, el segundo RD es descentralizador, se introdujo la "cogobernanza" y, con ella, el protagonismo de las CCAA en la gestión (y no sólo en la ejecución) de la pandemia. Para Solozábal, ello no tiene nada de extraño, dadas las competencias autonómicas en materia sanitaria, aunque pueda surgir incertidumbre sobre la capacidad del Estado para efectuar la coordinación en este sector. En segundo lugar, el segundo RD dispuso un modo de colaboración entre el derecho estatal y el autonómico, que podemos denominar de círculos concéntricos, y cuya peculiaridad es que no sigue la pauta que atribuye al Estado la determinación de los criterios fundamentales. En tercer lugar, las destinatarias del Real Decreto 926/2020 son las CCAA y también la ciudadanía que quedarían sujetas a los dos órdenes normativos (general y autonómico), ya que, para la clarificación del derecho autonómico, se requiere del marco del derecho estatal. Además, en cuarto lugar, la regulación se promulgó con carácter sumario y escasamente se atenía a las exigencias del TC o la Comisión de Venecia respecto de los estándares de la limitación de derechos o de la legislación excepcional. Concretamente en España, ni las medidas limitadoras a adoptar por las Comunidades Autónomas; ni la habilitación que se promulgó a favor del Consejo Interterritorial del Sistema Nacional de Salud, para que ejerciera sus funciones de coordinación, se establecieron sin condicionamiento alguno. Por último y, en quinto lugar, los términos en que se preveía la conexión entre el derecho estatal y el autonómico no fue muy convincente. En este segundo RD se contemplaba una actuación delegada por parte del Presidente del Gobierno en los gobiernos autonómicos, con una habilitación prácticamente en blanco, pues estos tienen un amplio margen discrecional, aunque sea con un carácter cumplimentador, que se lleva efecto sin guías y con dos vías de control peculiares: *a priori*, consistente en un deber de información por parte de las autoridades delegadas autonómicas de las medidas limitadoras al Ministerio de Sanidad; y un control parlamentario *a posteriori*: estatal y autonómico. Primero, el control parlamentario estatal, imponiéndose al Ministro de Sanidad, en caso de prórroga, la comparecencia quincenal ante la Comisión de Sanidad y Consumo del Congreso de los Diputados para dar cuenta de la aplicación de las medidas previstas en el RD. Segundo, el control parlamentario autonómico, quedando para los parlamentos autonómicos el control del desarrollo normativo del Decreto de alarma a cargo de los Gobiernos respectivos, según lo previsto en cada caso por cada CA[12].

Solozábal profundiza en la cuestión de la verificación del control, debido a que no quedó facilitada por la larga duración de la prórroga establecida y, a su juicio, manifiestamente infringe el principio de proporcionalidad, al que por exigencias de la propia LOEAS deberían quedar obligados tanto el Gobierno que solicita la prórroga como el Congreso que la otorga. Resultando asimismo desmesurada la previsión de la Disposición final del RD que consiente su modificación, aunque comunicada, al Congreso, amparándose indebidamente en la LOAES[13]. Sin embargo, el art. 8.2 LOAES estable que "El Gobierno también dará cuenta al Congreso de los Diputados de los decretos que dicte durante la vigencia del estado de alarma en relación con éste" y, por tanto, no cubre la modificación del RD de declaración del estado de alarma, sino su desarrollo por vía reglamentaria, y no su rectificación o ampliación[14].

2.2. Autonómico

Con el plano autonómico de este trabajo se cuestiona la capacidad de intervención y regulación de las CCAA en esta pandemia dentro del marco de los dos estados de alarma declarados en 2020

---

12 Solozábal Echavarría, J.J, "El estado de alarma y el derecho de crisis en nuestro sistema constitucional", *Anuario de la Facultad de Derecho de la Universidad Autónoma de Madrid*, nº 2, 2021, pp. 27-28.

13 Disposición final primera del RD 926/2020 de 25 de octubre: «Durante la vigencia del Estado de alarma declarado por este Real Decreto, el Gobierno podrá dictar sucesivos decretos qué modifiquen lo establecido en este, de los cuáles habrá de dar cuenta al Congreso de los diputados, de acuerdo con lo previsto en el artículo octavo dos de la Ley Orgánica 4/1981 de 1 de junio».

14 Solozábal Echavarría, J.J., El estado de alarma y el derecho de crisis... ob. cit., p. 28.

al amparo de la CE y de la LOAES. Esta cuestión se revisará también más adelante gracias a las SSTC emitidas en relación con el tema que nos ocupa.

La declaración de un escenario excepcional justifica la centralización que permite llevar a tal efecto. Esta centralización busca la unidad de decisión política y de gestión administrativa. Según Solozábal Echavarría, la declaración del Estado de alarma supone «el desplazamiento del derecho autonómico», como consecuencia de la centralización y la subordinación de las autoridades autonómicas a ese Derecho de excepción. El Derecho autonómico, no importa su rango, queda desplazado como consecuencia de la declaración y «no estamos ante un conflicto competencial»[15]. Esta capacidad desplazatoria se refiere no solo al Decreto, sino también a las órdenes dictadas en su ejecución durante el tiempo del estado de alarma, respecto del primer estado de alarma declarado por el Real Decreto 463/2020, de 14 de marzo.

Tras finalizar primer estado de alarma, el 21 de junio de 2020, y, por tanto, restablecido el reparto competencial en materia de sanidad por las CCAA, esto es, el Estado: legislación y garantía de los derechos fundamentales, legislación y ejecución de los estados de excepcionalidad y legislación sanitaria; y las CCAA: legislación y ejecución sanitarias (sistemas de salud y atención de los mayores, respecto de la cuestión que nos ocupa).

En el periodo intermedio de desescalada (entre el primer y el segundo estado de alarma), diversas Administraciones autonómicas se vieron en la necesidad de adoptar una serie de medidas para controlar los contagios y garantizar la salud, medidas que continuaron limitando derechos fundamentales de la ciudadanía[16]. Entre las medidas adoptadas, se estableció la obligatoriedad del uso de mascarillas; se decretaron confinamientos de poblaciones que limitaban drásticamente el derecho a la libre circulación; e, incluso, se impidió

---

15 *Ibidem*, p. 26.

16 Sáenz Royo, E, "Estado autonómico y COVID-19", *Teoría y Realidad Constitucional*, nº 48, 2021, pp. 380-388.

el derecho de sufragio (de grupos de ciudadanos con COVID) en las elecciones celebradas en Galicia y Euskadi[17].

Siguiendo con esta senda, tras finalizar el segundo estado de alarma, el 9 de mayo de 2021, y en un intento de garantizar la superación de la crisis sanitaria, las CCAA se toparon con dificultades para mantener o adoptar las medidas sanitarias autonómica que hasta el momento se habían implementado bajo el paraguas del estado de alarma. Esta situación vivida por las CCAA pone de manifiesto dos cuestiones: una, en tiempos de excepción se debe aplicar la regulación de excepcionalidad, en función de lo previsto en el marco constitucional y, dos, la afección de los derechos fundamentales pende del Estado y se podrán adoptar medidas limitantes de los mismos recurriendo a los instrumentos constitucionalmente idóneos (en el caso que nos ocupa se entendió que tal instrumento era el estado de alarma)[18]. Otra cuestión conexa que orienta el presente trabajo es la necesidad de reformular la LOAES a la luz de la experiencia de la crisis sanitaria de 2020 y de las sentencias emitidas por el TC ya que serán las guías que tendrán nuestros futuros gobernantes, estatales y autonómicos, en caso de una nueva situación de pandemia global. Para ello se tendrán presentes los principios de coordinación y cooperación, claves en nuestro Estado autonómico (sin olvidar el contrapunto del principio de la igualdad).

Durante el segundo estado de alarma, con la fórmula de habilitación a las autoridades sanitarias de las CCAA y en el ejercicio de las posibilidades que brindaba este, asistimos a una miríada de respuestas por parte de los gobiernos autonómicos, que fueron diferentes no solo a raíz de las diversas situaciones epidemiológicas en las que se encontraba cada uno de esos territorios, sino también por las opciones políticas por las que se decantó cada uno de ellos para hacer frente las manifestaciones que el problema sanitario tuvo en sus distintos territorios. A modo de ejemplo podemos mencionar la comparativa

---

17 Serra Cristóbal, R., ob. cit., p. 244.

18 Carmona Contreras, A.M., "La gestión de la pandemia en clave territorial: Estado autonómico y crisis sanitaria" en Carmona Contreras, A.M.; Rodríguez Ruíz, B. (coords.), *Constitución y pandemia el Estado ante la crisis sanitaria*, Tirant lo Blanch, Valencia, 2021, pp. 169-179.

entre las medidas que se tomaron en la Comunidad Autónoma de Euskadi y la Comunidad de Madrid. La segunda con cifras elevadísimas de contagios, hospitalizaciones y muertes por COVID-19, optó por medidas mucho menos restrictivas respecto del normal ejercicio de derechos que otras Comunidades con unas cifras de damnificados por la enfermedad[19].

3. MARCO (Y VACÍO) NORMATIVO APLICABLE Y APLICADO DURANTE LA CRISIS SANITARIA OCASIONADA POR LA COVID-19

La crisis sanitaria ocasionada por la COVID-19, por su complejidad y la miríada de aristas que tenía, requirió de la aplicación o, al menos, una lectura detenida de unos cuantos artículos de la CE 1978. Por comenzar con una categorización de carácter general se podría distinguir un par de artículos propios del Derecho de excepción, del grupo de aquellos relacionados con los derechos fundamentales.

Dos artículos reconocen el Derecho de excepción en nuestra Constitución y estos son el art. 55.1 CE 1978, relativo a la suspensión de derechos y libertades para el supuesto de declaración de un estado de excepción, y el art. 116 CE 1978, regulador de los estados de alarma, de excepción y sitio; del grupo de aquellos relacionados con los derechos fundamentales. En este trabajo no nos vamos a centrar en el Derecho de excepción en su conjunto sino en el estado de alarma. Presno Linera señala que, a la luz de su configuración actual, este estado no existió en nuestra historia constitucional anterior a 1978[20].

Y en respecto de la regulación constitucional de derechos distinguiría los artículos (conexos con o propiamente dichos) del derecho a la salud de aquellos que regulaban el resto de derechos que se vieron afectados por la acción de los poderes públicos en un intento

---

19 Serra Cristóbal, R., ob. cit., p. 238.

20 Presno Linera, M.A. "El estado de alarma en crisis". *Revista de las Cortes Generales*, núm. 111, 2021 (segundo semestre), p. 137.

de contener los contagios derivados de la pandemia. Atendiendo al objeto investigación del presente trabajo nos vamos a centrar en el primero de ambos, esto es, en lo relativo al derecho a la salud. El art. 43 CE 1978 sería el pórtico de apertura de este grupo, con su reconocimiento del derecho a la protección de la salud.

Solozábal define el derecho a la salud como un derecho fundamental en virtud de su intrínseca relación con la dignidad de la persona (por todos sabido, art. 10.1 CE 1978). En consecuencia, alguien que no reciba una protección de su salud adecuada debería ser vista como una persona a quien se le ha negado un trato digno. La dignidad es un concepto dinámico cuya interpretación o significado y, precisamente, en el contexto actual del Estado social, parece indiscutible que la dignidad abarca también el derecho a la salud[21].

Respecto a la gestión del derecho a la salud, esto es la sanidad, la prestación de la debida asistencia sanitaria a la ciudadanía, nuestra Constitución asigna al Estado la competencia exclusiva sobre "Sanidad exterior. Bases y coordinación general de la sanidad. Legislación sobre productos farmacéuticos" (art. 149.1.16ª CE 1978) y a las CCAA podrán asumir las competencias en "Sanidad e higiene" (art. 148.1.21ª CE 1978). Como precisa Álvarez Vélez, "las comunidades autónomas tienen competencias en el desarrollo legislativo y ejecución de la legislación básica del Estado en materia de sanidad interior e higiene, así como en la gestión de estas competencias, en la ordenación y establecimientos farmacéuticos, en lo relativo a la ejecución de la legislación del Estado en los productos farmacéuticos y, por último, en las instituciones, servicios sanitarios y en lo que se refiere a la coordinación hospitalaria"[22].

Como cierre al reparto competencial señalado habría que tener presente el art. 158.1 CE 1978 que permite la asignación presupuestaria del Estado a favor de las CCAA "(...) en función del volumen de los servicios y actividades estatales que hayan asumido y de la garantía

---

21 Solozábal Echavarría, J.J., *Bases constitucionales de una posible política sanitaria en el Estado autonómico* [en línea], Fundación alternativas, Madrid, 2006, p. 16, <https://fundacionalternativas.org/> [Consulta: 19/05/2025].

22 Álvarez Vélez, M.I., "Reparto competencial en materia sanitaria... ob. cit., pp. 117-118.

de un nivel mínimo en la prestación de los servicios públicos fundamentales en todo el territorio español".

En relación con Ley Orgánica 4/1981, de 1 de junio, de los estados de alarma, excepción y sitio el objeto de debate está en la naturaleza de las tres tipologías de estados, concretamente, en relación con el supuesto habilitante para la declaración del estado de alarma y sus respectivas autoridades competentes[23].

Basta señalar en este momento que la LOAES no está preparada para el reparto competencial de España, como tampoco lo estaba a fecha de 14 de marzo de 2020. En palabras de Presno Linera, esta posible disfuncionalidad se debe a que la LOAES se aprobó cuando el Estado autonómico español estaba comenzando a desarrollarse —aún no se habían aprobado la mayoría de los estatutos de autonomía— y muchas de las cuestiones susceptibles de afectación por un estado de alarma (sanidad, protección civil, medio ambiente, consumo...) son ahora competencia, en buena parte, de las CCAA[24].

Siguiendo con el objeto investigación del presente trabajo nos vamos a centrar en las normas de rango legal del Derecho sanitario estatal. Su aplicación se tensionó durante la crisis sanitaria ya que el carácter "individualizado" de las restricciones y la limitación de los derechos fue social, política y doctrinalmente discutido, lo que nos lleva a considerar la necesidad de su reforma, sobre todo, de cara una nueva situación de excepcionalidad que requiera de su aplicación.

- La Ley Orgánica 3/1986, de 14 de abril, de Medidas Especiales en Materia de Salud Pública, que permite restringir derechos fundamentales si se cuenta con autorización de un juez para situaciones individualizadas (o individualizables) y justificadas de manera exhaustiva.

---

23 Ley Orgánica 4/1981, de 1 de junio, de los estados de alarma, excepción y sitio. «BOE» núm. 134, de 05/06/1981.

24 Presno Linera, M.A., "El estado de alarma... ob. cit., p. 157.

- La Ley 14/1986, de 25 de abril, General de Sanidad, que, al no ser una Ley Orgánica, no permite limitar derechos fundamentales, como es la libertad de circulación de las personas, pero sí habilita a las autoridades a que adopten las medidas preventivas que estimen oportunas (artículo 26).
- La Ley 16/2003, de 28 de mayo, de cohesión y calidad del Sistema Nacional de Salud, donde se desarrolla una regulación jurídica de coordinación sanitaria de carácter sectorial (artículo 65).
- La Ley 33/2011, de 4 de octubre, General de Salud Pública, que establece que las autoridades podrán adoptar, de manera extraordinaria, aquellas medidas que consideren necesarias para asegurar el cumplimiento de la Ley (artículo 54).

Con el objetivo de contener la propagación de la infección causada por el virus y hacer frente a las diferentes olas de contagios que se iban produciendo se decretaron tres estados de alarma en nuestro país, dos de alcance en todo el territorio nacional y uno para la Comunidad de Madrid[25]. Los dos RD se han analizado *supra* Real Decreto 463/2020 y el Real Decreto 926/2020, teniendo en cuenta las limitaciones de espacio y el objeto del presente trabajo. Por tanto, nos remitimos a la lectura de las líneas precedentes. No obstante, sirva como resumen de lo antedicho la siguiente tabla:

---

25 Estado de alarma declarado por el Real Decreto 900/2020, 9 de octubre, para los siguientes municipios de la Comunidad Autónoma de Madrid: Alcobendas, Alarcón, Fuenlabrada, Getafe, Leganés, Madrid, Móstoles, Parla y Torrejón de Ardoz. Con vigencia del 9 al 24 de octubre. Durante el periodo establecido se cerraron perimetralmente estos municipios salvo para aquellos desplazamientos justificados por motivos tasados, como podían ser: cumplimiento de obligaciones laborales, asistencia a centros sanitarios, asistencia a centro educativo, realización de exámenes o pruebas, retorno al lugar de residencia habitual.

Normativa reguladora de la emergencia sanitaria	Autoridad competente	
	Estado	**CCAA**
Real Decreto 463/2020, de 14 de marzo	Centralización reforzada	Tras la experiencia de varios meses y la distinta situación de los niveles de contagios se volvió al reparto competencial autonómico
Real Decreto 926/2020, de 25 de octubre	Marco de restricción de DDFF aplicable a todo el territorio[26]	Se declaraba al Presidente de la CA o ciudad autónoma "autoridad competente delegada" que podía concretarlas dentro del marco establecido en el RD
	Conductos de coordinación: El Consejo Interterritorial del Sistema Nacional de Salud (art. 13 RD 926/2020).	

En la situación vivida derivada de la pandemia de la COVID-19, hay una circunstancia inaudita en nuestra democracia que es la suspensión electoral (sin base jurídica, ni constitucional ni legal) que se dio respecto de las elecciones vascas y gallegas del 5 de abril de 2020,

---

26 Sirvan como botón de muestra del marco de restricción de DDFF competencia del Estado y de la "autoridad competente delegada" los siguientes: el art. 5 limitaba la circulación de las personas por las vías o espacios de uso público entre las 23:00 y las 6:00 horas excepto para supuestos justificados y tasados. La autoridad competente delegada podía determinar, en su ámbito territorial, su inicio entre las 22:00 y las 00:00 horas y su fin entre las 5:00 y las 7:00 de la mañana. El art. 6 decretaba el cierre perimetral de las CCAA, restringiéndose la entrada y salida de personas del territorio de cada CA o ciudad autónoma, salvo los supuestos contemplados en el Real Decreto. La autoridad competente delegada correspondiente podía, adicionalmente, limitar la entrada y salida de personas en ámbitos territoriales de carácter geográficamente inferior a la CA y ciudad con Estatuto de autonomía, con las excepciones previstas en el propio RD. También se limitaban la permanencia de grupos de personas en espacios públicos y privados a un máximo de seis personas, salvo que se trate de convivientes (art. 7) y la permanencia de personas en lugares de culto (art. 8). La autoridad competente delegada correspondiente fijaba aforos para las reuniones, celebraciones y encuentros religiosos atendiendo al riesgo de transmisión que pudiera resultar.

convocadas por el Boletín Oficial del País Vasco número 28, Decreto 2/2020 y en el Diario Oficial de Galicia número 28, de fecha 11 de febrero de 2020, y que fueron suspendidas por:

- El Decreto 45/2020, de 18 de marzo, deja sin efecto la celebración de las elecciones al Parlamento Gallego del 5 de abril de 2020, como consecuencia de la crisis sanitaria derivada del COVID-19[27]. Según establece el Decreto, la convocatoria de elecciones al Parlamento Gallego se activará una vez levantada la declaración de alarma y la situación de emergencia sanitaria. Dicha convocatoria se realizará en el plazo más breve posible, oídos los partidos políticos, y por decreto del presidente de la Xunta.
- El Decreto 7/2020, de 17 de marzo, del Lehendakari, deja sin efecto la celebración de las elecciones al Parlamento Vasco del 5 de abril de 2020, debido a la crisis sanitaria derivada del COVID-19[28]. Según establece el Decreto, la convocatoria de elecciones al Parlamento Vasco se activará una vez levantada la declaración de emergencia sanitaria. Se realizará de forma inmediata, oídos los partidos políticos, y por Decreto del Lehendakari.

Las elecciones autonómicas en Galicia y País Vasco, previstas inicialmente para el 5 de abril de 2020, se celebraron finalmente el 12 de julio de 2020. Esta cuestión se aleja del objeto de estudio en sentido estricto. No obstante, la incertidumbre (léase, falta de seguridad jurídica) que se extrae de la misma sí que podría abordarse dentro de la reflexión que venimos desarrollando. Así, por tanto, desde el punto de vista del Estado de Derecho: ¿es posible volver a suspender

---

27 DECRETO 45/2020, de 18 de marzo, por el que se deja sin efecto la celebración de las elecciones al Parlamento de Galicia de 5 de abril de 2020 como consecuencia de la crisis sanitaria derivada del COVID-19. DOG Núm. 54-Bis. P. 17076.

28 DECRETO 7/2020, de 17 de marzo, del Lehendakari, por el que deja sin efecto la celebración de las elecciones al Parlamento Vasco del 5 de abril de 2020, debido a la crisis sanitaria derivada del Covid-19, y se determina la expedición de la nueva convocatoria. Disposiciones Generales Lendakaritza 1627. BOPV, 18 de marzo de 2020, Núm. 55.

unas elecciones durante la declaración de un estado de alarma o de una situación de confinamiento masivo? Quizás sería más razonable y jurídicamente más seguro determinar qué circunstancias pueden amparar una suspensión electoral. En última instancia ¿el consenso político puede con el Estado de Derecho? A pesar de la falta de cobertura constitucional y legal para efectuar una operación así, las mencionadas elecciones fueron efectivamente suspendidas por los respectivos decretos de los Presidentes gallego y vasco, previa deliberación de los respectivos Consejos de Gobierno, oídos los partidos con representación parlamentaria (en País Vasco) o los grupos políticos más representativos (en Galicia), así como las respectivas juntas electorales autonómicas. Resulta relevante el hecho de que ambas exposiciones de motivos destacasen que la cancelación electoral se había producido previa consulta con los partidos políticos. En este caso, por tanto, el consenso (político e institucional) suplió la falta de cobertura legal. Como señala Fernández Esquer, para preservar la legitimidad de unas elecciones, International IDEA recomienda que la postergación de unas elecciones se consensue entre todos los principales partidos[29].

Una vez revisado el marco normativo (y alguno de sus vacíos) aplicable y aplicado durante la crisis sanitaria ocasionada por la COVID-19, en el siguiente apartado, se analiza críticamente, a la luz de las tres sentencias paradigmáticas emitidas por el TC, el reparto competencial en el Derecho de excepción y el respeto de los principios de proporcionalidad y la idoneidad de las medidas adoptadas. Este análisis irá acompañado de propuestas de mejora y valoraciones que puedan esbozar las conclusiones de este trabajo y aportar luz a las sombras en esta materia y guía ante una hipotética nueva pandemia

---

29 Fernández Esquer, C. "El impacto de la pandemia del COVID-19 en las elecciones: especial referencia al caso autonómico español" en Palacios Romeo, F. y Cebrián Zazurca, E. (coords.), *Elección y representación: una conjunción compleja. Perspectivas y problemas de los regímenes electorales en España*, Colección Obras colectivas, Fundación Manuel Giménez Abad, Zaragoza, 2021, p. 6. La referencia al informe de International IDEA puede encontrarse en: Internacional IDEA. "Elections and COVID-19". International IDEA Technical Paper 1/2020. Disponible en: <https://www.idea.int/sites/default/files/publications/elections-andcovid-19.pdf> [Consulta: 15/05/2024].

que garantice el principio de igualdad en la aplicación del Derecho de excepción.

4. ANÁLISIS CRÍTICO DE LA JURISPRUDENCIA CONSTITUCIONAL Y PROPUESTAS PARA UNA GESTIÓN (DES)CENTRALIZADA FUERA DEL ESTADO DE EXCEPCIÓN

Primera, STC 148/2021, de 14 de julio —Primer estado de alarma declarado por el RD 463/2020 y las prórrogas que contienen los subsiguientes reales decretos. La gravedad de la emergencia sanitaria global, basándose en la consideración de la Organización Mundial de la Salud, de 11 de marzo de 2020, fundamentó al Gobierno a la declaración de uno de los estados de excepcionalidad previstos en la Constitución y en la LOAES, concretamente, el menos grave, el estado de alarma.

Parte de la doctrina se dividió y algunos autores pronto defendieron que debiera haberse hecho uso del estado de excepción (entre otros, Aragón Reyes, 2020; Sánchez Ferriz, 2020; Díaz Revorio, 2020; Alegre Ávilas y Sánchez Lamelas, 2020)[30]. No obstante, el Gobierno explicaba en la Exposición de motivos del citado RD que la consideración de crisis sanitaria como pandemia internacional, contenida en el art. 4.b) LOAES, añadiendo, además, las situaciones de desabastecimiento de productos de primera necesidad (art. 4.d) LOAES)[31].

La STC 148/2021, de 14 de julio puede ser comentada alrededor de tres temas. Uno, si se está ante una limitación (o restricción) o una suspensión de determinados derechos fundamentales. Dos, si es adecuada la declaración de estado de alarma o se debía haber declarado el estado de excepción. Y, tres, la labor del control del Congreso

---

30 Serra Cristóbal, R., ob. cit., p. 235.

31 Álvarez Vélez, M.I., "Alarma y pandemia: problemática jurídico-constitucional de los estados de necesidad a la luz de la doctrina del Tribunal Constitucional", *Revista de las Cortes Generales*, nº 111, 2021, pp. 551-552.

de los Diputados en la declaración de un estado excepcional (cuestión que retomaremos en el análisis de las otras dos sentencias)[32].

En primer lugar, el Alto Tribunal declaró inconstitucional los apartados 1, 3 y 5 del art. 7 del RD 463/2020. Conceptualmente señala que el concepto de «limitación» (o «restricción») es más amplio que el de «suspensión», como género y especie, y concreta como sigue: toda suspensión es una limitación, pero no toda limitación implica una suspensión. La suspensión es, por tanto, una limitación especialmente cualificada, según resulta tanto del lenguaje habitual como del jurídico (FJ 3).

Como subraya Presno Linera, la STC 148/2021, para analizar la constitucionalidad del confinamiento domiciliario, se aproxima más a un juicio valorativo que a un test jurídico propiamente dicho (contenido esencial, test de proporcionalidad). De hecho, en el caso que nos ocupa, el Tribunal regresa al canon ordinario —cobertura legal y principio de proporcionalidad—, sin que queden claros, ni siquiera mencionados, los motivos de esta aplicación intermitente y, por tanto, no se objetiva para poder aplicarlo, en su caso, en futuras ocasiones[33]. Esta falta de objetivación en el test jurídico desarrollado por el TC no sólo tiene consecuencias en la crisis sanitaria vivida, sino que la ausencia del mismo imposibilita poder aplicarlo de manera abstracta ante hipotéticas pandemias y, por tanto, nuestro Estado de Derecho carece de una regulación específica para una posible limitación de derechos fundamentales y las SSTC sobre esta cuestión no aportan un test jurídico que se pueda aplicar en abstracto. Esta circunstancia engrosa nuestro hilo conductor respecto de la debilidad de nuestro ordenamiento jurídico ante una hipotética pandemia y cómo esta situación tensiona la seguridad jurídica y el principio de igualdad.

En segundo lugar, el TC no se limitó a declarar la inconstitucionalidad de las privaciones de libertad y, no ciñéndose a su papel de legislador negativo, indicó que debía haberse declarado el estado de excepción, pues solo en el marco del este hubiese sido posible la sus-

---

32 *Ibidem*, p. 554.

33 Presno Linera, M.A., "Derechos fundamentales, Derecho de excepción y Derecho Administrativo de Excepción", *Revista General de Derecho Administrativo*, nº 61, 2022, p. 19.

pensión de derechos que a su parecer se produjo[34]. Es al final del FJ 11 donde, amparándose en estar desarrollando una interpretación integradora, explicando como sigue que "resulta claro que, aunque la causa primera de la perturbación sea una epidemia [lo que sin duda justifica el recurso al estado de alarma ex art. 4 b) LOAES], la situación que el poder público debía afrontar se ajustaba también a los efectos perturbadores que justificarían la declaración de un «estado de excepción». Cuando una circunstancia natural, como es una epidemia, alcanza esas «dimensiones desconocidas y, desde luego, imprevisibles» para el legislador a que aludíamos en nuestro reiterado ATC 40/2020, puede decirse que lo cuantitativo deviene cualitativo: lo relevante pasan a ser los efectos, y no su causa".

En consonancia con lo señalado por Álvarez Vélez, en un asunto de tanta relevancia, "hubiera sido preferible que el Tribunal limitara su actuación estimando o no si efectivamente las medidas tomadas por el Gobierno podían ser inconstitucionales en un estado de alarma, pues peligroso es adentrase en un terreno problemático y en el que la doctrina tampoco se ha manifestado de manera unánime"[35]. El rol del TC como legislador positivo en esta sentencia no es una cuestión baladí y tensa las costuras del Estado de Derecho, sobre todo, desde la perspectiva de la separación de poderes[36]. El TC es intérprete jurídico y su intérprete político es el legislador, en este caso el Gobierno, autor del RD cuestionado, y a esa interpretación puede imponerse la del Tribunal, porque aquella sea jurídicamente incorrecta, no porque sea materialmente amplia. Así, una vez apreciado

---

34 Álvarez Vélez, M.I., "Alarma y pandemia: problemática... ob. cit., p. 555; Serra Cristóbal, R., ob. cit., p. 236.

35 Álvarez Vélez, M.I., "Alarma y pandemia: problemática... ob. cit., p. 555.

36 La tensión del Estado de Derecho y su posible crisis está siendo analizado por la doctrina no sólo en el marco de la pandemia sino fuera de ella, en esta última línea, *vide*, entre otros: Porras Ramírez, J.M., "¿Está en crisis el Estado de Derecho y la separación de poderes por un ejercicio distorsionado de las funciones parlamentarias?", *Revisa de Derecho Político*, nº 117, 2023, pp. 43-72. Este trabajo se centra en la degradación de la función de control parlamentaria y de la función legislativa. Ambas funciones van a ser destacas en nuestro trabajo como nucleares para dejar atrás los vacíos y tensiones dentro del Estado (de Derecho y autonómico) que supuso la gestión de la crisis sanitaria consecuencia de la pandemia y que perduran irresueltas.

que existía una suspensión material del derecho de circulación, la cuestión sobre si podía o debía el Gobierno declarar el estado de excepción ante la situación creada por la COVID-19 era ya completamente irrelevante para el fallo[37].

En tercer lugar, esta STC aporta una reflexión sobre la labor de control del Congreso de los Diputados en (y durante) la declaración de un estado excepcional[38]. Esta cuestión también se analiza por las otras dos SSTC revisadas en este apartado por lo que agruparemos la temática en la última de ellas, STC 183/2021, de 27 de octubre, al ponerse en relación con la figura de la "autoridad competente delegada" y la descentralización que puede requerir España como Estado autonómico en una situación de excepcionalidad.

Segunda, STC 168/2021, de 5 de octubre —recurso de amparo por violación del art. 23 CE en relación con los arts. 66.2 y 116 CE. La STC 168/2021 resuelve el recurso de amparo presentado contra el Acuerdo de la Mesa del Congreso de los Diputados de 19 de marzo de 2020 que aprobó la suspensión de sus actividades y de los plazos reglamentarios sobre las iniciativas en marcha, desde ese día y hasta que la Mesa levantara la suspensión[39]. Este recurso de amparo se fundamentó en la supuesta violación del art. 23 CE en relación con los arts. 66.2 y 116 CE, que fue resuelto a su favor por el Alto Tribunal en la STC 168/2021, de 5 de octubre. El Alto Tribunal recordó que "El Gobierno, con su iniciativa de declaración de los estados de alarma o de excepción, en los términos del art. 116, apartados 2 y 3, CE, y el Congreso de los Diputados, a través del mecanismo de la autorización, en la forma establecida en los apartados anteriores para cada caso, o de aprobación por mayoría absoluta a propuesta exclusiva del

---

37 Álvarez Vélez, M.I., "Alarma y pandemia: problemática… ob. cit., p. 556.

38 El control parlamentario durante la crisis sanitaria ha sido ampliamente tratado por la doctrina, *vide*, entre otros: Ridaura Martínez, M.J. "Estado de Alarma y control parlamentario" en Catalá i Bas, A. (coord.). *Anomalías jurídicas durante la pandemia del COVID-19. Un análisis constitucional.* Valencia: Tirant lo Blanch, 2022, pp. 65-81. La autora concluye, como se desarrollará más adelante en el presente trabajo, que el control parlamentario deviene inexcusable en las situaciones de excepcionalidad y se vio afectado, sobre todo, por la delegación en favor de las autonomías.

39 Álvarez Vélez, M.I., "Alarma y pandemia: problemática…", ob. cit., p. 553.

Gobierno, para la declaración del estado de sitio (art. 116.4 CE), están llamados a preservar ese necesario equilibrio entre la apreciación de aquel suceso o situación extraordinaria, que requiere de medidas igualmente extraordinarias, y la preservación del Estado de Derecho y del sistema de derechos fundamentales. Pero, además, recae sobre aquella institución parlamentaria el deber constitucional de asumir en exclusiva la exigencia de responsabilidad al Gobierno por su gestión política en esos períodos de tiempo excepcionales, con más intensidad y fuerza que en el tiempo de funcionamiento ordinario del sistema constitucional. Al Congreso de los Diputados corresponde, entonces, velar por que la aplicación de cualquiera de los tres estados por parte del Ejecutivo, en cuanto autoridad competente, se desarrolle con estricto respeto al equilibrio entre las dos definidas necesidades, que no deben resultar antitéticas" (FJ 3A). Continuamos revisando la cuestión de control y la rendición de cuentas a continuación gracias a la STC 183/2021.

Tercera, STC 183/2021, de 27 de octubre —Segundo estado de alarma RD 963/2020 y sus prórrogas. El análisis crítico de esta tercera STC se realizará desde la perspectiva del Estado autonómico y como este puede (o no) encajar en el Derecho de excepcionalidad vigente. A los efectos que ocupan al presente trabajo, se analizará la STC 183/2021, de 21 de octubre en lo relativo a los preceptos del RD 926/2020 que designan autoridades competentes delegadas y les atribuyen potestades tanto de restricción de las libertades de circulación y reunión en espacios públicos, privados y de culto, como de flexibilización de las limitaciones establecidas en el decreto de declaración del estado de alarma y el régimen de rendición de cuentas establecido para su vigencia[40].

El régimen de rendición de cuentas establecido por el RD 926/2020 y su posterior revisión por el Alto Tribunal conecta con el equilibrio cooperativo-colaborativo que dirige la separación de poderes en un sistema de gobierno parlamentario, lo que en el mundo an-

---

[40] Para una revisión general de la STC 183/2021, *vide*: Álvarez Vélez, M.I. "Alarma y pandemia: problemática…", ob. cit., pp. 561-566.

glosajón se conoce como *accountability*[41]. El Alto Tribunal en el FJ 9A) señala que, antes y durante la pervivencia del estado de alarma, el art. 8 LOAES, tiene por objeto desarrollar legislativamente aquella vía de comunicación específica que obliga al Ejecutivo a proporcionar al congreso la información necesaria para que tome conocimiento de la declaración del estado de alarma y la situación de crisis (sanitaria, en el que caso que nos ocupa) que la haya causado.

En este caso, fue recurrido el art. 14 del RD 956/2020, cuya redacción versaba como sigue:

> "El presidente del Gobierno solicitará su comparecencia ante el Pleno del Congreso de los Diputados, cada dos meses, para dar cuenta de los datos y gestiones del Gobierno de España en relación a la aplicación del estado de alarma.
> El ministro de Sanidad solicitará su comparecencia ante la Comisión de sanidad y Consumo del Congreso de los Diputados, con periodicidad mensual, para dar cuenta de los datos y gestiones correspondientes a su departamento en relación a la aplicación del estado de alarma".

El TC desestimó la inconstitucionalidad de este artículo *per sé* ya que no limitaba ni suspendía los procedimientos previstos en la CE y los Reglamentos de las Cámaras para garantizar el control al Gobierno (FJ 9B de la STC 183/2021). Cuestión distinta es la extensión de la prórroga que sí se declaró inconstitucional y también la designación de los Presidentes de las CCAA y ciudades con Estatuto de Autonomía como "autoridades competentes delegadas" (art. 2 del 926/2020, asumido por el acuerdo parlamentario y en su virtud por el RD 956/2020). Como afirma Serra Cristóbal, la falta de control del Parlamento se vio agravada por la designación de autoridades competentes delegadas (los Presidentes de las CCAA), al imposibilitar este hecho el control sobre el Gobierno central[42].

El palabras del propio Tribunal, en su FJ 10D)a), coincide con los recurrentes en su impugnación por las cuatro razones siguientes. Primera, esta designación "contraviene lo dispuesto en la Ley Orgá-

---

41 Delgado Ramos, D. "El Estado de Alarma ante el Tribunal Constitucional". *Revista Electrónica Iberoamericana*, Vol. 16, núm. 1, 2022, p. 263.

42 Serra Cristóbal, R., ob. cit., pp. 240-241.

nica a la que reserva el art. 116.1 CE la regulación de los estados de crisis y las competencias y limitaciones correspondientes; legalidad que obliga a todos y muy en particular a los órganos a quienes la Constitución confía la declaración inicial y la eventual prórroga del estado de alarma, esto es, al Gobierno y al Congreso de los Diputados (art. 116.2)".

Segunda, la delegación acordada no responde a lo que es propio de un acto de esta naturaleza ya que no se da el siguiente requisito: que "(...) el delegante, en cuanto titular y responsable de la potestad atribuida, establezca, al menos, los criterios o instrucciones generales que deba seguir el delegado para la aplicación de las medidas aprobadas; para el control que haya de ejercer durante su aplicación; y, por último, para la valoración y revisión final de lo actuado" (FJ 10D) a) de la STC 183/2021). Tercera, conexa a las dos anteriores, el TC reconoció que tampoco sus efectos jurídicos eran conciliables con las posiciones y relaciones institucionales previstas en nuestra CE y en el ordenamiento jurídico.

Cuarta y última, consecuencia de lo anterior, "el Congreso quedó privado primero, y se desapoderó después, de su potestad, ni suprimible ni renunciable, para fiscalizar y supervisar la actuación de las autoridades gubernativas durante la prórroga acordada (art. 116.5 CE y arts. 1.4 y 8 LOAES). Quien podría ser controlado por la Cámara (el Gobierno ante ella responsable) quedó desprovisto de atribuciones en orden a la puesta en práctica de unas medidas u otras. Quienes sí fueron apoderados en su lugar a tal efecto (los presidentes de las comunidades autónomas y ciudades con estatuto de autonomía) no estaban sujetos al control político del Congreso, sino, eventualmente, al de las asambleas legislativas respectivas («en los términos y condiciones que estas tengan determinados», según se apuntó, ante la hipótesis de prórroga, en el apartado III del preámbulo del Real Decreto 926/2020)" (FJ 10D)a) de la STC 183/2021).

En este último punto, el Alto Tribunal conectó su reflexión relativa a la designación de autoridades competentes delegadas a los Presidentes de las CCAA y ciudades con Estatuto de Autonomía con la rendición de cuentas apuntada *supra* sentenciando que dicha "«rendición de cuentas» quedó, en la práctica, limitada a comparecencias del presidente del Gobierno y de los dos titulares que se sucedieron en el Ministerio de Sanidad durante la vigencia de la prórroga, que, en los plazos que se indicaban en aquel precepto, llevaron a efecto una valoración general de la evolución de la pandemia que motivó el estado de alarma, pero sin que aquellos pudieran ser sometidos al régimen de control político por el Congreso de los Diputados, en orden a la aplicación de las medidas previstas en aquellas disposiciones recurridas, toda vez que no fue el Gobierno el que aplicó las medidas y gestionó directamente dicha aplicación, ni tampoco la «modulación, flexibilización, suspensión» o «regresión» de aquellas medidas." (FJ 10D)b) de la STC 183/2021).

De los cuatro votos particulares presentes en la STC 183/2021, atendiendo al objeto del presente trabajo, se puede destacar la aportación del magistrado Cándido Conde-Pumpido cuando señala en el punto 3 de su voto particular la necesidad de una interpretación evolutiva del modelo constitucional y legal del estado de alarma respecto de la designación de las autoridades competentes delegadas. Literalmente afirma que "El enjuiciamiento de la fórmula de gestión diseñada para afrontar la pandemia durante la prórroga del estado de alarma —la llamada cogobernanza—, exige confrontar las extraordinarias circunstancias concurrentes, la experiencia acumulada en la lucha contra la expansión del virus desde el primer estado de alarma y la realidad del Estado autonómico con el momento histórico en el que se aprobó la vigente LOAES".

La magistrada Balaguer Callejón, en el punto II.b) de su voto particular, destaca, de nuevo, el desarrollo del Estado autonómico posterior al año 1981. "Si la finalidad de la declaración de cualquier estado de urgencia es adoptar medias para recuperar lo antes posible el estado de normalidad constitucional, parece razonable sostener que tales medidas sean lo menos perturbadoras posible del modelo de distribución de poderes (horizontal, vertical y territorial) que se haya llegado a configurar en una situación de estabilidad constitucional".

En ambos casos, sin entrar a valorar la profundidad de este *statement*, sí que quiere poner de manifiesto la necesidad de que el legislador reformule, entre otros, el art. 7 LOAES. La Ponencia del Congreso de los Diputados en su informe de 14 de abril de 1981 propuso la redacción del art. 7 como nuevo ya que no estaba incluido en el Proyecto de LOAES y ha mantenido su redacción hasta la actualidad que se mantuvo en el Dictamen de la Comisión Constitucional y fue aprobado sin discusión[43].

5. CONCLUSIONES

Primera. La inacción jurídica post-pandemia reclama un cambio de rumbo y una acción urgente de las Cortes Generales. Tras la situación vivida en España por la pandemia derivada de la COVID-19 no se han llevado a cabo reformas importantes y la respuesta vino, principalmente, de la mano de la declaración del estado de alarma, junto con sus sucesivas prórrogas y del uso de la normativa, estatal y autonómica, en materia de sanidad y salud pública. De ahí que se concluye este trabajo con una serie de propuestas que animan a indagar en la reforma de nuestra legislación vigente para preparar el camino ante un hipotético escenario de pandemia global.

Nuestro ordenamiento jurídico tiene que estar actualizado y tomar conciencia de las tensiones e inexactitudes que mostró la crisis sanitaria acontecida en nuestro país y adaptar el ordenamiento jurídico para que los principios definitorios de nuestra forma política no se vuelvan a ver tensionados de la manera en la que lo estuvieron en los tiempos de la COVID-19. El Estado democrático y de derecho se fundamenta en la libertad, aun cuando más aún en la seguridad jurídica, en un equilibrio y separación de poderes que se controlen entre sí y, en última instancia, en el principio de igualdad (tanto ante la Ley como en la Ley) en todo el territorio que debe condensarse con la garantía del derecho a la autonomía y el principio de solidaridad.

Segunda. La reforma constitucional del Derecho de excepción debe valorar la asunción e inclusión del reparto competencia actual y de la configuración de España como Estado autonómico. Presno Linera señala que, quizá la ubicación sistemática del derecho de ex-

---

43 López Garrido, D. (dir.). CORTES GENERALES. *Estados de alarma, excepción y sitio. Trabajos parlamentarios.* Madrid: Publicaciones de las Cortes Generales, 1984, pp. 152; 181, respectivamente.

cepción en el art. 116 CE tendría que estar al final del Título I. De los derechos y deberes fundamentales, máxime cuando el último precepto del Título I, es el art. 55, único artículo del capítulo V, «De la suspensión de los derechos y libertades», y, además, existe una evidente conexión entre ambos, pues el 55 concreta, en su número primero, qué derechos fundamentales pueden ser objeto de suspensión general si se declaran los estados de excepción y sitio[44].

Más allá de la ubicación del art. 116 en el propio texto constitucional se recomienda indagar en la posibilidad de asegurar constitucionalmente los plazos, las prórrogas y la tutela del control del Congreso de los Diputados (o la autoridad competente autonómica) en las situaciones de excepcionalidad que garantice el principio de la separación de poderes y la rendición de cuentas como elemento nuclear de nuestro sistema parlamentario. Más aun cuando el principio de igualdad y la separación de poderes trabajan juntos para garantizar un sistema de gobierno justo y equitativo en los sistemas parlamentarios. Ambos principios son fundamentales para mantener la integridad de nuestro sistema democrático.

Tercera. La reforma del Derecho de excepción debe valorar la conveniencia de una Ley, que satisfaga los estándares de seguridad jurídica (jerárquica y competencialmente) y estipule las restricciones de los derechos fundamentales. En la LOAES, según la jurisprudencia analizada en esta investigación, el legislador se decantó, por medidas que en el caso del estado de alarma tendrían que ser, en principio, menos gravosas que las realmente adoptadas bajo su amparo en el RD 463/2020. El juicio de proporcionalidad sobre las mismas debe hacerse siguiendo los límites preestablecidos el legislador orgánico.

El art. 12.1. de la LOAES prevé que «en los supuestos previstos en los apartados a) y b) del artículo cuarto, la autoridad competente podrá adoptar por sí, según los casos, además de las medidas previstas en los artículos anteriores, las establecidas en las normas para la lucha contra las enfermedades infecciosas, la protección del medio ambiente, en materia de aguas y sobre incendios forestales», lo que, en materia de epidemias, supone una remisión la legislación vigente

---

44 Presno Linera, M.A. "El estado de alarma… ob. cit., pp. 139-141.

en la materia (orgánica, nacional y sectorial). Sin embargo, como ya hemos analizado la legislación

Ante esta situación se ha suscitado la conveniencia de una Ley, que satisfaga los estándares de seguridad jurídica (jerárquica y competencialmente) y estipule las restricciones de los derechos fundamentales. Parece razonable a la luz del principio de igualdad (entre otros) que las limitaciones de los derechos fundamentales necesarios para afrontar una crisis sanitaria como la derivada de la pandemia de la COVID-19, entre las que caben los cierres perimetrales y los confinamientos domiciliarios no totales, deben autorizarse por Ley Orgánica. Esta LO debería además establecer claramente los casos y vías en que dichas restricciones procedan. Además, en esta hipotética LO podría también valorarse la oportunidad de delegar la competencia de ejecución a las CCAA para incrementar la funcionalidad del Estado antes estas situaciones.

Cuarta. La reforma del estado de alarma previsto en la LOAES debe valorar la inclusión España como Estado autonómico reformulando el concepto de autoridad competente. Esta cuarta y última conclusión se circunscribe al estado de alarma. Si bien es cierto que el TC lo ha enmarcado en un estado de excepción, nos parece más razonable, enmarcar esta situación en el estado de alarma y reconfigurarlo para que tenga cabida las medidas precisas y necesarias para poder hacer frente a una hipotética nueva pandemia.

Además, la propuesta de reforma de la LOAES se acota al concepto de "autoridad competente delegada" ya que ha sido el elemento que ha tensionado sobre manera el principio de igualdad en la gestión de la pandemia, permitiendo una miríada de aproximaciones diversas con una interpretación desigual y no equilibrada de los datos que manejaban las CCAA.

Por todo lo antedicho nos centraremos en recomendar que la inclusión de la autonomía inherente a España podría llegar a la LOAES gracias a una reforma del art. 7 LOAES que actualmente establece: "A los efectos del estado de alarma la Autoridad competente será el Gobierno o, por delegación de éste, el Presidente de la Comunidad Autónoma cuando la declaración afecte exclusivamente a todo o parte del territorio de una Comunidad".

Se podría añadir un párrafo segundo al citado artículo que permita que Presidente de la Comunidad Autónoma actúe como autoridad competente delegada si las circunstancias del supuesto habilitante del estado de alarma justifican una actuación diferenciada por parte del Estado en las provincias, CCAA o zonas geográficas específicas.

Esta delegación debería, a su vez, asegurar la rendición de cuentas de los ejecutivos autonómicos ante sus propios parlamentos autonómicos, así como ante el Estado, bien en alguna institución ya existente como el Consejo Interterritorial del Sistema Nacional de Salud o el alguna específica creada al efecto. Esta conclusión propone la reforma de la legislación nacional y autonómica que debería hacerse de una manera consensuada entre todos los actores implicados para que se desarrollase de una manera equilibrada entre el principio de autonomía y el principio de lealtad y garante en su aplicación con el principio de igualdad.

BIBLIOGRAFÍA

Aba Catoira, A., "El Estado de alarma en España", *Teoría y Realidad Constitucional*, nº 28, 2011, pp. 305-334.

Álvarez Vélez, M.I., "Reparto competencial en materia sanitaria y las complicaciones surgidas durante el estado de alarma en España", *Revista Española de Derecho Constitucional*, nº 128, 2023, pp. 101-127.

Álvarez Vélez, M.I., "Derecho a la salud, reparto competencial en materia sanitaria y estado de alarma en España: tres cuestiones complementarias entre sí" en Álvarez Vélez, M.I.; De Montalvo Jääskeläinen, F., *España: Una democracia parlamentaria. Libro homenaje al profesor Ignacio Astarloa Huarte-Mendicoa*, Universidad Pontificia Comillas, Madrid, 2022, pp. 107-133.

Álvarez Vélez, M.I., "Alarma y pandemia: problemática jurídico-constitucional de los estados de necesidad a la luz de la doctrina del Tribunal Constitucional", *Revista de las Cortes Generales*, nº 111, 2021, pp. 547-574.

Arroyo Gil, A., "La limitación de los derechos fundamentales en el contexto del estado de alarma" en Carmona Contreras, A.M.; Rodríguez Ruíz, B. (coords.), *Constitución y pandemia el Estado ante la crisis sanitaria*, Tirant lo Blanch, Valencia, pp. 241-278.

Beck, U., *La sociedad del riesgo: hacia una nueva modernidad*, Paidós, Barcelona, 2006.

Beck, U., *Poder y contrapoder en la era global: la nueva economía política mundial,* Paidós, Barcelona, 2004.

Biglino Campos, P.; Durán Alba, J.F. (dirs.), *Los efectos horizontales de la Covid-19 sobre el sistema constitucional: estudios sobre la primera oleada,* Fundación Manuel Giménez Abad, Zaragoza, 2021.

Biglino Campos, P., "La resiliencia de nuestro sistema constitucional: introducción" en Álvarez Vélez, M.I. (coord.), *El Estado constitucional pospandemia: ¿crisis o fortalecimiento?* Tirant lo Blanch, Valencia, 2023, pp. 13-16.

Carmona Contreras, A.M. "La gestión de la pandemia en clave territorial: Estado autonómico y crisis sanitaria" en Carmona Contreras, A.M.; Rodríguez Ruíz, B. (coords.), *Constitución y pandemia el Estado ante la crisis sanitaria,* Tirant lo Blanch, Valencia, 2021, pp. 147-185.

De Montalvo Jääskeläinen, F. "Limitación de derechos fundamentales y requisitos constitución de previsión normativa en tiempos de pandemia" en Álvarez Vélez, M.I. (coord.), *El Estado constitucional pospandemia: ¿crisis o fortalecimiento?* Tirant lo Blanch, Valencia, 2023, pp. 35-60.

Delgado Ramos, D. "El Estado de Alarma ante el Tribunal Constitucional". *Revista Electrónica Iberoamericana,* Vol. 16, núm. 1, 2022, pp. 254-265.

Fernández de Casadevante Casamayor, P. "Los derechos fundamentales en estado de alarma: una suspensión inconstitucional". *Revista Vasca de Administración Pública. Herri-Arduralaritzako Euskal Aldizkaria,* núm. 119, 2021, pp. 59-99.

Fernández Esquer, C., "El impacto de la pandemia del COVID-19 en las elecciones: especial referencia al caso autonómico español" en Palacios Romeo, F. y Cebrián Zazurca, E. (coords.). *Elección y representación: una conjunción compleja. Perspectivas y problemas de los regímenes electorales en España,* Colección Obras colectivas, Fundación Manuel Giménez Abad, Zaragoza, 2021, pp. 1-23.

López Garrido, D. (dir.)., CORTES GENERALES. *Estados de alarma, excepción y sitio. Trabajos parlamentarios,* Publicaciones de las Cortes Generales, Madrid, 1984.

Internacional IDEA. "Elections and COVID-19". International IDEA Technical Paper 1/2020. Disponible en: <https://www.idea.int/sites/default/files/publications/elections-andcovid-19.pdf>.

Lepsius, O., "Protección de los derechos fundamentales en la pandemia del coronavirus". *Teoría y Realidad* Constitucional, núm. 47, 2021, pp. 71-96.

Mateu, P., "¿Estamos preparados? La OMS advierte de que tarde o temprano habrá una nueva pandemia" [en línea], *National Geographic España.* 10 abril 2024, <https://www.nationalgeographic.com.es/ciencia/esta-

mos-preparados-oms-advierte-que-tarde-temprano-habra-nueva-pandemia_21603> [Consulta: 18/06/2024].

Penadés de la Cruz, A.; Garmendia Madariaga, A. (coords.), *Informe sobre la democracia en España 2020. El año de la pandemia,* Fundación Alternativas, Madrid, 2021.

Porras Ramírez, J.M., "¿Está en crisis el Estado de Derecho y la separación de poderes por un ejercicio distorsionado de las funciones parlamentarias?", *Revisa de Derecho Político,* nº 117, 2023, pp. 43-72.

Presno Linera, M.A., "El estado de alarma en crisis", *Revista de las Cortes Generales,* núm. 111, 2021, pp. 129-197.

Presno Linera, M.A., "Derechos fundamentales, Derecho de excepción y Derecho Administrativo de Excepción", *Revista General de Derecho Administrativo,* nº 61, 2022, pp. 1-25.

Ridaura Martínez, M.J., "Estado de Alarma y control parlamentario" en Catalá i Bas, A. (coord.), *Anomalías jurídicas durante la pandemia del COVID-19. Un análisis* constitucional, Tirant lo Blanch, Valencia, 2022, pp. 65-81.

Sáenz Royo, E, "Estado autonómico y COVID-19", *Teoría y Realidad Constitucional,* nº 48, 2021, pp. 375-398.

Serra Cristóbal, R., "Enfrentar riesgos para la seguridad sanitaria en el marco de un Estado de derecho. Lecciones a aprender de la COVID-19", *Teoría y Realidad Constitucional,* nº 53, 2023, pp. 231-257.

Solozábal Echavarría, J.J., *Bases constitucionales de una posible política sanitaria en el Estado autonómico* [en línea], Fundación alternativas, Madrid, 2006, p. 16, <https://fundacionalternativas.org/> [Consulta: 28/05/2024].

Solozabal Echavarría, J.J., "El estado de alarma y el derecho de crisis en nuestro sistema constitucional", *Anuario de la Facultad de Derecho de la Universidad Autónoma de Madrid,* nº 2, 2021, pp. 18-29.

Torres del Moral, A., "Terrorismo y principio democrático". *Revista de Derecho Político,* nº 78, 2010, pp. 95-160.

Problemática jurídica para la implementación de determinadas medidas de acción positiva: exigencia de planes de igualdad para acceder a subvenciones y preferencia de la mujer para el desempate

ENRIQUE FLIQUETE LLISO

Profesor de Derecho Constitucional de la Universitat de València

Vicepresidente del Consell Jurídic Consultiu de la Comunitat Valenciana

1. INTRODUCCIÓN

El progresivo desarrollo de las políticas de implementación de medidas de acción positiva en materia de igualdad entre hombres y mujeres, ha determinado una tendencia expansiva hacia la aplicación de diferentes fórmulas para la consecución de la igualdad real. A partir del mandato constitucional del art. 9.2 CE, los poderes públicos han consolidado una línea de actuación dirigida a hacer efectiva la igualdad, aunque las acciones que se desarrollan con tal objetivo no siempre cuentan con un sustento normativo suficiente.

El objeto del presente estudio es, precisamente, efectuar un breve análisis de determinadas medidas de acción positiva que suelen implementarse en la actuación de los poderes públicos, particularmente en el ejercicio de la potestad normativa de la Administración, los cuales pudieran adolecer de la necesaria apoyatura jurídica para su normativización y, también, para su consecuente materialización a través de los actos administrativos.

Así, la aplicación de la legislación de igualdad en el ejercicio de la potestad reglamentaria de la Administración, suele acudir a una vía interpretativa de carácter expansivo —bajo el auspicio de su carácter finalista y de adecuación a la realidad social— que, en ocasiones, se torna en una suerte de adaptación de la sociedad al cambio pretendido y, por ello, ajena al sentir social al cual se intenta adaptar. Es lo cierto que la necesidad de un cambio en la mentalidad de la sociedad requiere de unas medidas de conversión de los estereotipos consolidados, y que tales medidas tienen su fundamento legítimo en la obligación que impone la Constitución a los poderes públicos para conseguir la igualdad efectiva. Pero no es el cauce reglamentario el que debe imponer tales cambios, pues la vía interpretativa en ocasiones se enfrenta al ordenamiento jurídico superior, mucho menos flexible que el reglamentario.

La problemática que plantea el uso de la potestad reglamentaria para poder materializar el cambio en unos roles sociales asumidos tiene además un elemento adicional de ruptura: la falta de una legislación homogénea, que permita habilitar tal adaptación a través de la actuación de los poderes públicos. A ello se suma la deficiente elaboración de los informes de impacto de género por parte de las diferentes Administraciones, carentes de una norma que regule de forma pormenorizada todos los aspectos que deben ser objeto de los citados informes. La importancia de los mismos en la implementación de políticas de igualdad y, en particular, en los proyectos normativos, provoca unas deficiencias en el ejercicio de la potestad reglamentaria que condicionan la viabilidad jurídica de las acciones positivas que son objeto de tales proyectos.

En particular, es objeto de la presente el análisis de diferentes aspectos de tales acciones positivas en las disposiciones autonómicas: 1) El establecimiento indiscriminado de cláusulas de preferencia en el desempate entre hombre y mujer, sin tomar referencia en la efectiva existencia de infrarrepresentación de los dos sexos; 2) La exigencia de disponer de planes de igualdad como requisito para el acceso a subvenciones.

2. MARCO JURÍDICO DE LAS MEDIDAS DE ACCIÓN POSITIVA

La posibilidad de establecimiento de medidas de acción positiva para corregir situaciones de patente desigualdad entre mujeres y hombres tiene su fundamento constitucional en el art. 9.2 de la Constitución: "Corresponde a los poderes públicos promover las condiciones para que la libertad y la igualdad del individuo y de los grupos en que se integra sean reales y efectivas; remover los obstáculos que impidan o dificulten su plenitud y facilitar la participación de todos los ciudadanos en la vida política, económica, cultural y social". La determinación de la igualdad como valor superior del ordenamiento jurídico (art. 1.1 CE), tiene así su concreción en la obligación de promoción de medidas ordenadas a que la igualdad sea real y efectiva.

La obligación de acción que compete a los poderes públicos para la igualdad efectiva convierte la procura de la igualdad en un principio constitucional. Para la determinación de los contenidos que deben considerarse integrados en tal principio es necesaria la existencia de una norma con rango legal que establezca los ámbitos en los que debe desarrollarse la procura de la igualdad, por cuanto no es admisible que los contenidos constitucionales puedan quedar al arbitrio de la libre discreción de los poderes públicos, so pena de vaciarlos de contenido.

De esta forma, los poderes públicos no gozan de una habilitación incondicionada para la determinación e implementación de cuantas acciones consideren útiles para procurar la igualdad, puesto que ello implicaría subjetivizar el principio, con el riesgo de relativizarlo y desdibujarlo hasta hacerlo irreconocible. A ello debe sumarse que la aplicación de tales acciones no está carente de límites, fundamentalmente los derivados del art. 14 CE, en cuanto proscribe toda discriminación por razón de sexo, situándose así la consecución de la igualdad real y efectiva en el ámbito de las potestades de promoción que incumben a los poderes públicos, pero no en el del ejercicio del derecho fundamental a la igualdad, el cual operará como límite, y no como fundamento (Auto TC 119/2018, de 13 de noviembre de 2018).

La configuración legal de la promoción de la igualdad, por ello, pasa por la determinación de los diferentes ámbitos en los que ésta se debe proyectar, tanto desde la regulación de las condiciones básicas que garantizan la igualdad de todos los españoles en el ejercicio de los derechos y el cumplimiento de los deberes constitucionales —de acuerdo con el artículo 149.1.1.ª CE— como en la legislación básica del Estado y en la legislación de las Comunidades Autónomas.

El art. 11.1 de la Ley Orgánica 3/2007, de 22 de marzo, para igualdad efectiva de mujeres y hombres (en adelante LO 3/2007), prevé que los Poderes Públicos "adoptarán medidas específicas en favor de las mujeres para corregir situaciones patentes de desigualdad de hecho respecto de los hombres". Estableciendo unos presupuestos para tales medidas correctoras, pues "serán aplicables en tanto subsistan dichas situaciones" y "habrán de ser razonables y proporcionadas en relación con el objetivo perseguido en cada caso".

Las medidas específicas para corregir situaciones de desigualdad de las mujeres respecto de los hombres requieren, por tanto, la concurrencia de una circunstancia fáctica sobre la cual se puedan implementar: Que se trate de situaciones de patente desigualdad de hecho. Y tienen dos límites: 1) Límite temporal: Las medidas serán aplicables mientras subsistan las situaciones de desigualdad; 2) Límite material: Las medidas habrán de ser razonables y proporcionadas al objetivo perseguido.

Operando igualmente el límite constitucional del art. 14 CE en la adopción de medidas de corrección. Y ello por cuanto debe considerarse que el derecho a la no discriminación del art. 14 CE no es el fundamento de las medidas correctoras de la desigualdad material, sino que, por el contrario, es el límite de dichas medidas correctoras, la cuales tienen su fundamento constitucional en el art. 9.2 CE.

Desde el marco expuesto, se advierte que el fundamento para la adopción de medidas correctoras no puede tener presupuesto fáctico en situaciones de desigualdad históricas. No se trata, obviamente, de negar la discriminación de la mujer a lo largo de la historia. Antes al contrario. Pero lo que habilita la adopción de medidas positivas para vencer la desigualdad, es la existencia de una discriminación concreta, patente y de hecho, que requiera de la necesaria adopción de medidas correctoras, razonables y proporcionadas.

3. LA PREFERENCIA DE LA MUJER SOBRE EL HOMBRE PARA EL DESEMPATE

3.1. La preferencia de la mujer para el desempate como medida de acción positiva

Entrando en el análisis de algunas medidas de acción positiva que se han implementado en el ordenamiento autonómico valenciano, destaca el establecimiento de la preferencia de la mujer cuando éste es el sexo infrarrepresentado, en los supuestos de empate entre mujeres y hombres. Si bien la aplicación del criterio de infrarrepresentación —cuantitativo— de uno u otro sexo no supone un trato diferenciado a favor de la mujer (pues se beneficia tanto a mujeres como a hombres, siempre que exista tal infrarrepresentación), la medida trasciende a lo cuantitativo para evidenciar una diferencia de trato cuando tal preferencia sólo se establece a favor de la mujer y no del hombre, aunque éste se encuentre igualmente infrarrepresentado.

Existen normas reglamentarias que prescinden de la situación de infrarrepresentación del hombre, pues sólo prevén la preferencia de la mujer en caso de empate cuando el sexo infrarrepresentado sea el femenino. El fundamento para tales medidas es dispar respecto a la búsqueda de presencia equilibrada con la preferencia del sexo infrarrepresentado —sea hombre o mujer— puesto que sólo pretende establecer una medida de acción positiva en favor de la mujer, sin que, en tal caso, pueda el hombre beneficiarse de preferencia cuando sea el masculino el sexo infrarrepresentado.

De esta forma, para la resolución de los empates en puntuación final en los procesos selectivos y, en general, en los procedimientos en los cuales operan criterios de selección cuyo resultado puede ser la igualdad en la puntuación final de las personas concurrentes al proceso, se adopta el criterio de preferencia del sexo de los aspirantes empatados, pero sólo cuando uno de ellos es mujer y se trata del sexo infrarrepresentado en el colectivo en el que se produce el proceso. El planteamiento de la autoridad reglamentaria en las normas en las que tal preferencia se ha establecido, ha sido la utilización de la condición de mujer como criterio para resolver los empates a igualdad de puntuación con los hombres. Con ello se abandonan los principios de igualdad, mérito y capacidad, estableciendo un criterio exclusivamente promocional a favor de la mujer.

Así, no se trata de dar preferencia al sexo infrarrepresentado, que podría estar justificado en la presencia equilibrada entre mujeres y hombres en el resultante de la aplicación de la norma reglamentaria. Se trata de establecer una diferenciación positiva a favor de las mujeres, en la selección final del candidato en el proceso correspondiente, y ello con independencia del conjunto del colectivo en el cual se integrará la persona o personas que han sido seleccionadas. En definitiva, es la aplicación de la tesis de que, a igualdad de méritos y sin ninguna otra consideración, el empate debe ser resuelto en favor de la mujer por vía de acción positiva o discriminación inversa.

Tal planteamiento, en consecuencia, considera que la infrarrepresentación del hombre es una situación aceptable, pues no se prevé establecer medidas para su corrección. Sólo si la infrarrepresentación es de la mujer, procede establecer un mecanismo corrector. Es, por tanto, una medida que no pretende alcanzar el equilibrio final entre el hombre y la mujer, sino una preferencia, sin matices, de la mujer sobre el hombre en caso de empate. Así, el hombre queda fuera del posible equilibrio, que sólo operará a favor de la mujer. Con ello se establece un trato desigual, por razón de sexo, en la medida que, en situaciones iguales —infrarrepresentación— las consecuencias jurídicas son diferentes.

3.2. La preferencia de la mujer para el desempate en el ordenamiento jurídico

La posible justificación para el establecimiento de medidas de acción positiva, como ya se ha indicado, se encuentra en el art. 9.2

CE y tiene su límite en el art. 14 CE, puesto que no toda posible discriminación —trato diferente— de carácter positivo para la mujer, tiene cobertura en el sistema constitucional. El problema jurídico se plantea, no en la posible preferencia de la mujer de ser el sexo infrarrepresentado, sino en la exclusión de dicha preferencia respecto al hombre, cuando éste sea el que queda en situación de desequilibrio en la composición final del conjunto. Pues ese trato desigual no tiene cobertura en la Ley Orgánica 3/2007, de 22 de marzo, para la igualdad efectiva de mujeres y hombres.

En el ordenamiento europeo el Tratado de Funcionamiento de la Unión Europea[1] (TFUE) establece que: "Con objeto de garantizar en la práctica la plena igualdad entre hombres y mujeres en la vida laboral, el principio de igualdad de trato no impedirá a ningún Estado miembro mantener o adoptar medidas que ofrezcan ventajas concretas destinadas a facilitar al sexo menos representado el ejercicio de actividades profesionales o a evitar o compensar desventajas en sus carreras profesionales" (art. 157.4 TFUE). Por parte, la Carta de Derechos Fundamentales de la Unión Europea[2] (CDFUE) indica: "El principio de igualdad no impide el mantenimiento o la adopción de medidas que supongan ventajas concretas a favor del sexo menos representado" (art. 23 CDFUE).

Por su parte, siguiendo a Sánchez Trigueros (2019), el derecho derivado europeo remite a la legislación nacional la posibilidad de establecimiento de tales medidas positivas. Así, la Directiva 76/207/CEE del Consejo, de 9 de febrero de 1976, relativa a la aplicación del principio de igualdad de trato entre hombres y mujeres en lo que se refiere al acceso al empleo, a la formación y a la promoción profesionales, y a las condiciones de trabajo[3]; La Directiva 2000/78/CE del Consejo, de 27 noviembre 2000, relativa al establecimiento de un

---

1 Versión consolidada, Diario Oficial de la Unión Europea de 30.3.2010

2 Diario Oficial de la Unión Europea de 30.3.2010

3 "No obstará las medidas encaminadas a promover la igualdad de oportunidades entre hombres y mujeres, en particular para corregir las desigualdades de hecho que afecten a las oportunidades de las mujeres en las materias contempladas en el apartado 1 del artículo 1" (art. 2.4)

marco general para la igualdad de trato en el empleo y la ocupación[4]; La Directiva 2000/43 del Consejo, de 29 de junio de 2000, relativa a la aplicación del principio de igualdad de trato de las personas independientemente de su origen racial o étnico[5]; La Directiva 2006/54 del Parlamento Europeo y del Consejo, de 5 de julio de 2006, relativa a la aplicación del principio de igualdad de oportunidades e igualdad de trato entre hombres y mujeres en asuntos de empleo y ocupación[6].

Igualmente, el Tribunal de Justicia de la Unión Europea (TJUE) ha venido admitiendo la posibilidad de establecer la preferencia de uno u otro sexo en caso de infrarrepresentación de uno de ellos para corregir las desigualdades, siempre y cuando tuviesen una finalidad concreta y determinada[7].

En el ordenamiento jurídico español, la LO 3/2007 establece en su Título II, Capítulo I, unos principios generales de actuación de los Poderes Públicos, entre los que se encuentra, en su art. 16, la presencia equilibrada en los nombramientos realizados por los poderes públicos, los cuales "procurarán atender al principio de presencia equilibrada de mujeres y hombres en los nombramientos y designaciones de los cargos de responsabilidad que les correspondan". Tal principio, se traslada a diversos preceptos del articulado, respecto

---

4 "El principio de igualdad de trato no impedirá que un Estado miembro mantenga o adopte medidas específicas destinadas a prevenir o compensar las desventajas ocasionadas" (art. 7.1)

5 "Con el fin de garantizar la plena igualdad en la práctica, el principio de igualdad de trato no impedirá que un Estado miembro mantenga o adopte medidas específicas para prevenir o compensar las desventajas que afecten a personas de un origen racial o étnico concreto" (art. 5).

6 "Los Estados miembros podrán mantener o adoptar las medidas indicadas en el artículo 141, apartado 4, del Tratado con objeto de garantizar en la práctica la plena igualdad entre hombres y mujeres en la vida laboral" (art. 3).

7 Siguiendo a Sánchez Trigueros, C. (2019), el primer pronunciamiento del TJUE sobre la aplicación de medidas de preferencia en caso de infrarrepresentación de la mujer es la sentencia de 17 de octubre de 1995, asunto C-450/93, caso Kalanke. Progresivamente, el TJUE ha ido avanzando en la admisibilidad de tales medidas, *V. Gr.* sentencias Marschall (1997), Badeck (2000), Abrahamsson (2000) y Briheche (2004).

a diferentes ámbitos de actividad: política de educación (art. 24), la creación y producción artística e intelectual (art. 26), política de salud (art. 27), medios de comunicación social titularidad pública (arts. 37 y 38), y órganos de selección y valoración en administraciones públicas (art. 51). En el ámbito de la Administración del Estado, para el nombramiento de los titulares de órganos directivos (art. 52), Órganos de selección y Comisiones de valoración (art. 53), representantes de la Administración General del Estado (art. 54). Y en el ámbito privado, en los Consejos de administración de las sociedades mercantiles (art. 75).

Es, por tanto, el principio de presencia equilibrada uno de los elementos vertebrales de la LO 3/2007, que establece los porcentajes para entender que se cumple tal principio, en su Disposición Adicional Primera: "Se entenderá por composición equilibrada la presencia de mujeres y hombres de forma que, en el conjunto a que se refiera, las personas de cada sexo no superen el sesenta por ciento ni sean menos del cuarenta por ciento". Tal principio debe conjugarse con la posibilidad de establecer acciones positivas para su efectividad, las cuales están determinadas en el art. 11, ya citado, esto es, la concurrencia de una circunstancia fáctica que evidencie situaciones de patente desigualdad de hecho, con un límite temporal —hasta que desaparezca la situación de desigualdad—, y otro límite material —que las medidas sean razonables y proporcionadas al objetivo perseguido—.

Pues bien, del tenor de la LO 3/2007 no parece extraerse la posibilidad de establecer una medida de acción positiva que, de forma incondicional, determine la preferencia de la mujer sobre el hombre en el desempate, sólo cuando exista infrarrepresentación de la mujer, pero no cuando el sexo infrarrepresentado sea el masculino. Fundamentalmente porque la infrarrepresentación del hombre también tiene cabida en el entendimiento de la Disposición Adicional Primera de la LO 3/2007. Un sexo infrarrepresentado supone un desequilibrio en la composición equilibrada que, igualmente, sería merecedor de la misma acción de ajuste para conseguir la igualdad real y efectiva y, en particular, en el ámbito en el cual se pretenda una presencia equilibrada entre hombre y mujer.

De esta forma, no cabe establecer de forma indiscriminada medidas de acción positiva en las que no se tenga como referencia la existencia de una desigualdad manifiesta y concreta de la mujer respecto a los hombres. En la dicción del art. 11 de la LO 3/2007 una "patente desigualdad de hecho". Es por ello que la posibilidad de implementar una acción que tan sólo pueda beneficiar a las mujeres requerirá la acreditación de una circunstancia fáctica pusiese de manifiesto la desigualdad de hecho, y la proporcionalidad y razonabilidad de la medida. Y a estos efectos, no es admisible como supuesto fáctico habilitante para tales acciones la discriminación histórica de la mujer respecto al hombre, sino que deben ser analizadas las situaciones concretas en las cuales cabría implementar dichas medidas[8].

Cobra así importancia el informe de impacto de género de la norma, con origen normativo en la Ley 30/2003, de 13 de octubre, sobre medidas para incorporar la valoración del impacto de género en las disposiciones normativas que elabore el Gobierno y que ha sido incorporado en la totalidad de las normas autonómicas sobre igualdad. Tal informe supone una exigencia procedimental —y también material—, para la tramitación de normas, en las cuales debe efectuarse un análisis de los resultados previstos de la aplicación de la norma proyectada en la igualdad entre hombres y mujeres, previa determinación de la situación de partida en la cual se insertará la norma, y la incidencia de la norma en la mejora de tal situación de partida.

Debe ser el informe de impacto de género el que debe determinar si existe una situación fáctica inicial que evidencie una desigualdad manifiesta y concreta de la mujer respecto a los hombres, y de ésta, la necesidad de establecer acciones positivas dirigidas a que tal situación de desigualdad desaparezca. Igualmente exigible es la necesidad de un estudio de la razonabilidad y proporcionalidad de la medida a implementar, por ser también un mandato del art. 11 LO 3/2007. Y, por ello, no cabe establecer una acción positiva si, previamente, no se ha evidenciado ni que exista una situación de desigualdad, ni que la acción a adoptar sea adecuada, ni si ésta es proporcional o razonable para solventar la situación fáctica que pretende resolver. Y dicha misión es la que compete al informe de impacto de género que, por lo general, no atiende al examen de tales premisas sino a meras generalidades ajenas a la casuística concreta de la norma.

Culmina el examen de la normativa estatal con la Ley Orgánica 2/2024, de 1 de agosto, de representación paritaria y presencia equilibrada de mujeres y hombres (LO 2/2024), en la cual se prevé la excepción al principio de representación paritaria y presencia equilibrada entre mujeres y hombres, en consonancia con el principio de acción positiva, "cuando exista una representación de mujeres superior al sesenta por ciento que, en todo caso, deberá justificarse" (Disposición Adicional Primera). De tal previsión se debe extraer que cuando el hombre se encuentra infrarrepresentado, se produce una quiebra el criterio de presencia equilibrada, pero que tal infrarrepresentación es admisible si cuenta con una justificación. Y que la ausencia de justificación de la infrarrepresentación del hombre —con la consiguiente sobrerrepresentación de la mujer— no resultaría admisible para excepcionar el principio de presencia equilibrada.

La necesidad de justificación, por tanto, es premisa previa para el establecimiento de una medida como la de resolver los empates sólo a favor de la mujer, si ésta se encuentra en situación de infrarrepresentación. La infrarrepresentación del hombre, por su parte, no se beneficiaría de tal acción pero se trata de una excepción al principio general —que supone la sobrerrepresentación de la mujer— que, como excepción, debe estar justificada. Y, como acción positiva, según así lo conceptúa la D.A. 1ª LO 2/2024, deberá seguir los requisitos del art. 11 LO 3/2007, a través de su análisis en el informe de impacto de género.

El Tribunal Constitucional se ha pronunciado en contra de un pretendido automatismo en la aplicación general de la acción positiva de beneficiar a la mujer respecto el hombre en el caso de empate. Así, el Auto 119/2018, de 13 de noviembre de 2018, considera que:

> "No forma parte del contenido esencial del artículo 14 CE, un teórico derecho fundamental a que se superen las situaciones de desigualdad histórica con la adopción de medidas específicas con este fin. Si bien tales medidas pueden implementarse, ello ha de hacerse dentro de los límites estrictos que marca nuestra doctrina; de lo contrario dichas medidas serán discriminatorias y por ello inconstitucionales. El derecho a la no discriminación del art. 14 CE no opera, pues, como fundamento de las medidas correctoras de la desigualdad material, aunque sí interviene activamente para la erradicación de las causas jurídicas que han determinado esta última. Se erige dicho art. 14 CE, más bien, en el límite de dichas medidas correctoras. El fundamento constitucional

> para la adopción de las diversas medidas de acción positiva se encuentra, distintamente, en el art. 9.2 CE (...)"

El mismo Auto del Tribunal Constitucional, respecto a la aplicación automática de la preferencia de un sexo sobre el otro, indica que:

> "La tesis de la recurrente —en este punto de su queja de vulneración del artículo 14 CE— es que a igualdad de méritos y sin ninguna otra consideración, la plaza debió serle otorgada por vía de acción positiva o discriminación inversa. Así planteado, sin embargo, resulta contrario a la Constitución y al ordenamiento de la Unión Europea. (...) La acción positiva que se solicita en la demanda se sustenta en un automatismo que prescinde indebidamente de los principios constitucionales, y del derecho de la Unión Europea".

Sin embargo, existen diferentes normas reglamentarias que no toman en consideración, ni la situación de partida real del ámbito en el cual vaya a implementarse la norma, ni la posible discriminación del hombre cuando éste se encuentre infrarrepresentado. Esto es, la adopción de una medida de acción positiva con independencia de la situación fáctica en la cual se va a aplicar tal medida, resulta contraria al mandado del art. 11 LO 3/2007. Y esta es la situación que se produce cuando se prevé la resolución del empate a favor de la mujer "cuando sea el sexo infrarrepresentado". Pues no se puede partir de la hipótesis de que tal infrarrepresentación pueda, o no producirse, sino que debe estar completamente determinada tal infrarrepresentación —como supuesto de hecho habilitante— para que sea admisible la implementación de la acción positiva que resuelva la situación concreta en la cual se advierte la desigualdad de la mujer.

3.3. Preferencia de la mujer para el desempate en la normativa autonómica valenciana

La normativa reglamentaria en la Comunitat Valenciana es dispar en cuanto a la concesión a la mujer de una ventaja competitiva en los empates. El Decreto 3/2017, de 13 de enero, del Consell, por el que se aprueba el Reglamento de selección, provisión de puestos de trabajo y movilidad del personal de la función pública valenciana, no establece la citada preferencia, sino que deriva a las convocatorias de acceso al empleo público la posibilidad de que se establezcan criterios de género para resolver los empates.

Igualmente, la Orden 4/2019, de 19 de diciembre, de la Conselleria de Política Territorial, Obras Públicas y Movilidad, que aprueba las bases reguladoras para concesión de becas para la realización de prácticas profesionales en la *Autoritat de Transport Metropolità de València*, en su art. 11, 1. F), prevé dirimir los empates "de acuerdo con el principio de presencia equilibrada por razón de género". De esta forma, el "criterio de género" no necesariamente implica beneficiar solamente a la mujer —y no al hombre— en el caso de infrarrepresentación, pues la igualdad entre ambos sexos, y el equilibrio entre ellos en la representación final, también forma parte del criterio de género que establece la LO 3/2007.

En otras normas reglamentarias se acoge el principio de resolución de los empates a favor del sexo infrarrepresentado, sin excluir a los hombres en el caso de que sean éstos los que se encuentren en tal situación. Así, por ejemplo, la Orden 2/2020, de 12 de marzo de 2020, de la Vicepresidencia y Consellería de Igualdad y Políticas Inclusivas, que aprueba las bases reguladoras para la concesión de becas para la realización de prácticas profesionales en la Dirección General de Infraestructuras de Servicios Sociales, establece en su art. 4.2. VII "Si persistiese la igualdad, quien pertenezca al sexo infrarrepresentado". Tal previsión en principio, no obstaría a su conformidad con las previsiones de la LO 3/2007, por cuanto son acciones dirigidas a garantizar una presencia equilibrada de mujeres y hombres en las proporciones previstas en su D.A.1ª.

Pero también existen normas reglamentarias en el ámbito autonómico valenciano, en las que se prevé expresamente la concesión del beneficio de la preferencia en el empate sólo a la mujer, cuando ésta se encuentre infrarrepresentada, aunque se fijan los criterios para poder determinar tal infrarrepresentación. En la Orden 12/2017, de 26 de junio, de la Conselleria de Justicia, Administración Pública, Reformas Democráticas y Libertades Públicas, por la que se aprueban los baremos de aplicación a los concursos de méritos para la provisión de puestos de trabajo de la Administración de la Generalitat, en su art. 10 establece que, en caso de empate, la adjudicación se efectuará a favor de la mujer, cuando sea el sexo infrarrepresentado, siempre que tal circunstancia esté prevista en la convocatoria. Pero adiciona que existirá infrarrepresentación de la mujer cuando la diferencia con el hombre sea superior a 10 puntos porcentuales para el sexo femenino, o cuando sea inferior al 40% del total.

Sin embargo, existen supuestos en los que ni tan siquiera se plantea la existencia de una infrarrepresentación previa que pueda justificar la acción positiva para el desempate a favor de la mujer, ni se justifica la razonabilidad de la medida ni su conveniencia. Esto es, se prevé la acción positiva sin un previo análisis de la situación de partida, sino que se establece de forma genérica, y sin tomar en consideración la alteración de la composición equilibrada que puede suponer tal acción, en el caso de que el sexo infrarrepresentado sea el masculino.

Así, la Resolución de 7 de marzo de 2023, de la Presidencia del Consell Jurídic Consultiu de la Comunitat Valenciana, por la que se convoca una oposición para la provisión de dos plazas del cuerpo de letrados y letradas del Consell Jurídic Consultiu, establece en la Base 6ª que, en caso de empate entre personas de distinto sexo, "se dirimirá a favor del sexo femenino en caso de que esté infrarrepresentado". Y tal previsión curiosamente contrasta con la propia plantilla del cuerpo, donde la presencia femenina es superior a la masculina.

Se pone con ello en evidencia que la adopción de tal acción positiva no está determinada por un previo estudio sobre la situación de partida (que correspondería al informe de impacto de género), en el cual se advertiría la carencia de justificación de tal acción (incumpliendo con ello las exigencias del art. 11 de la LO 3/2007). Pues no cabe el establecimiento de acciones positivas con carácter genérico y desvinculadas de la realidad fáctica en las cuales quieran implementarse, sino que, por el contrario, sólo son admisibles si existe una justificación suficiente que permita inaplicar el principio de presencia equilibrada, cuando el desfavorecido es el hombre (D.A. 1ª LO 2/2024).

En consecuencia, la genérica invocación del principio constitucional de igualdad, ex. art. 14 CE, no es un elemento objetivo que permita implementar medidas de acción positiva, pues deben analizarse las situaciones de partida que puedan requerir de tal medida. Por el contrario, se vulnera el principio de igualdad del art. 14 CE, cuando se discrimina de un sexo a favor del otro en orden a ser seleccionado, en caso de empate, sin referencia alguna a la previa existencia de situaciones patentes de desigualdad que pudieran ser la hipotética justificación de dichas medidas.

La ruptura del principio de presencia equilibrada, siendo posible, sólo cabe si se acreditan circunstancias que determinen la necesidad de superar una situación fáctica concreta de manifiesta desigualdad, siempre que las medidas que se adopten sean idóneas, razonables y proporcionales.

4. EXIGENCIA DEL REQUISITO DE DISPONER DE UN PLAN DE IGUALDAD PARA SER BENEFICIARIOS DE UNA SUBVENCIÓN

4.1. Los planes de igualdad como obligación para el acceso a las subvenciones públicas

La exigencia del requisito de disponer de plan de igualdad para el acceso a subvenciones públicas, esto es, como condición necesaria para ser beneficiario de una subvención, es una vía para la efectividad de las políticas de igualdad, pues tales planes permiten advertir cuales son las medidas que se adoptan por parte de las empresas para superar situaciones de desigualdad y las discriminaciones por razón de sexo (art. 51, LO 3/2007).

Tal exigencia toma referencia en la doctrina —no unánime— del Consell Jurídic Consultiu de la Comunitat Valenciana que ha venido considerando que la obligación de disponer de un plan de igualdad —cuando una norma así lo establezca— se configura como parte de los requisitos necesarios para el acceso a las subvenciones públicas. De esta forma, cuando una empresa esté obligada a disponer de un plan de igualdad, el incumplimiento de dicha obligación determinar un óbice para acceder a subvenciones públicas. Tal planteamiento pretende incentivar el cumplimiento de la obligación de disponer del correspondiente plan de igualdad, pero a través de la sanción por su incumplimiento, pues impedir el acceso a subvenciones públicas no es sino una fórmula de sancionar a la empresa incumplidora.

Y siendo loable la citada exigencia, sin embargo carece de apoyatura en el ordenamiento jurídico, pues no se prevé ni en la LO 3/2007, ni en la Ley 38/2003, de 17 de noviembre, General de Subvenciones (LGS) ni, en el ámbito de la Comunitat Valenciana, en la Ley 1/2015 de 6 febrero, de la Generalitat, de Hacienda Pública, Sector Público Instrumental y de Subvenciones.Y para establecer como un requisito que las entidades dispongan de planes de igualdad sería necesario que una norma de rango superior obligase a incluir tal requisito en las bases de las convocatorias de subvenciones. Es decir, para que las normas reglamentarias que aprueban las bases de las subvenciones pudieran imponer tal requisito para el acceso a la subvención, debería existir un mandato, en norma superior, que así lo exigiese[9].

Sin embargo no existe un mandato del cual se pueda extraer que disponer de planes de igualdad sea un requisito que, inexcusablemente, deba figurar en las bases reguladoras, ni tampoco que para poder ser beneficiario de las ayudas sea un requisito disponer de tales planes de igualdad. Antes al contrario. La imposición de un requisito (disponer de planes de igualdad) para poder optar a la subvención supone, obviamente, que no cumplir tal requisito (disponer de tales planes, cuando se esté legamente obligado a ello) impide ser beneficiarios de la subvención. Una limitación en el acceso a la subvención que no está prevista ni en la LO 3/2007, ni en la LGS. Pero que, además, implica sancionar con la no obtención de subvenciones a aquellos que incumplan el deber jurídico de disponer de planes de igualdad.

4.2. La exigencia de planes de igualdad para el acceso a subvenciones públicas en el ordenamiento jurídico

El examen de la normativa sobre subvenciones permite advertir que los requisitos para obtener la condición de beneficiario de subvenciones son los que se prevén en el art. 13 de la LGS, precepto que tiene carácter básico en virtud de lo dispuesto en la Disposición final primera, 1ª, de la misma norma. El citado art. 13, regula dos tipos de requisitos: 1º) Los que puedan establecer las bases reguladoras y la convocatoria (ap. 1); 2º) Los que se determinan como prohibición para ser beneficiario de una subvención (ap. 2 y 3).

Los requisitos contenidos en las bases reguladoras y en la convocatoria serán establecidos por el poder público convocante, los cuales no pueden estar desvinculados de la actividad a fomentar. Mientras que los del art. 13 apartados 2º y 3º operan *ex lege*, y sólo pueden exceptuarse cuando la naturaleza de la subvención lo permita, según así disponga su normativa reguladora. Y en consecuencia los únicos requisitos normativamente impuestos en norma de rango legal para ser beneficiario son los que conforman las prohibiciones del art. 13, 2º y 3º.

Consecuencia de ello es que el requisito de disponer de planes de igualdad no es una de las prohibiciones expresas para ser beneficiario de subvenciones que establece el art. 13 de la LGS. Tampoco en la LO 3/2007 se prevé como requisito para ser beneficiarios de las subvenciones la obligatoriedad de disponer de planes de igualdad. En dicha norma se determinan las personas jurídicas obligadas, pero no se anuda a tal obligación un requisito para ser beneficiario de subvenciones.

Por su parte, y respecto a los requisitos específicos contenidos en las bases reguladoras y en la convocatoria —art. 13.1º LGS—, éstos no pueden limitar la condición de beneficiario de forma discriminatoria ni configurarse como exigencia unilateral de carácter restrictivo, ajena a la actividad que se fomenta. La Sala de lo Contencioso-Administrativo, Tribunal Superior de Justicia de Extremadura, en su Sentencia 169/2019, de 29 de octubre de 2019, indica al respecto, que:

> "No podemos soslayar que la carga modal que conllevan las subvenciones es la característica sustancial de la misma, pero esa carga modal ha de ir dirigida a fomentar una determinada finalidad de interés general, resultando contrario al propio concepto de la subvención, que la carga modal consista en imponer una condición de obligado cumplimiento que no forma parte intrínseca de la actividad a fomentar. La subvenciones en realidad son instrumentos de gestión de servicio público"

Por lo que el establecimiento en las bases de las subvenciones de unos requisitos que son ajenos a la actividad que se pretende fomentar con tales subvenciones, resultaría contraria al principio de no discriminación:

> "Según se desprende de la jurisprudencia del Tribunal de Justicia de las Comunidades Europeas, la apreciación de la violación del principio de no discriminación exige demostrar la existencia de un trato menos favorable respecto de personas o colectivos que se hallen en una situación sustancialmente similar y comparable, consecuencia de no respetar motivos protegidos, o que se trata de forma idéntica a personas o colectivos que se hallen en situaciones diferentes que les produzca unos efectos desproporcionadamente perjudiciales, a no ser que dicho trato esté objetivamente justificado (STCE 23 de octubre de 2003, 1 de abril de 2008, 17 de julio de 2008, 23 de septiembre de 2009y 21 de julio de 2011)."

De tal forma que debe existir una conexión directa e inmediata entre los requisitos que se contengan en las bases reguladoras de la subvención y el objeto de tal subvención. Por lo que no cabrá la imposición de exigencias con carácter general que estén desvinculadas de la actividad que se pretende fomentar con la subvención. Ello obliga a un análisis del objeto de la subvención, y de la incidencia que en tal objeto pueda tener el cumplimiento de la obligación de disponer del plan de igualdad, entendiendo tal incidencia como parte intrínseca del objeto de la subvención y no simplemente conectada en términos genéricos o como salvaguarda del general cumplimiento de las obligaciones legales que incumben a los posibles beneficiarios de la subvención.

Tampoco en el art. 35 de la LO 3/2007, se establece un mandato a la Administración que obligue a exigir disponer de planes de igualdad como requisito para ser beneficiario en las convocatoria de ayudas o subvenciones. Así, se difiere a los planes estratégicos de las subvenciones la posibilidad de determinar ámbitos en los cuales las bases reguladoras de las subvenciones puedan incluir la valoración de medidas para la efectiva consecución de la igualdad que las entidades solicitantes hayan previsto[10].

---

10 Artículo 35, LO 3/2007: "Subvenciones públicas. Las Administraciones públicas en los planes estratégicos de subvenciones que adopten en el ejerci-

Por una parte, la previsión del art. 35 establece un mandato de actuación, dirigido a las Administraciones públicas, pero referido a los "planes estratégicos de subvenciones", y no, directamente, a las bases de las subvenciones. La Administración tiene que establecer, en tales planes estratégicos, los ámbitos donde pudiera ser procedente que, en las bases de las subvenciones, se puedan valorar actuaciones para la consecución de la igualdad por parte de las entidades solicitantes.

De esta forma, el art. 35 LO 3/2007, lejos de ordenar que las bases reguladoras de las subvenciones establezcan medidas para favorecer la igualdad, lo que hace es exigir que la Administración estudie si en el ámbito concreto de unas determinadas subvenciones, existen situaciones de desigualdad de oportunidades y, de ser así, prever, en los planes estratégicos, que las bases reguladoras de las subvenciones pueda incluir la valoración de actuaciones de efectiva consecución de la igualdad. Son pues los planes estratégicos de subvenciones el instrumento para estudiar y planificar si se pueden incluir, en las bases reguladoras, las medidas concretas. Lo que conduce a la necesidad de un previo análisis de la situación de partida que evidencie la existencia de desigualdades que sean necesarias corregir en el ámbito concreto de la subvención, y de la previsión de incorporación de la valoración de las actuaciones que presenten los solicitantes para conseguir la igualdad. En definitiva, no pueden establecerse con carácter genérico y sin un estudio de situación.

Pero, además, el propio art. 35 LO 3/2007, prevé diferentes medidas susceptibles de ser valoradas en las bases reguladoras —si previamente así se establece en el plan estratégico de subvenciones—: las medidas de conciliación de la vida personal, laboral y familiar, de responsabilidad social de la empresa, o la obtención del distintivo

---

cio de sus competencias, determinarán los ámbitos en que, por razón de la existencia de una situación de desigualdad de oportunidades entre mujeres y hombres, las bases reguladoras de las correspondientes subvenciones puedan incluir valoración de actuaciones de efectiva consecución de la igualdad por las entidades solicitantes. A estos efectos podrán valorarse, entre otras, las medidas de conciliación de la vida personal, laboral y familiar, de responsabilidad social de la empresa, o la obtención del distintivo empresarial en materia de igualdad regulado en el Capítulo IV del Título IV de la presente Ley"

empresarial en materia de igualdad. Y es la Administración Pública convocante la que tiene que determinar cuáles de esas medidas son las que quiere valorar, como decisión de oportunidad. Así, para la posible valoración de actuaciones de consecución efectiva de la igualdad en las bases de una subvención, previamente deberán fijarse en los Planes Estratégicos de Subvenciones los ámbitos para que dichas actuaciones puedan ser valoradas. Y la premisa previa es que exista, en la concreta actividad de fomento que es objeto de la subvención, una situación de efectiva desigualdad de oportunidades.

Debe a ello añadirse que la "valoración de actuaciones" no es lo mismo que la prohibición de que alguien sea beneficiario. Valorar es tomar en consideración, dar valor, lo que no permite excluir a quien no realizase esas actuaciones, sino por el contrario, suma a quien sí las realiza. Si se impide ser beneficiario no se valora, sino que se excluye. En definitiva, la exclusión de acceso a la subvención no puede considerarse una forma de valoración de actuaciones de efectiva consecución de la igualdad, puesto que tal valoración no forma parte de los requisitos para la subvención sino que, en su caso, sólo permitiría beneficiar a los que implementasen tales actuaciones. Excluir implica la imposibilidad absoluta de que los solicitantes puedan ser valorados.

La necesidad de establecer por norma con rango de ley la posible exclusión de aquellas empresas y entidades que no cumplan con la obligación de disponer de planes de igualdad viene reforzada por la previsión de la Ley 9/2017, de 8 de noviembre, de Contratos del Sector Público (LCSP) la cual, en su art. 71.1.d), prohíbe expresamente la contratación a empresas en las que concurra determinadas circunstancias, y entre ellas el incumplimiento de la obligación de contar con un plan de igualdad en empresas de más de 50 trabajadores[11] lo que conduce a advertir la necesidad de previa previsión legal que permita a la norma reglamentaria a imponer tal exigencia.

---

[11] Art. 71 LCSP: Prohibiciones de contratar. "1. No podrán contratar con las entidades previstas en el artículo 3 de la presente Ley con los efectos establecidos en el artículo 73, las personas en quienes concurra alguna de las siguientes circunstancias: d) (...) o en el caso de empresas de 50 o más trabajadores, no cumplir con la obligación de contar con un plan de igualdad

Por otra parte, y si se pretendiese encontrar cobertura legal a la exigencia de disponer de planes de igualdad para acceder a subvenciones públicas en el art. 14 LO 3/2007, relativo al "compromiso con la efectividad del derecho constitucional de igualdad entre mujeres y hombres", resultaría —cuanto menos— complejo considerar que es dicho criterio general el que dota de encaje jurídico a la meritada exigencia. Su naturaleza como criterio general de actuación de los poderes públicos, supone un principio de actuación, cuya dimensión no es la de una imposición de una obligación directa, sino que determina una pauta que deberán seguir los poderes públicos.

El criterio general de actuación del art. 14 LO 3/2007, tiene valor programático, según así lo expresa el propio Preámbulo de la norma, al considerarlo como "pauta de actuación" o "criterio de orientación de las políticas públicas". La sentencia de 23 de febrero de 2010, Tribunal Superior de Justicia de Madrid, Sala de lo Contencioso-Administrativo, entiende que la LO 3/2007:

> "(...) distingue una parte programática, para orientar políticas activas que promuevan la igualdad, y otra consistente en regulaciones específicas, entre las que destaca de forma paradigmática la disposición adicional segunda (...) que constituyen verdaderos mandatos a quienes participan en las relaciones jurídicas a que se refieren. El mero apartamiento o incumplimiento de las principios orientadores contenidos en las normas de esta naturaleza de la LO 3/2007, no puede dar lugar a la anulación del decreto" (F.J. 4º).

De esta forma, no cabe admitir un pretendido automatismo, que sea consiguiente a la consideración del principio general del compromiso con la efectividad del derecho constitucional de igualdad que convierta a todo tipo de acción positiva en un deber de obligación. Tal automatismo ha sido, además, excluido expresamente por el Tribunal Supremo al afirmar que su naturaleza es propia de un principio rector o criterio orientador. La Sentencia Tribunal Supremo Sala Tercera, de 10 de mayo 2016, indica que los criterios "no operan con rígido automatismo como norma universal de obligado

---

conforme a lo dispuesto en el artículo 45 de la Ley Orgánica 3/2007, de 22 de marzo, para la igualdad efectiva de mujeres y hombres, y que deberán inscribir en el Registro laboral correspondiente".

e incondicionado, sino como principios rectores" (F.J. Séptimo). Tal pronunciamiento lo reitera la sentencia Tribunal Supremo, Sala Tercera, núm. 1136/2017, de 27 de junio de 2017.

Y, aunque hiciésemos abstracción de todo lo expuesto, las exigencias que deben cumplir en su actividad todas las entidades, en la extensión del ordenamiento, son múltiples; no solo las relacionadas con los planes de igualdad. El incumplimiento de tales exigencias es una contravención del ordenamiento jurídico. Pero incumplir obligaciones impuestas legalmente, no conlleva incumplir los requisitos para ser beneficiario de una subvención (así, por ejemplo, el cumplimiento de la legislación de riesgos laborales etc.). Todas son obligaciones legales. Pero no cabe concluir que también constituyen requisitos para ser beneficiario de subvenciones. Pues sólo pueden configurarse como tales las obligaciones que el legislador considere que inciden en el objeto de la subvención, en su cumplimiento, o en otros parámetros que acrediten la contribución del beneficiario a las cargas del Estado (estar al corriente en obligaciones tributarias y frente a la Seguridad Social, entre otras).

4.3. La exigencia del plan de igualdad para acceder a las subvenciones públicas es una sanción no tipificada en ley por el incumplimiento de la obligación de disponerlo

El principio de legalidad, en el ámbito sancionador, implica, no sólo que se reconozca la potestad sancionadora (*lex previa*) en una norma con rango de Ley, sino también que ha de ser precisamente esa norma con tal rango la que describa la concreta conducta (*lex certa*). El mandato del art. 25 CE requiere que las infracciones administrativas estén declaradas como tales en la legislación vigente en el momento de producirse.

Por su parte, el art. 27 de la Ley 40/2015, de 1 de octubre, de Régimen Jurídico del Sector Público establece que "sólo constituyen infracciones administrativas las vulneraciones del ordenamiento jurídico previstas como tales infracciones por una Ley" y "únicamente por la comisión de infracciones administrativas podrán imponerse sanciones que, en todo caso, estarán delimitadas por la ley", consagrando el principio de tipicidad en el Derecho Administrativo Sancionador, manifestación del derecho punitivo del Estado. Por su parte, El art. 128.2 de la Ley 39/2015, de 1 octubre, del Procedimiento Administrativo Común de las Administraciones Públicas, cuando regula el ejercicio de la potestad reglamentaria, establece la meritada reserva de ley en materia sancionadora[12].

Así, no todo incumplimiento de la legalidad implicará la comisión de una infracción, ni, por tanto, cabrá irrogar a tal incumplimiento una sanción. Sólo cuando tal incumplimiento determine un determinado tipo infractor, previamente previsto en la ley, se podrá imponer una sanción, que deberá estar igualmente contemplada en norma de rango de ley. Y la restricción en el acceso a la condición de beneficiario de subvenciones por incumplir una determinada obligación legal (la de disponer de planes de igualdad), se configura como una auténtica sanción, no sólo como una acción para incentivar tal cumplimiento (como así se prevé en el art. 35 LO 3/2007). Supone limitar el derecho a ser beneficiario de una subvención, por incumplir una determinada previsión normativa (disponer de planes de igualdad). Y tal limitación sólo puede imponerse a través de una norma con rango de ley.

En la LO 3/2007 se prevén las sanciones por incumplir la obligación de disponer de planes de igualdad, cuando éste sea exigible, con remisión a las infracciones y sanciones en el orden social. En la Disposición adicional decimocuarta, la LO 3/2007 incluye las modificaciones a la Ley de Infracciones y Sanciones del Orden Social (Real Decreto Legislativo 5/2000, de 4 de agosto) y, entre ellas, en el apartado cuatro, añade un nuevo artículo 46 bis. La ley de Infracciones y sanciones se configura como marco legal para el ejercicio de la po-

---

12 Art. 128.2 de la Ley 39/2015: "(...) Sin perjuicio de su función de desarrollo o colaboración con respecto a la ley, no podrán tipificar delitos, faltas o infracciones administrativas establecer penas o sanciones, ni tributos, exacciones parafiscales u otras cargas o prestaciones personales o patrimoniales de carácter público" y el pleno sometimiento al principio de jerarquía y competencia "(...) Ninguna disposición administrativa podrá vulnerar los preceptos de otra de rango superior"

testad punitiva del Estado ante el incumplimiento de las obligaciones en materia de planes de igualdad.

La Ley de Infracciones y Sanciones del Orden Social configura dos tipos infractores por el incumplimiento de las obligaciones en materia de planes de igualdad. El primero, en su art. 7. 13° que tipifica como infracción grave el incumplimiento de las obligaciones en materia de planes y medidas de igualdad establecidos en la LO 3/2007[13]. De esta forma, el incumplimiento de la obligación de disponer de planes de igualdad, es una infracción grave en materia de relaciones laborales. El art. 40 de la misma norma, que establece las sanciones a aplicar según cada tipo infractor, prevé, en el apartado 1.b) una multa como sanción por infracción grave en materia de relaciones laborales.

El segundo, en su art. 8. 17° que tipifica, como infracción muy grave, no elaborar el plan de igualdad cuando la obligación derive de lo establecido en el art, 46 bis, 2°, de la misma norma[14]. Estableciéndose como sanción, en el art. 40.1.c), la imposición de una multa. En el art. 46.bis, se establecen las sanciones accesorias que se impondrán a los empresarios en diferentes supuestos. Así, cuando se hubiese cometido una infracción muy grave de las previstas en el art. 8, apartados 12, 13 y 13 bis), y en el art. 16, apartado 2, se impondrá una sanción accesoria de pérdida de las ayudas y beneficios de los programas de empleo y la exclusión en el acceso a las mismas. Pero tal sanción accesoria podrá sustituirse por la elaboración y aplicación de un plan de igualdad en la empresa. Y si se incumpliese con dicha sanción sustitutiva (elaborar un plan de igualdad) es cuando se producirá el tipo infractor del art. 8.17°, (infracción muy grave), que tendrá como

---

13 Art. 7. Infracciones graves. "Son infracciones graves: 13. No cumplir las obligaciones que en materia de planes y medidas de igualdad establecen la Ley Orgánica 3/2007, de 22 de marzo, para la igualdad efectiva de mujeres y hombres, el Estatuto de los Trabajadores o el convenio colectivo que sea de aplicación"

14 Art. 8. Infracciones muy graves. "Son infracciones muy graves: 17. No elaborar o no aplicar el plan de igualdad, o hacerlo incumpliendo manifiestamente los términos previstos, cuando la obligación de realizar dicho plan responda a lo establecido en el apartado 2 del artículo 46 bis de esta Ley"

sanción accesoria, la pérdida de ayudas, bonificaciones y beneficios derivados de la aplicación de programas de empleo[15].

Por lo expuesto, la única sanción que se prevé por el incumplimiento de la obligación de disponer de planes de igualdad —cuando así lo establezca la LO 3/2007—, es la imposición de una multa, sin sanción accesoria alguna. La sanción accesoria de pérdida y exclusión de ayudas y beneficios derivados de programas de empleo, sólo se aplicará a la infracción muy grave del art. 8, apartado 17° por in-

---

15 Art. 46, bis. "2. No obstante lo anterior, en el caso de las infracciones muy graves tipificadas en el apartado 12 del artículo 8 y en el apartado 2 del artículo 16 de esta Ley referidas a los supuestos de discriminación directa o indirecta por razón de sexo, las sanciones accesorias a las que se refiere el apartado anterior podrán ser sustituidas por la elaboración y aplicación de un plan de igualdad en la empresa, y siempre que la empresa no estuviere obligada a la elaboración de dicho plan en virtud de norma legal, reglamentaria o convencional, o decisión administrativa, si así se determina por la autoridad laboral competente previa solicitud de la empresa e informe preceptivo de la Inspección de Trabajo y Seguridad Social, en los términos que se establezcan reglamentariamente, suspendiéndose el plazo de prescripción de dichas sanciones accesorias.
En el supuesto de que no se elabore o no se aplique el plan de igualdad o se haga incumpliendo manifiestamente los términos establecidos en la resolución de la autoridad laboral, ésta, a propuesta de la Inspección de Trabajo y Seguridad Social, sin perjuicio de la imposición de la sanción que corresponda por la comisión de la infracción tipificada en el apartado 17 del artículo 8, dejará sin efecto la sustitución de las sanciones accesorias, que se aplicarán de la siguiente forma:
a) Pérdida automática, y de forma proporcional al número de trabajadores afectados por la infracción, de las ayudas, bonificaciones y beneficios a los que se refiere la letra a) del apartado anterior, con efectos desde la fecha en que se cometió la infracción.
La pérdida de estas ayudas, bonificaciones y beneficios derivados de la aplicación de los programas de empleo afectará a los de mayor cuantía, con preferencia sobre los que la tuvieren menor en el momento de la comisión de la infracción. Este criterio ha de constar necesariamente en el acta de infracción de forma motivada.
b) Exclusión del acceso a tales beneficios por un período de seis meses a dos años, a contar desde la fecha de la resolución de la autoridad laboral por la que se acuerda dejar sin efecto la suspensión y aplicar las sanciones accesorias"

cumplimiento de la obligación de realizar un plan de igualdad cuando éste fuese sustitutivo de una sanción accesoria (art. 46 bis, 2º). Por ello, se debe concluir que la exclusión en la condición de beneficiario de subvenciones públicas, impidiendo el acceso a las mismas cuando se incumpla la obligación legal de disponer de planes de igualdad, no es una sanción prevista ni en la LO 3/2007, ni en la Ley de Infracciones y Sanciones del Orden Social.

En conclusión, establecer a través de una norma reglamentaria —bases de subvenciones— el requisito de disponer de un plan de igualdad cuando se esté obligado a ello, para ser beneficiario de una subvención, es una evidente infracción del principio de tipicidad del art. 25 CE y art. 27 Ley 40/2015, pues no existe previsión alguna en norma de rango de ley que establezca que, a la infracción de la obligación de disponer del plan de igualdad, se pueda irrogar, como consecuencia jurídica, la imposibilidad de acceder a subvenciones públicas.

5. CONCLUSIONES

El fundamento para la adopción de medidas correctoras no puede tener presupuesto fáctico en las situaciones de desigualdad históricas, pues lo que habilita la adopción de medidas positivas para vencer la desigualdad, es la existencia de una discriminación concreta, patente y de hecho, que requiera de la necesaria adopción de medidas correctoras, razonables y proporcionadas, de conformidad con el art. 11 LO 3/2007.

1) La acción positiva de dar preferencia a la mujer en caso de empate cuando sea el sexo infrarrepresentado, no pretende la consecución de la presencia equilibrada entre mujeres y hombres. Se trata de establecer una diferenciación positiva a favor de las mujeres, en la selección final del candidato entendiendo que la infrarrepresentación del hombre es una situación aceptable, pues no se prevé establecer medidas para su corrección. Sólo si la infrarrepresentación es de la mujer, procede establecer un mecanismo corrector. Así, el hombre queda fuera del posible equilibrio, que sólo operará a favor de la mujer. Con ello se establece un trato desigual, por razón de sexo, en

la medida que, en situaciones iguales —infrarrepresentación— las consecuencias jurídicas son diferentes.

La infrarrepresentación del hombre también tiene cabida en el entendimiento de la Disposición Adicional Primera de la LO 3/2007. Un sexo infrarrepresentado supone un desequilibrio en la composición equilibrada que, igualmente, sería merecedor de la misma acción de ajuste para conseguir la igualdad real y efectiva y, en particular, en el ámbito en el cual se pretenda una presencia equilibrada entre hombre y mujer.

No cabe establecer de forma indiscriminada medidas de acción positiva en las que no se tenga como referencia la existencia de una desigualdad manifiesta y concreta de la mujer respecto a los hombres. En la dicción del art. 11 de la LO 3/2007 una "patente desigualdad de hecho". Es por ello que la posibilidad de implementar una acción que tan sólo pueda beneficiar a las mujeres requerirá la acreditación de una circunstancia fáctica pusiese de manifiesto la desigualdad de hecho, y la proporcionalidad y razonabilidad de la medida. Y a estos efectos, no es admisible como supuesto fáctico habilitante para tales acciones la discriminación histórica de la mujer respecto al hombre, sino que deben ser analizadas las situaciones concretas en las cuales cabría implementar dichas medidas.

La necesidad de justificación, por tanto, es premisa previa para el establecimiento de una medida como la de resolver los empates sólo a favor de la mujer, si ésta se encuentra en situación de infrarrepresentación. La infrarrepresentación del hombre, por su parte, no se beneficiaría de tal acción pero se trata de una excepción al principio general —que supone la sobrerrepresentación de la mujer— que, como excepción, debe estar justificada. Y, como acción positiva, según así lo conceptúa la D.A. 1ª LO 2/2024, deberá seguir los requisitos del art. 11 LO 3/2007, a través de su análisis en el informe de impacto de género.

2) La exigencia del requisito de disponer de plan de igualdad para acceder a subvenciones públicas, esto es, como condición necesaria para ser beneficiario de una subvención, es una vía para la efectividad de las políticas de igualdad, pues tales planes permiten advertir cuales son las medidas que se adoptan por parte de las empresas

para superar situaciones de desigualdad y las discriminaciones por razón de sexo (art. 51 LO 3/2007). Sin embargo carece de apoyatura en el ordenamiento jurídico, pues no se prevé ni en la LO 3/2007, ni en la Ley 38/2003, de 17 de noviembre, General de Subvenciones (LGS) ni, en el ámbito de la Comunitat Valenciana, en la Ley 1/2015 de 6 febrero, de la Generalitat, de Hacienda Pública, Sector Público Instrumental y de Subvenciones.

Para establecer como un requisito que las entidades dispongan de planes de igualdad sería necesario que una norma de rango superior obligase a incluir tal requisito en las bases de las convocatorias de subvenciones. Es decir, para que las normas reglamentarias que aprueban las bases de las subvenciones pudieran imponer tal requisito para el acceso a la subvención, debería existir un mandato, en norma superior, que así lo exigiese. Pues no todo incumplimiento de la legalidad implicará la comisión de una infracción, ni, por tanto, cabrá irrogar a tal incumplimiento una sanción. Sólo cuando el incumplimiento determine un determinado tipo infractor, previamente previsto en la ley, se podrá imponer una sanción, que deberá estar igualmente contemplada en norma de rango de ley.

La restricción en el acceso a la condición de beneficiario de subvenciones por incumplir una determinada obligación legal (la de disponer de planes de igualdad), se configura como una auténtica sanción, no sólo como una acción para incentivar tal cumplimiento (como así se prevé en el art. 35 LO 3/2007). Supone limitar el derecho a ser beneficiario de una subvención, por incumplir una determinada previsión normativa (disponer de planes de igualdad). Y la única sanción que se prevé en la Ley de Infracciones y Sanciones del Orden Social por el incumplimiento de la obligación de disponer de planes de igualdad es la imposición de una multa, sin sanción accesoria alguna. Por tanto, el establecimiento en una norma reglamentaria del requisito del requisito de disponer de un plan de igualdad —cuando se esté obligado a ello— para ser beneficiario de una subvención, es una infracción del principio de tipicidad del art. 25 CE y art. 27 Ley 40/2015.

BIBLIOGRAFÍA

Cabeza Pereiro, J. (2020), "Los planes de igualdad: Balance y cambios normativos" *Revista Derecho Social y Empresa,* núm. 12.

Pérez Roldán, M. y Rodríguez Lorca, A.I. (2023), "Los planes de igualdad en la contratación pública", *Derecho y salud,* núm. 1 (extra.).

Ruiloba Núñez, J.M. y Navarro González, R. (2020), "¿Administraciones públicas "genderizadas"? *Revista Derecho del Estado,* núm. 47.

Sánchez Trigueros, C. (2019), "Concepto y fundamentación jurídica de las acciones positivas y la promoción profesional de las mujeres en la jurisprudencia del TJUE", *Femeris,* vol. 4, núm. 2.

Sierra Hernáiz, E. (2017), "El papel de los planes de igualdad en la implantación de medidas de igualdad efectiva en las empresas", *Lan harremanak: Revista de relaciones laborales,* núm. 38.

Soriano Arnanz, A. (2021), "La situación de las mujeres en el empleo público. Análisis y propuestas", *IgualdadES,* año núm. 3, núm. 4.

Orden de género estatutario y marco legal antidiscriminatorio

MARIANO VIVANCOS COMES
Profesor de Derecho Constitucional
Universitat de València

SUMARIO: 1. IMPORTANCIA DEL DESARROLLO DE UN MARCO ANTIDISCRIMINATORIO PROPIO. 2. EL DEFECTUOSO ORDEN DE GÉNERO ESTATUTARIO. 3. DESPLIEGUES LEGISLATIVOS EN MATERIA DE DERECHO ANTIDISCRIMINATORIO. 4. EL DESARROLLO ESTATAL DE UN MARCO INTEGRAL PARA EL TRATO IGUALITARIO. 5. CONCLUSIÓN: TAREAS PENDIENTES PARA AFIANZAR UN TRATO IGUALITARIO EN EL ÁMBITO VALENCIANO DE DECISIÓN. BIBLIOGRAFÍA

1. IMPORTANCIA DEL DESARROLLO DE UN MARCO ANTIDISCRIMINATORIO PROPIO

El Derecho antidiscriminatorio es una disciplina jurídica en constante evolución, que ha adquirido una relevancia creciente en los últimos años y que se ha ido abriendo paso, también, a nivel doctrinal[1]. Su desarrollo responde a la necesidad de garantizar esa "cláusula de progreso" —insertada en nuestra regulación constitucional a partir del precedente italiano[2]— en sociedades marcadas por la diversidad cultural, social y económica. En este contexto, la lucha contra la discriminación no solo implica la prohibición de tratos diferenciados

---

1 Una de las obras más completas del panorama constitucional español es, sin duda, la contribución del profesor Rey Martínez, F. (2019). *Derecho Antidiscriminatorio.* Cizur Menor: Aranzadi.

2 El art 9.2 CE guarda gran similitud con el art. 3.2 la Constitución italiana de 1947, que introdujo la denominada clausula "Lelio Basso" en recuerdo del autor intelectual de la disposición, llamada a desmentir aquellas afirmaciones que dan por realizado lo que aún está pendiente de serlo.

que puedan resultar injustificados, sino también el diseño de mecanismos normativos o de garantías institucionales que permitan corregir desigualdades estructurales y fomentar la (verdadera) inclusión de colectivos históricamente marginados.

En el ámbito del ordenamiento jurídico español, la aprobación de la Ley 15/2022, de 12 de julio, Integral para la Igualdad de Trato y la No Discriminación[3], ha supuesto un hito significativo en la consolidación de un marco normativo unificado en materia antidiscriminatoria. Sin embargo, dado el carácter descentralizado del Estado, esta normativa estatal actúa de manera supletoria "y decae frente a otras normas, tanto estatales, como autonómicas, que regulan de modo específico algunos aspectos de este régimen tuitivo y que prevalecerán frente a la misma, en aras a esa máxima de *lex specialis derogat generali*"[4], permitiendo que las comunidades autónomas no sólo mantengan sino que puedan ampliar también sus desarrollos legales en la materia, como así ha sucedido[5]. Este modelo de protección multinivel, como se ha destacado, resulta esencial para adaptar las políticas de igualdad a las particularidades territoriales y garantizar su eficacia en cada comunidad autónoma.

La Comunitat Valenciana ha mostrado un compromiso activo con la igualdad de trato y la no discriminación, a través de diversas iniciativas legislativas pioneras y políticas públicas. No obstante, aún persisten desafíos en la consolidación de un marco normativo integral que abarque de manera transversal todas las formas de discriminación. A diferencia de otras comunidades autónomas que

---

3 BOE núm. 167, de 13 de julio de 2022.

4 Seijas Villadangos, E. (2024). La necesaria dimensión autonómica de la ley 15/2022, de 12 de julio, Integral para la Igualdad de Trato y la no Discriminación. *IgualdadES*, (9), 45-77.

5 Cabe señalar, ceñido al ámbito de la violencia de género, Ley 8/2011, de 23 de marzo, de Igualdad entre Mujeres y Hombres y contra la Violencia de Género en Extremadura (DOE núm. 59, de 25 de marzo de 2011; y BOE núm. 88, de 13 de abril de 2011); o, incluso, desde una perspectiva más amplia en materia de igualdad de trato y no discriminación, la Ley 19/2020, de 30 de diciembre, de Igualdad de Trato y no Discriminación de la Comunidad Autónoma de Cataluña (DOGC núm. 8307, de 31 de diciembre de 2020; y BOE núm. 31, de 5 de febrero de 2021).

han desarrollado leyes específicas en la materia, la Comunitat Valenciana carece de una legislación integral antidiscriminatoria, lo que evidencia la necesidad de un mayor desarrollo y esfuerzo normativo en dicho ámbito.

Actualmente, el marco legislativo valenciano en materia de igualdad se encuentra fragmentado en diversas normas sectoriales, entre las que destacan la Ley 9/2003, de 2 de abril, para la igualdad entre mujeres y hombres[6], que requiere una actualización urgente para su complitud y alineamiento con los estándares europeos, y la Ley 23/2018, de 29 de noviembre, de igualdad de las personas LGTBiQ+[7], junto con la Ley 8/2017, de 7 de abril, integral del reconocimiento del derecho a la identidad y expresión de género en la Comunitat Valenciana[8]; o, incluso, la Ley 9/2018, de 24 de abril, de modificación de la Ley 11/2003, de 10 de abril, sobre el estatuto de las personas con discapacidad[9], que incorpora diversas medidas para el fortalecimiento de la interdicción de la discriminación y la promoción de la igualdad de oportunidades. Tales instrumentos legales, han supuesto avances significativos en la protección de determinados colectivos (especialmente el LGTBiQ+ y de las personas con diversidad funcional), pero su alcance sectorial impide una respuesta holística e integral ante las nuevas y emergentes formas de discriminación.

En este sentido, la implementación de la Ley estatal 15/2022 en la Comunitat Valenciana plantea importantes oportunidades y retos. Entre las primeras, destaca la posibilidad de fortalecer el marco autonómico a través de un enfoque transversal y coordinado que garantice la efectividad de las medidas antidiscriminatorias. Sin embargo, los desafíos no son menores: la necesidad de coordinación

---

6 DOCV núm. 4474, de 4 de abril de 2003; BOE núm. 110, de 8 de mayo de 2003.

7 DOCV núm. 8436, de 3 de diciembre de 2018; y BOE núm. 10, de 11 de enero de 2019.

8 DOCV núm. 8019, de 11 de abril de 2017; y BOE núm. 112, de 11 de mayo de 2017.

9 DOCV núm. 8282, de 26 de abril de 2018; y BOE núm. 117, de 14 de mayo de 2018.

entre los distintos niveles territoriales de gobierno; la superación de posibles conflictos normativos o solapamientos; e, incluso, la dotación de recursos adecuados para la aplicación efectiva de las disposiciones legales aprobadas, son algunos aspectos clave que determinarán el impacto real y alcance de una eventual legislación autonómica sobre la materia.

Como reto más evidente, el derecho antidiscriminatorio en la Comunitat Valenciana se encuentra en una fase de consolidación que requeriría de un decidido impulso. Como han señalado los expertos[10], la armonización entre la legislación estatal y autonómica debería servir como un mecanismo de refuerzo nunca como autocontención frente a los avances. Sin embargo, resulta imprescindible profundizar en alguno de los déficits de partida, si se persigue el objetivo de desarrollar un marco legal antidiscriminatorio en el ámbito autonómico valenciano. Con un doble propósito: en primer lugar, garantizar una protección efectiva y reforzada frente a las distintas formas de discriminación, y en segundo, armonizar la garantía legal frente a pluralidad de colectivos que, hoy, reciben un tratamiento dispar y sectorializado[11].

---

10 Seijas Villadangos, E. (2024). o*p cit.*

11 Como he defendido con anterioridad, "en ámbito de los colectivos, sin duda, uno de los más beneficiados ha sido el LGTBiQ+ con el avance de leyes autonómicas que garantizan sus derechos; marcos legales que también han recibdo un blindaje estatal. Sin embargo, cabe señalar que más allá de los beneficios de la mención registral del sexo y ciertos protocolos (trans) y contenidos formativos (educación afectivo-sexual, derechos e historia del movimiento LGTBiQ+...) en el ámbito educativo, la cláusula antidiscriminatoria introducida en cada uno de los instrumentos autonómicos no amplifica la garantía constitucional vinculada al principio de igualdad de trato y no discriminación" Vivancos Comes, M. (2024), *10 años de vigencia de la Carta de Derechos Sociales. De la letra de la ley a su despliegue normativo.* València: Tirant lo Blanch, 222.

2. EL DEFECTUOSO ORDEN DE GÉNERO ESTATUTARIO

La profesora Seijas Villadangos[12] ha analizado cómo las normas institucionales básicas de nueva generación[13] —reformadas durante la VIII legislatura estatal— terminarán por integrar la dimensión antidiscriminatoria, a través de la inclusión bien de principios rectores bien de mandatos directamente dirigidos al legislador autonómico a partir de las declaraciones de derechos que han terminado por incorporarse como contenido de aquellas. Negándoles su dimensión subjetiva pero subrayando, una serie de caracteres que definirán el ejercicio de su ámbito competencial, a través, de la legitimación de acciones positivas para erradicar toda forma de discriminación. Estos son los siguientes:

a) Carácter vinculante para los poderes públicos: Los poderes públicos deben tenerlos en cuenta al legislar, ejecutar políticas y tomar decisiones administrativas.

b) Naturaleza programática: No son de aplicación directa e inmediata como los derechos fundamentales, sino que requieren

[12] Seijas Villadangos, E. (2024). *op. cit.* 62-68.

[13] Tales reformas territoriales siguieron la senda iniciada por la valenciana [Ley Orgánica 1/2006, de 10 de abril, de Reforma de la Ley Orgánica 5/1982, de 1 de julio, de Estatuto de Autonomía de la Comunidad Valenciana ((DOGV núm. 5238, de 11 de abril de 2006; y BOE núm. 86, de 11 de abril de 2006) como se constata en los textos catalán [Ley Orgánica 6/2006, de 19 de julio (DOGC núm. 4680, de 20 de julio de 2006; y BOE de 20 de julio de 2006)], andaluz [Ley Orgánica 2/2007, de 19 de marzo, de reforma del Estatuto de Autonomía para Andalucía (BOA núm. 109, de 4 de junio de 2007; y BOE núm. 68, de 20 de marzo de 2007)], balear [Ley Orgánica 1/2007, de 28 de febrero, de reforma del Estatuto de Autonomía de las Illes Balears (BOIB núm. 32 ext., de 1 de marzo de 2007; y BOE núm. 52, de 1 de marzo de 2007)], o aragonés (Ley Orgánica 5/2007, de 20 de abril, de reforma del Estatuto de Autonomía de Aragón (BOA núm. 4723, de 23 de abril de 2007; y BOE núm. 97, de 23/04/2007)], donde se prevén títulos específicos dedicados a derechos, libertades, deberes y principios... Manifestación, cuyo objetivo genérico es reforzar las grandes líneas de acción en el ámbito social por parte de las Comunidades Autónomas.

desarrollo legislativo y regulador para concretarse en medidas prácticas.

c) Eficacia indirecta: Aunque no se traducen directamente en acciones reclamables por los ciudadanos, orientan la actuación administrativa y legislativa.

La incorporación de catálogos de derechos, deberes y principios rectores en los estatutos de autonomía suscitó un destacado e intenso debate doctrinal[14] al que pondrá fin la STC 247/2007, de 12 de diciembre[15].

---

14 Se debatió intensamente sobre si era posible que los Estatutos de autonomía podían reconocer derechos subjetivos. Téngase en cuenta que no está entre los contenidos del art. 147.2 CE —"*Los Estatutos deberán contener: a) La denominación de la Comunidad que mejor corresponda a su identidad histórica. b) La delimitación de su territorio. c) La denominación, organización y sede de las instituciones autónomas propias. d) Las competencias asumidas dentro del marco establecido en la Constitución y las bases para el traspaso de los servicios correspondientes a las mismas*"—. Vid. al respecto, y por todos, las aportaciones en contra Díez- Picazo, L.M. (2006). ¿Pueden los Estatutos de Autonomía declarar derechos, deberes y principios? *Revista Española de Derecho Constitucional*, (78), 63-75; y a favor, Caamaño Domínguez, F. (2007). Sí pueden. *Revista Española de Derecho Constitucional*, (79), 33-46. Poniendo fin el primero a la controversia suscitada a través de una última contribución, Díez Picazo, L.M. (2007) De nuevo sobre las declaraciones estatutarias de Derechos. *Revista Española de Derecho Constitucional*, (81), 63-70.
También, merecen destacarse las contribuciones de Sánchez Ferriz, R. (2007). Sobre las recientes reformas estatutarias: derechos, deberes, principios rectores y políticas públicas. *Cuadernos constitucionales de la Cátedra Fadrique Furió Ceriol*, (60-61), 85-103; (2005). Derechos colectivos y Derechos "comunitarios" o autonómicos. *Revista Valenciana d'Estudis Autonòmics*, (49-50), 41-76.

15 Pleno. Sentencia 247/2007, de 12 de diciembre de 2007. Recurso de inconstitucionalidad 7288-2006. Promovido por el Gobierno de la Comunidad Autónoma de Aragón contra el artículo 20 de la Ley Orgánica 1/2006, de 10 de abril, de reforma de la Ley Orgánica 5/1982, de 1 de julio, de Estatuto de Autonomía de la Comunidad Valenciana, por el que se da nueva redacción a su artículo 17.1. Principios de unidad, autonomía, solidaridad e igualdad y lealtad institucional; ámbito de los Estatutos de Autonomía; igualdad territorial y de los españoles: derecho de los valencianos y valencianas al abastecimiento de agua y a la redistribución de los sobrantes de

Dicho fallo introduce una visión distinta al posibilitar que los Estatutos de Autonomía regulen, con diverso grado de concreción, aspectos centrales de instituciones y competencias autonómicas (FJ 8°), en tanto que leyes orgánicas estatales que reflejan la voluntad democrática y de autogobierno de cada territorio.

El aval a la inclusión de tales derechos, en sus diversas manifestaciones, a nivel estatutario se hace descansar en dos "halos de certeza" siguiendo la expresión utilizada por Seijas[16].

- *Primer Halo de Certeza: Igualdad Sustancial en Derechos Constitucionales (FJ 14°).*

  Este halo se refiere a la garantía de igualdad en el ejercicio de los derechos fundamentales establecidos en la Constitución Española (art. 81.1 y 149.1.1 CE). El art. 139.1 CE no impone una uniformidad absoluta, pero establece que todos los españoles tienen los mismos derechos y obligaciones en cualquier parte del Estado. Este principio asegura un núcleo esencial de igualdad que no puede ser vulnerado ni por las leyes estatales ni por las normativas autonómicas. La certeza aquí radica en la uniformidad y homogeneidad del disfrute de los derechos constitucionales fundamentales.

- *Segundo Halo de Certeza: Autonomía y Diferenciación Territorial (Fj 15ª).*

  El segundo halo reconoce la capacidad de las Comunidades Autónomas para desarrollar políticas propias y establecer regímenes jurídicos específicos dentro de sus competencias, tal como lo permite el principio de autonomía (art. 2 CE) y el contenido legítimo de los Estatutos de Autonomía (art. 147 CE). Aunque esta capacidad genera diferenciaciones jurídicas entre los ciudadanos de distintas Comunidades Autónomas, estas diferencias están condicionadas por los límites constitucionales establecidos. La certeza aquí se encuentra en la previsibilidad de que las políticas autonómicas se ajusten a la Cons-

---

aguas de cuencas excedentarias. Votos particulares. (BOE núm. 13, de 15 de enero de 2008, 3-52).

16 Seijas Villadangos, E. (2023), *op. cit.*, 62.

titución y en la capacidad de los Estatutos de Autonomía para generar derechos subjetivos vinculantes dentro del ámbito de sus competencias.

El planteamiento propuesto por Seijas se centra en analizar cómo los Estatutos de Autonomía regulan e incorporan el Derecho Antidiscriminatorio, a través de una pluralidad de enfoques y formatos. Dicha regulación se caracteriza por tener una naturaleza "cuasi programática" a modo de *soft law*, algo que impide su traducción directa en obligaciones jurídicas estrictas; terminándose por materializarse en objetivos y directrices generales dirigidos a orientar la actuación de los poderes públicos.

La profesora de la Universidad de León identifica cuatro formas principales en las que, hasta la fecha, se ha manifestado la regulación autonómica en materia antidiscriminatoria[17]: a) Una dimensión axiológica que establece una interpretación transversal de los derechos estatutarios, sirviendo además como fundamento para su desarrollo y para la legitimación de acciones positivas orientadas a combatir nuevas formas de discriminación. b) Su materialización a través de derechos sociales específicos dirigidos a colectivos vulnerables[18] identificados en la norma institucional básica. c) El establecimiento de principios rectores o transversales ("principios de principios") que orientan la configuración y aplicación de otros derechos específicos. d) Su concreción en la parte orgánica de los estatutos, dentro del marco competencial exclusivo de las comunidades autónomas, lo que permite el diseño e implementación de políticas de igualdad y medidas de discriminación positiva adaptadas a las particularidades de cada territorio.

---

17 Seijas Villadangos, E. (2024). *op. cit.* 62-64.

18 Sobre esta temática, Cotino, L. (2024). Vulnerabilidad y colectivos vulnerables en el derecho: ¿quiénes son y cómo se definen? *Revista Catalana de Dret Públic Blog*, de 18 de diciembre. https://eapc-rcdp. blog.gencat.cat/2024/12/18/vulnerabilidad-y-colectivos-vulnerables-en-el-derecho-quienes-son-y-como-se-definen-lorenzo-cotino/ Anteriormente, cabe destacarse la obra de Presno Linera, M. A. (coord.) (2013). *Protección jurídica de las personas y grupos vulnerables*. Oviedo: Gobierno del Principado de Asturias, Procuradora General.

Desde esta perspectiva, la norma institucional de los valencianos presenta una serie de anomalías que vamos a ver a continuación. Podría considerarse que el Estatuto valenciano cuenta con ese mandato trasversal pero lo hace de modo indirecto, con un precepto que abre el primer título dedicado a los derechos estatutarios, a través del precepto que sirve de pórtico al Título II del Estatut, primero en contener un catálogo amplio de derechos estatutarios entre las reformas territoriales de nueva generación. Sin embargo, como ha destacado Català i Bas, coincidiendo con otros autores[19], dicho precepto "tiene un débil valor jurídico, pero un alto valor simbólico al reforzar el compromiso de los poderes públicos valencianos con el respeto, la garantía y la promoción de los derechos y libertades"[20]. A través de dicha remisión —pese a su excesiva generalidad— al constitucionalismo multinivel podríamos conectar el Derecho antidiscriminatorio y su clausulado con la norma institucional básica de los valencianos.

Es cierto que el Estatuto valenciano carece del articulado con el que cuenta la reforma territorial que le sucedió en su art. 15.2[21] EAC; y que del que la doctrina ha "encajado" en el derecho a la igualdad, pese a matizar que "no regulan (este derecho), sino que reiteran afirmaciones principiales"[22]. Principios que, por otra parte, están a la postre fijados a nivel constitucional español.

---

19 Martínez Sospedra, M. (2001). Derechos y Estatutos de Autonomía. Nota para una hipótesis de trabajo, *Cuadernos Constitucionales de la Cátedra Fadrique Furió Ceriol,* (34/35), 325. Frente a esta tesis se ha manifestado Sánchez Ferriz, R. (2005). La labor de los Parlamentos autonómicos en la consolidación del Estado social, *Corts. Anuari de Dret Parlamentari,* (16), 111.

20 Catalá i Bas, A. (2013). Comentario al artículo 8.1 EACV. Garrido Mayol, V. (Dir.) *Comentarios al estatuto de Autonomía de la Comunitat Valenciana.* València: Tirant lo Blanch-Consell Jurídic Consultiu de la Comunitat Valenciana, 228.

21 Artículo 15 (Derechos de las personas)
"(...) 2. Todas las personas tienen derecho a vivir con dignidad, seguridad y autonomía, libres de explotación, de malos tratos y de todo tipo de discriminación, y tienen derecho al libre desarrollo de su personalidad y capacidad personal".

22 Peñaranda Ramos, J.L. (2006).Informe sobre la Propuesta de Reforma del estatuto de Autonomía de Cataluña, *Revista de las Cortes Generales,* (64), 181.

Como he señalado en otro trabajo[23], hay que desescalar al desarrollo estatutario más directo e inmediato (Carta de derechos sociales) para poder encontrar un principio general antidiscriminatorio (art. 5, prohibición de discriminación), al proclamar en su apartado 1°, que "se prohíbe toda discriminación en el ejercicio de los derechos, así como en el cumplimiento de los deberes regulados en la presente carta"; abriéndose el 2°, al establecimiento de "medidas de discriminación positiva a favor de personas o grupos necesitados de especial protección". Confundiéndose, en el caso valenciano, los dos primeros ámbitos señalados por la profesora Seijas en relación a los modos de organizarse el derecho antidiscriminatorio a nivel autonómico.

En cuanto al Derecho antidiscriminatorio y su dimensión social, deben destacarse, en justicia, algunos mandatos estatutarios. El artículo 9 EACV establece un mandato dirigido a las Administraciones públicas para que "la Generalitat traten sus asuntos de modo equitativo e imparcial" (quizás no la mejor redacción pero directamente relacionada con la no discriminación de los valencianos); introduciendo la opción lingüística a la hora de dirigirse a la Administración del Consell. Por cierto, unos derechos (estatutarios) que también realizan una mala práxis de lo que denominamos lenguaje inclusivo y que llevada a una interpretación absurda, por la inconsistencia de la utilización de esta técnica en la norma institucional básica, dejaría sin unos mismos derechos a uno de los sexos en función del tenor literal de la norma.

El artículo 10 (derechos sociales), introduce un mandato estatutario dirigido a la aprobación de una Carta de derechos sociales de la Comunitat Valenciana, aprobada mediante la Ley 4/2012, de 15 de octubre[24], primera de tales características en el Derecho autonómico comparado. El precepto aludido, identifica ciertos grupos vulnerables, tales como menores (protección); discapacitados (igualdad de oportunidades y accesibilidad universal); mayores y dependientes (participación y protección); pobres y necesitados (ayuda social);

---

23 Vivancos Comes, M. (2024). *op. cit.* 46-68.

24 DOCV núm. 6884, de 18 de octubre de 2012; y BOE núm. 268, de 7 de noviembre de 2012.

mujeres (igualdad de derechos, especialmente en el ámbito laboral, y protección contra la violencia); víctimas (protección frente a la violencia de género o terrorismo); migrantes (atención social); y jóvenes (participación en todos sus ámbitos). Introduciendo mandatos específicos para tales colectivos y destinando sus sucesivos títulos a sus problemáticas específicas: mujer (título II); personas con discapacidad (título IV); migrantes (título V), entre otros. Igualmente, tales colectivos vulnerables han sido objeto de un amplio despliegue normativo, analizado pormenorizadamente en un trabajo previo[25].

Por último, el artículo 11 refleja el compromiso de la Generalitat con la igualdad intersexos (no de género); una oportunidad perdida para alinearnos con una perspectiva[26] destacada, a nivel español[27] y europeo[28].

Y, por otro lado, el artículo 49 EACV que establece que los poderes públicos de la Comunidad Valenciana deben fomentar la igualdad y la no discriminación de todas las personas, en particular de aquellas que se encuentran en situación de vulnerabilidad. Algo

---

25 Vivancos Comes, M. (2024). *op. cit.*

26 Para la Profesora Balaguer, el concepto de perspectiva de género "aparece en el ordenamiento jurídico constitucional como una posibilidad de corrección de la desigualdad entre mujeres y hombres a través de la legislación y la aplicación normativa", aunque la autora no desconoce "el problema semántico de difícil solución con relación a la determinación del sujeto" que arrastra aquélla, véase Balaguer Callejón, Mª L. (2025). La perspectiva de género en el feminismo jurídico. Balaguer callejón, F.; Vidal Prado, C; Elías Méndez, C. (Coords). *Estudios sobre Derecho Constitucional Español, Comparado y Europeo. Liber Amicorum Yolanda Gómez Sánchez.* Madrid: Centro de Estudios Políticos y Constitucionales, 675-690. De especial interés es el apartado donde destaca la autora la dificultad de inserción del concepto en las políticas de igualdad desplegadas tanto a nivel estatal como autonómico.

27 En el ámbito español, la reciente Ley 15/2022, de 12 de julio, integral para la igualdad de trato y la no discriminación ha introducido la perspectiva de género (artículo 4.4) en las políticas públicas antidiscriminatorias; medida legal que ha sido objeto de controversia constitucional, ya resuelta mediante la reciente STC 89/2024, de 5 de junio de 2024 (BOE núm. 164, de 8 de julio de 2024, 85529 a 85549).

28 AAVV (2018) *Handbook on European non-discrimination law.* Brussels: European Union Agency for Fundamental Rights.

que, también, refuerza el enfoque social del derecho antidiscriminatorio en relación con colectivos específicos consignados estatutariamente.

Respecto del tercer conjunto de medidas, hay que destacar que la Carta de derechos sociales plantea una serie de principios generales, donde no figura expresamente la interdicción de la discriminación, a pesar de que su artículo 3º (principios generales) concreta en uno de sus apartados (2º) los de vinculación al catálogo de derechos consagrado constitucionalmente (con una fórmula extensa que incluye otros instrumentos del constitucionalismo multinivel) y trasversalidad de las políticas derivadas de los derechos sociales apuntados. Una deficiente técnica normativa que obligará a que sea la ley ordinaria la que, en todo caso, recoja el carácter de principio rector del trato igualitario no discriminatorio.

Pero quizás sea el cuarto ámbito apuntado por la autora el más defectuoso de todos en el caso valenciano, al atribuirle a la Comunidad Valenciana competencias en materia de "promoción de la mujer" (artículo 49.1 EACV), por un lado; y sobre bienestar social, políticas públicas de igualdad y protección social (artículo 78 EACV), por otro, situando dentro de estas últimas aquellas medidas que combaten la discriminación y promueven la igualdad de oportunidades. En este contexto, podríamos decir que el principio de no discriminación es un elemento esencial para la implementación de políticas de bienestar y justicia social en el ámbito autonómico.

Respecto de la primera atribución competencial señalada, la profesora Ventura Franch[29] sostiene que, en el contexto de la competencia de la "promoción de la mujer" a partir de la vigente regulación estatutaria, existe una cierta incoherencia en su redacción y desarrollo, especialmente al compararlo con los principios de igualdad de género reflejados en otras partes del mismo Estatuto. La autora resalta que, aunque los primeros estatutos tenían una formulación general y algo vaga sobre la "promoción de la mujer", en su

---

[29] Ventura Franch, A. (2022). 40 años de Estatuto de Autonomía de la Comunidad Valenciana: de la promoción de la mujer a la igualdad de mujeres y hombres. *Drets. Revista Valenciana de Reformas Democráticas,* (6), 213-230.

contexto histórico esta falta de concreción era comprensible, dada la escasa legislación autonómica previa y la ausencia de la igualdad de género en la agenda política formal. Sin embargo, considera que la falta de mejora de esta competencia en las reformas estatutarias que se han sucedido desde 2006 resulta difícil de justificar, dada la evolución de la agenda de igualdad en los últimos años y los avances legislativos en materia de igualdad de género tanto a nivel autonómico como estatal.

Señala que la reforma de 2006 dejó intacta una competencia que, aunque tenía una justificación en su momento, parece desactualizada en comparación con los avances legislativos posteriores. Apunta la autora que, durante el proceso de reforma, las Cortes Valencianas, a través de la Comisión Especial para estudiar la posible reforma del Estatuto, recabaron propuestas entre ellas las del máximo órgano asesor de igualdad (Consell Valencià de la Dona) entonces existente. Este organismo propuso que el nuevo Estatuto incluyera un epígrafe específico que garantizara la dignidad de la mujer y el principio de igualdad de género. En concreto, sugirieron incluir un primer apartado al artículo 2 del viejo Estatuto que declarase que la Generalitat promovería la plena igualdad entre mujeres y hombres, superando cualquier discriminación laboral, cultural, económica y política, y que se crearan unidades en todas las áreas de gobierno para garantizar esta igualdad. Como puede comprobarse, un discriminación sobre el prisma exclusivo de la igualdad intersexos que se habría quedado desfasada en el momento actual.

Atribuye la autora al carácter *express* de la reforma y al pacto cerrado entre las dos grandes fuerzas políticas valencianas, la escasa atención prestada a mejorar esta competencia, algo incoherente con el contenido de otros preceptos estatutarios que, como hemos visto, sí abordan la igualdad de género. Además, considera que la propuesta de ampliar el techo competencial para abordar de manera más eficaz cuestiones como la igualdad de oportunidades o, incluso, la inmigración, si bien no fueron adoptadas reflejaron la necesidad de un enfoque más robusto y actualizado en el despliegue legislativo sobre igualdad de género en el que entraremos más adelante.

3. DESPLIEGUES LEGISLATIVOS EN MATERIA DE DERECHO ANTIDISCRIMINATORIO

Desde una perspectiva antidiscriminatoria, la Carta de Derechos Sociales anteriormente aludida avanza en esta materia en tres ámbitos básicamente: igualdad y paridad intersexos; diversidad, política identitaria y y derechos LGTBi; y discriminación lingüística, entre otros.

La Carta valenciana de Derechos sociales, aprobada finalmente a través de la Ley 4/2012, de 15 de octubre, incluye como se ha señalado ciertos principios generales (vinculación a los derechos y libertades reconocidos en el constitucionalismo multinivel o la trasversalidad en el ámbito de las políticas sociales, donde la igualdad ocupa un papel destacado) que serán de aplicación para dotar de una especial protección social a ciertos colectivos minorizados a la par que vulnerables (mayores y dependientes, básicamente). Pero también cabe destacar las previsiones relativas a su desarrollo, interpretación y aplicación, donde se proscribe cualquier interpretación limitativa o que suponga una reducción en clave de derechos o, incluso, la prohibición de utilización de un lenguaje discriminatorio (que ahora llamaríamos inclusivo, pese a no ser exactamente coincidentes).

Aunque la división por bloques materiales también resultaría manifiestamente mejorable, son los ámbitos de la igualdad intersexos, donde el despliegue legislativo resulta más perentorio. La Carta subraya la prohibición de discriminación por sexo u orientación sexual, concretando algunos principios orientadores en dicho ámbito (Título II, arts. 20-28). En cuanto a las personas con diversidad funcional, aunque sea esta una denominación que se ha propuesto sustituir en el estatuto de discapacidad autonómico[30], se incluyen tanto medidas de discriminación positiva como ayudas y prestaciones específicas (Título IV, arts. 40-47). Por último, el sistema de garantías a pesar de que adolece de la exigencias necesarias que debería reunir un instrumento de tales características, incorpora la garantía frente

---

[30] Ley 11/2003, de 10 de abril, sobre el Estatuto de las Personas con Discapacidad. Comunidad Valenciana (DOGV núm. 4479, de 11 de abril de 2003; y BOE núm. 122, de 22 de mayo de 2003).

a la discriminación lingüística directamente como vimos asociada a algunos nuevos derechos proclamados a nivel estatutario. Y podría igualmente incluir otras herramientas a las que luego nos referiremos, tales como el Observatorio para la defensa de los derechos de las personas en situación de vulnerabilidad[31] (una decisión del Síndic de Greuges, ratificada en Junta de Coordinación celebrada el 1 de diciembre de 2015) y que se ha mostrado especialmente activo en la etapa pandémica; o, incluso, la autoridad (autonómica) independiente antidiscriminatoria, que ya están incorporando algunos territorios (Cataluña) en sus desarrollos legislativos[32].

La Ley 12/2017, de 2 de noviembre, refuerza el compromiso con la igualdad de género en las instituciones de la Generalitat. Inspirada en el Estatuto de Autonomía y la Ley 9/2003, establece una representación equilibrada entre mujeres y hombres en diversos órganos. Hasta su aprobación, este principio solo se había desarrollado parcialmente. El nuevo marco legal garantiza una cuota mínima de representación femenina en instituciones clave, como el Síndic de Greuges (50%), la Sindicatura de Comptes (33%) o el Consell Jurídic Consultiu (50%). Además, extiende este principio a otros organismos autonómicos, tales como el Consejo Valenciano de Transparencia[33], el Consejo asesor de Radio Televisión Española en la Co-

---

31 Según la información precisada en la página web de la Sindicatura de Greuges (https://www.elsindic.com/observatorio-de-la-vulnerabilidad-2/), el Observatorio para la defensa de los derechos de las personas en situación de vulnerabilidad tiene como finalidad analizar y difundir información sobre estos colectivos, generar propuestas de mejora en su atención y vigilar riesgos de exclusión social mediante indicadores de alerta temprana. Además, estudia tendencias futuras para prevenir impactos negativos en sus derechos, fomenta el intercambio de experiencias con instituciones nacionales e internacionales y promueve buenas prácticas en políticas públicas y privadas. También impulsa la sensibilización social sobre la igualdad y la no discriminación, difunde el papel del Síndic de Greuges en la defensa de la ciudadanía y facilita el conocimiento de sus procedimientos y actuaciones.

32 Ley 19/2020, de 30 de diciembre, de igualdad de trato y no discriminación (DOGC núm. 8307, de 31 de diciembre de 2020; y BOE núm. 31, de 5 de febrero de 2021).

33 La Ley 1/2022, de 13 de abril, de la Generalitat, de Transparencia y Buen Gobierno de la Comunitat Valenciana mandata que, la composición del

munitat Valenciana[34]; la Corporación Audiovisual de la Comunitat Valenciana[35]; los Consejos Sociales del sistema universitario valenciano[36]; el Consejo Valenciano de Universidades y de la Formación Su-

---

órgano autonómico integrado por tres personas, "deberá respetar (...) (un equilibrio) entre mujeres y hombres" (art. 49.1). Igualmente, esto sucedía con la Comisión ejecutiva del órgano que puede considerarse su precedente, el Consejo de Transparencia, Buen Gobierno y Participación Ciudadana (regulado por la ya derogada Ley 2/2015, de 2 de abril, de Transparencia, Buen Gobierno y Participación Ciudadana de la Comunitat), donde figuraba una previsión legal idéntica de respeto del principio de paridad en cuanto a su composición (art. 41) coincidente con el número de grupos parlamentarios existentes.

34 La Ley 3/1984, de 6 de junio, de creación y regulación del Consejo Asesor de RTVE en la Comunitat Valenciana (DOCV núm. 169, de 12 de junio de 1984 y BOE núm. 173, de 20 de julio de 1984) indica en su art. 7.1 que "el Consejo Asesor de RTVE consta de 13 miembros designados por las Corts Valencianes entre sus componentes, a propuesta de los respectivos grupos parlamentarios, en proporción al número de diputados de cada uno de ellos, por el sistema de los mayores restos sobre el total de miembros de las cortes y nombrados por el Consell de la Generalitat Valenciana para la presente legislatura". El objetivo final sería conseguir que los designados fuesen siete mujeres y seis hombres o viceversa, si bien al no tratarse de una designación colectiva, sino individualizada de los Grupos Parlamentarios, la consecución de dicho objetivo depende de la voluntad de diálogo entre las fuerzas políticas con representación parlamentaria.

35 En el precepto que regula la elección, nombramiento y mandato (art. 6) del nuevo Consejo de Administración de la Ley 2/2024, de 27 de junio, de la Corporación Audiovisual de la Comunitat Valenciana (DOGV núm. 9880, de 28 de junio de 2024; y BOE núm. 192, de 9 de agosto de 2024) no figura el principio de representación equilibrada, pese a haberse respetado en la designación de los nuevos consejeros elegidos por Les Corts valencianes.

36 De acuerdo con el art. 5 de la Ley 2/2003, de 28 de enero, de Consejos Sociales de las Universidades Públicas Valencianas (DOCV núm. 4430, de 31 de enero de 2003 y BOE núm. 48, de 25 de febrero de 2003), a Les Corts le corresponde designar dos vocales del Consejo Social de cada una de las universidades que componen el sistema universitario público valenciano. En este caso, lo razonable es que tanto en su designación inicial, así como en la renovación de eventuales vacantes, fuesen un hombre y una mujer.

perior[37]; o, por último, el Consell de l'Audiovisual de la Comunitat Valenciana[38].

Pese a que la Ley 9/2003 ya promovía la igualdad en Corts y Consell, la representación femenina en los últimos 40 años ha sido, en promedio, del 30%. Sin embargo, en la X legislatura (2019-2023), todas las síndicas en Corts eran mujeres, y el Consell del Botànic alcanzó casi la paridad (53%-47%), aunque con desigualdades en cargos

---

37 La Ley 4/2007, de 9 de febrero, de coordinación del Sistema Universitario Valenciano dio carta de naturaleza al Consejo Valenciano de Universidades y de Formación Superior (DOCV núm. 5449, de 13 de febrero de 2007 y BOE núm. 71, de 23 de marzo de 2007) constituye una auténtica ley de coordinación que complementa tanto a la citada Ley de Consejos Sociales de las Universidades Públicas Valencianas como a la Ley 5/2006, de la Agència Valenciana d'Avaluació i Prospectiva (AVAP) (DOCV núm. 5267, de 26 de mayo de 2006 y BOE núm. 154, de 29 de junio de 2006) para cuyo fin resulta de capital importancia el ConsejoValenciano de Universidades y de Formación Superior (Título III, Cap. II, arts. 19- 28); entre sus integrantes, se incluyen a "cinco personas designadas por les Corts Valencianes, por mayoría de dos tercios de los miembros de derecho de la Cámara, entre personas de reconocida competencia en el ámbito profesional, cultural, social, empresarial o de la investigación" [art. 25.1.l)]. Tratándose de un número impar se debería entender que el equilibrio inter-sexos se conseguiría designado a tres personas de uno y otras dos del contrario, criterio que se ha seguido en la designación vigente, dando plena satisfacción a la exigencia legal.

38 De conformidad con lo establecido en el art. 7 de la Ley 10/2018, de 18 de mayo, de creación del Consell del Audiovisual de la Comunitat Valenciana (CACV) (DOCV núm. 8301, de 23 de mayo de 2018 y BOE núm. 139, de 8 de junio de 2018), a las Corts Valencianes le corresponde la propuesta de los cinco de los siete miembros del mismo. Los candidatos al CACV que corresponde proponer a les Corts "deberán serlo a propuesta, como mínimo, de la mitad de los grupos parlamentarios, y ratificados, previa acreditación documental y contraste de su experiencia y su capacidad para desarrollar la tarea para la que son propuestas, en comparecencia ante la comisión correspondiente de Les Corts, por una mayoría de tres quintos del pleno" (art. 7.3). La legislación, dado su carácter reciente, ya incorpora el principio de "representación igualitaria" en la composición del CACV (art. 7.6). En este sentido, y tratándose de un número impar se debería entender que dicho equilibrio se alcanzaría con una proporción de tres a dos, para cualquiera de los sexos. Tras la designación de su presidente, la composición ha alcanzado un perfecto equilibrio inter-sexos (50%).

eventuales y el sector público instrumental. La Ley 12/2017 marca un avance significativo en la representatividad femenina en las instituciones valencianas, consolidando el principio de igualdad en el ámbito político y administrativo que deberá ser reforzado a partir de los recientes cambios que se han producido a nivel estatal[39].

Por último, cabe referirse también a un Anteproyecto de Ley[40] que, a pesar de haber decaído debido a la finalización de la X legislatura, supone un desarrollo[41] de uno de los ámbitos prioritarios señalados —en el que habían venido trabajando desde hace algún tiempo un equipo de expertas (algunas pertenecientes a la Red Feminista de Derecho Constitucional) designadas por la titular de la Vicepresidencia 1ª y Conselleria de Igualdad y Políticas Inclusivas— con la intención de derogar, definitivamente, la Ley 9/2003, de 2 de abril, para la igualdad entre hombres y mujeres, importantemente mermada por los cambios legislativos sucesivos[42].

---

39 Ley Orgánica 2/2024, de 1 de agosto, de representación paritaria y presencia equilibrada de mujeres y hombres (BOE núm. 186, de 2 de agosto de 2024).

40 La versión del borrador que se ha manejado está fechada el 10 de junio 2022.

41 Dictada en base al titulo competencial autonómico (exclusivo) sobre "promoción de la mujer" (art. 46.1.26ª EACV).

42 En concreto, por el Decreto-ley 7/2024, de 9 de julio, de simplificación administrativa de la Generalitat, (DOGV núm. 9889, de 10 de julio de 2024) que vino a modificar el contenido del artículo 20 (planes de igualdad), igual que antes había hecho la Ley 27/2018, de 27 de diciembre de medidas fiscales, de gestión administrativa y financiera y de organización de la Generalitat (DOGV núm. 8453, de 28 de diciembre de 2018; BOE núm. 39, de 14 de febrero de 2019); la Ley 9/2019, de 23 de diciembre, de medidas fiscales, de gestión administrativa y financiera y de organización de la Generalitat. (DOGV núm. 8707, de 30 de diciembre de 2019; y BOE núm. 20, de 23 de enero de 2020) en relación a los artículos 42 (publicidad no sexista), 49 (datos estadísticos e investigaciones), 50 (Consejo valenciano de las Mujeres) y su título IV ("Instituciones de Protección del Derecho a la Igualdad de Mujeres y Hombres"); y por la Ley 27/2018, de 27 de diciembre, de medidas fiscales, de gestión administrativa y financiera y de organización de la Generalitat (DOCV núm. 8453, de 28 de diciembre de 2018; y BOE núm. 39, de 14 de febrero de 2019), los artículos 8 (formación para la igualdad),

Dicha iniciativa avanza una propuesta de igualdad de género con un marcado carácter programático, el cual avanza significativamente más allá de los preceptos estatutarios tradicionales, incorporando una visión totalizante e intervencionista en las políticas públicas.

El Anteproyecto se estructuraba en seis títulos: Disposiciones Generales (Preliminar); Centralidad de la Vida (I); Sostenibilidad de la Vida (II); Reconocimiento de Derechos para una Vida Buena (III); Democracia Feminista, Participación, Paridad de Género y Representación Interseccional (IV); Competencias, Organización de las Políticas Públicas y Mecanismos para Garantizar la Igualdad de Género Real y Efectiva (V); e Inspección y Régimen Sancionador (VI). Conformado por 226 artículos, seis disposiciones adicionales, quince transitorias, una derogatoria y dos finales.

Como puede observarse por su contenido, no se limita a establecer un marco normativo regulador, sino que adopta una perspectiva programática con vocación expansiva, lo que supone una intervención en múltiples ámbitos de la vida social, educativa, económica y política bajo la premisa de garantizar la igualdad de género. Más allá de la lucha histórica en favor de los derechos de las mujeres, el anteproyecto también incorporaba una serie de políticas identitarias de género, ampliando el concepto, desbordando la agenda feminista tradicional.

Entre las propuestas más controvertidas se encuentra la fijación de un suelo retributivo del 120% del salario mínimo interprofesional para empleados de servicios públicos esenciales; una medida que, de aplicarse, tendría un impacto significativo en las finanzas públicas y en la estructura salarial del sector privado. Asimismo, se establece la recuperación obligatoria de servicios públicos privatizados en un plazo máximo de cinco años, lo que podría generar incertidumbre en la prestación de dichos servicios y en la sostenibilidad económica de la misma administración pública valenciana.

Por último, el Anteproyecto deseaba introducir un enfoque interseccional en la formulación de políticas públicas, abordando pro-

---

16 (Red valenciana de igualdad), y 20.3 (planes de igualdad en empresas), respectivamente.

blemáticas como la feminización del empobrecimiento en el ámbito social, la implementación de un enfoque coeducativo en el sistema escolar y la educación con perspectiva de género en la universidad. Adicionalmente, se incluyen disposiciones sobre la garantía de derechos en materia de salud sexual y reproductiva, lo que ha generado debate respecto a la amplitud del rol estatal en estas cuestiones.

El texto abogaba por la creación de una Dirección General de Igualdad de Género y de una Comisión Interdepartamental para la coordinación de la arquitectura de género en la administración pública. Este esquema institucional refuerza la presencia de la perspectiva de género en la formulación de políticas públicas, pero también implicaba un aumento excesivo en la burocracia y el gasto público destinado a su mantenimiento.

Por otro lado, el estatuto jurídico antes citado de las personas con discapacidad también ha sido actualizado, mediante la Ley 9/2018, de 24 de abril[43] no sólo para "reforzar el reconocimiento de derechos ya existentes sino (también) para incorporar otros nuevos", directamente relacionados con los "apoyos y ajustes razonables, así como con la lengua de signos", nacidos al calor de la Convención sobre los derechos de las personas con discapacidad, ratificada[44] por España con posterioridad a su aprobación el 13 de diciembre de 2006, primer tratado de derechos humanos del siglo XXI. El texto añade nuevos capítulos a la Ley 11/2003, de 10 de abril[45], reforzando el estatuto en el ámbito participativo, acciones positivas o ajustes razonables y en relación a nuevos derechos (acceso a la justicia).

Pero será, sin duda, el ámbito de la promoción y protección de los derechos de la diversidad sexual (LGTBiQ+) el que ha experimentado, en la última década, un importante y decidido avance, especialmente por lo que hace a los ámbitos sanitario y educativo. A pesar de que los nuevos marcos legales autonómicos poco añaden respecto de

---

43 DOCV núm. 8282, de 26 de abril de 2018 y BOE núm. 117, de 14 de mayo de 2018.

44 BOE núm. 96, de 21 de abril de 2008.

45 Tales como el Cap. III bis ("Del acceso a la justicia", arts. 20 bis y ter), IX (De la participación en la vida política y pública", art. 70 bis) y X ("De los ajustes razonables", art. 70 ter y quáter).

la prohibición frente a la discriminación, garantizada constitucional y estatutariamente[46]. Este desarrollo legislativo se ha proyectado tanto en la protección y respeto de los derechos constitucionalmente reconocidos como en la promoción de nuevos derechos sociales.

La Ley 8/2017, de 7 de abril, de Identidad y Expresión de Género e Igualdad Social y no Discriminación[47], ha supuesto un avance muy destacado en los derechos del colectivo transgénero; incluso, más allá de la legislación estatal (Ley 3/2007, de 15 de marzo, reguladora de la rectificación registral de la mención relativa al sexo de las personas[48]) y que posibilitaba el cambio registral de nombre y género (sexo reclamado), supeditándolos a unos requisitos[49] (al menos dos años de hormonación y un diagnóstico médico acreditativo de pade-

---

46 A través del nuevo marco integral, la Generalitat desarrolla no sólo competencias "exclusivas" en ámbitos tradicionales (cultura, art. 49. 1.4.ª; servicios sociales, art. 49.1.24.ª; juventud art. 49.1.25.ª; protección de menores y tercera edad, art. 49. 1.27.ª; deportes y ocio, art. 49.1.28.ª; o, incluso, protección civil y seguridad pública art. 49. 3.14.ª, respectivamente) sino, también, en servicios sociales básicos, como la educación ("regulación y administración de la enseñanza en toda su extensión, niveles y grados, modalidades y especialidades", art. 53.1 EACV) o sanidad ("organización, administración y gestión de todas las instituciones sanitarias públicas", art. 54.1 EACV) en el territorio.

47 DOCV núm. 8019, de 11 de abril de 2017; y BOE núm. 112, de 11 de mayo de 2017.

48 Que ha sido recientemente derogada mediante la Ley 4/2023, de 28 de febrero, para la igualdad real y efectiva de las personas trans y para la garantía de los derechos de las personas LGTBi (BOE núm. 51, de 1 de marzo de 2023).

49 Instrucción de 23 de octubre de 2018, de la Dirección General de los Registros y del Notariado, sobre cambio de nombre en el Registro Civil de personas transexuales (BOE núm. 257, de 24 de octubre de 2018). El art. 47 de la nueva Ley Trans estatal ha venido a modificar el procedimiento para poder revertir el cambio de sexo: "Transcurridos seis meses desde la inscripción en el Registro Civil de la rectificación de la mención registral relativa al sexo, las personas que hubieran promovido dicha rectificación podrán recuperar la mención registral del sexo que figuraba previamente a dicha rectificación en el Registro Civil". La facilidad introducida para autodeterminar el sexo sentido ha invitado a sospechar que pueda existir un aluvión de peticiones que, por el momento, el Gobierno de la Nación se ha negado a facilitar pese a las iniciativas parlamentarias registradas en el Congreso de

cer una disforia de género) que desaparecen; incluyendo, a su vez, medidas de protección integral.

Con posterioridad, la Ley 23/2018, de 29 de noviembre, de igualdad de las personas LGTBi[50] (lesbianas, gais, bisexuales, trans e intersexuales) reconoce el derecho a la igualdad y la no discriminación por razón de orientación sexual, identidad de género, expresión de género, desarrollo sexual o grupo familiar respecto del colectivo, incluyendo una cláusula "general" antidiscriminatoria que vincula a las Administraciones públicas de la Comunitat (incluida la de la Generalitat) y a un órgano de relevancia estatutaria (Síndic de Greuges), supeditando su actuación a una serie de principios (protección de los derechos del colectivo LGTBi; facilitar individual y colectivamente la participación y representación en los ámbitos sociales; superación estereotipos negativos; medidas específicas para garantizar la igualdad de oportunidades del colectivo y la aceptación de la diversidad en los distintos órdenes…), pudiendo en su caso actuar de oficio. Igualmente, desde una perspectiva institucional, se crea el Consejo valenciano LGTBi, como órgano de participación ciudadana en la y naturaleza consultiva adscrito a la conselleria competente y al cual se le encomienda una estrategia pública específica (que deberá, también, ser ratificada por la Comisión Delegada del Consejo de Inclusión y Derechos Sociales). Otras novedades que incluye son la obligación de crear (en los municipios de más de 50.000 habitantes) dentro de las Policías locales grupos especializados en delitos de odio; la introducción en las empresas de protocolos anti-acoso y formación específica en diversidad; la prohibición de las llamadas terapias de "reversión", dirigidas a corregir o alterar la orientación sexual del individuo; o,

---

los Diputados a tal fin. Algo que no se ha producido, por el contrario en el ámbito autonómico.

50 DOGV núm. 8436, de 03 de diciembre de 2018; y BOE núm. 10, de 11 de enero de 2019.
Desarrollada mediante los Decretos 102/2018, de 27 de julio (DOCV núm. 8373 de 31 de agosto de2018) y 101/2020, de 7 de agosto (DOCV núm. 8884, de 17 de agosto de 2020), y Decreto 20/2020, de 4 de marzo, de creación del Observatorio valenciano para la igualdad de trato, la no discriminación y la prevención de los delitos del odio (DOCV núm. 9303, de 22 de marzo de 2022), respectivamente.

incluso, medidas para garantizar el reconocimiento y protección de los derechos de las familias "homoparentales", incluyendo el acceso a técnicas de reproducción asistida y la adopción de menores. A esta legislación, se ha venido a sumar como se ha señalado una Estrategia Valenciana para la Igualdad LGTBi (2022-2027).

La reciente entrada en vigor de la Ley 4/2023, de 28 de febrero, para la igualdad real y efectiva de las personas trans y para la garantía de los derechos de las personas LGTBi, anteriormente citada en el ámbito estatal, no ha venido a alterar el marco autonómico descrito, al incidir sobre aspectos que habían sido regulados con anterioridad en el ámbito autonómico. Justo lo contrario de lo que ha sucedido con el marco "integral" que proporciona la Ley 15/2022, de 12 de julio[51], en relación al trato igualitario y la interdicción de la discriminación, a la que dedicaremos el siguiente epígrafe.

4. EL DESARROLLO ESTATAL DE UN MARCO INTEGRAL PARA EL TRATO IGUALITARIO

Como se ha destacado anteriormente, la construcción contemporánea en España de un (auténtico) derecho antidiscriminatorio ha experimentado un impulso definitivo a través de un amplio conjunto legislativo estatal[52], en la que destaca la Ley 15/2022. Dicho instru-

---

51 BOE núm. 167, de 13 de julio de 2022. Sobre el contenido de esta ley estatal, puede consultarse Fernández García, A. (2022). Ley integral para la igualdad de trato y la no discriminación: nuevas tipologías y causas de discriminación. *Blog de los Estudios de Derecho y Ciencia Política*, de 19 de julio de 2022. Disponible en la siguiente dirección web: https://blogs.uoc.edu/edcp/es/ley-integral-para-la-igualdad-de-trato-y-la-no-discriminacion-nuevas-tipologias-y-causas-de-discriminacion/

52 Junto al instrumento legislativo citado, cabe también destacar los siguientes textos jurídicos por distintas razones: Ley Orgánica 10/2022, de 6 de septiembre, de garantía integral de la libertad sexual (BOE núm. 215, de 7 de septiembre de 2022); y la Ley Orgánica 2/2024, de 1 de agosto, de representación paritaria y presencia equilibrada de mujeres y hombres a la que ya hicimos anteriormente referencia.
El objetivo de la Ley Orgánica 10/2022, de 6 de septiembre, de Garantía Integral de la Libertad Sexual, según consta en una respuesta parlamen-

mento normativo, de carácter fundamental, se erige como una norma básica en virtud de su vocación de "mínimo común normativo", como indica su mismo Preámbulo. Asimismo, en su justificación, se establece que consagra los niveles mínimos de protección (art. 7). En este sentido, la disposición final octava (DF 8ª) delimita el título competencial que ampara la potestad estatal para legislar en materia de igualdad y no discriminación, identificando la regulación de "condiciones básicas" como fundamento de su carácter básico.

Un aspecto destacado es que la ley básica habilita un espacio de actuación estatal que, al mismo tiempo, reconoce una "dimensión autonómica"[53], exigiendo su desarrollo por parte de las Comunidades Autónomas (CCAA). No obstante, sólo Cataluña[54] se ha anticipado a la acción del legislador estatal como vimos. En consecuencia, para todos aquellos territorios que aún no lo han hecho, la ley estatal

---

taria a una pregunta con respuesta escrita formulada por la senadora Mª J. Pardo Pumar (G.P. Popular) es "la protección integral del derecho a la libertad sexual de todas las personas, así como la erradicación de todas las violencias sexuales, reconociendo que afectan a las mujeres de manera desproporcionada. La ley tiene por finalidad adoptar y poner en práctica políticas efectivas, globales y coordinadas entre las distintas Administraciones competentes, que garanticen la prevención y la respuesta frente a todas las formas de violencia sexual". Por su parte, la Ley Orgánica 2/2024 establece mecanismos jurídicos vinculantes para garantizar la representación paritaria en órganos de decisión política, institucional y económica, avanzando hacia la igualdad efectiva mediante la exigencia de una presencia mínima del 40 % de personas de cada sexo en dichos espacios. Ambas leyes, en consonancia con el principio de igualdad consagrado constitucionalmente y el mandato derivado a los poderes públicos en este sentido, el marco normativo orientado a erradicar la discriminación de género y a promover la participación equitativa en todos los ámbitos de la vida social.

53 Seijas Villadangos, E. (2024). *op. cit.*

54 Ley 19/2020, de 30 de diciembre, de igualdad de trato y no discriminación (DOGC núm. 8307, de 31 de diciembre de 2020; y BOE núm. 31, de 5 de febrero de 2021). Un instrumento legislativo que ya cuenta con un texto para facilitar su lectura, editado por el Departament d´Igualitat i Feminismes: https://igualtat.gencat.cat/web/.content/Ambits/Oficina-Igualtat/Publicacions/Documents/ESP_Ley_igualdad-web_espanyol.pdf

adquiere un carácter supletorio, reforzando la prevalencia de la legislación autonómica especializada con más altos niveles de exigencia.

Desde un punto de vista sustantivo, esta ley no pretende reconocer nuevos derechos, sino garantizar de manera efectiva aquellos que ya existen en el ordenamiento jurídico. Su naturaleza general la distingue de las leyes sectoriales, ya que opera ante cualquier tipo de discriminación, sin restringirse a un ámbito específico.

Un rasgo distintivo de esta norma es su "integralidad", tanto respecto a los motivos de discriminación como a los ámbitos de actuación. En cuanto a los primeros, además de los seis motivos de discriminación reconocidos a nivel comunitario (sexo, origen racial o étnico, discapacidad, edad, religión o creencias y orientación sexual), la ley incorpora expresamente otros factores relevantes en la sociedad actual, como la enfermedad o condición de salud, el estado serológico y/o predisposición genética a padecer patologías o trastornos, la identidad sexual, la expresión de género, la lengua y la situación socioeconómica. Asimismo, mantiene una cláusula de apertura que permite la inclusión de otros supuestos. En cuanto a los ámbitos de actuación, la ley cubre diversas esferas, incluyendo el empleo por cuenta ajena y propia, así como la afiliación y participación en organizaciones sindicales.

Desde una perspectiva estructural, la norma introduce una clasificación ordenada y jerárquica de los motivos de discriminación, basada en un glosario riguroso de definiciones, lo que proporciona un marco interpretativo sólido para su aplicación.

En el ámbito institucional, la ley refuerza su eficacia mediante la creación de la Autoridad Independiente para la Igualdad de Trato y la No Discriminación, a pesar de no haber sido por el momento designado su titular. Este órgano, con competencias tanto en el sector público como en el privado, se encarga de proteger y promover la igualdad de trato y la no discriminación, garantizando una supervisión efectiva del cumplimiento normativo.

Desde una óptica jurisprudencial, la constitucionalidad de esta normativa ha sido validada por la STC 89/2024, de 5 de junio[55]. En su fundamentación jurídica, el Alto Tribunal reafirma los principios de pluralismo ideológico, igualdad y no discriminación, legalidad penal y objetividad de la actuación administrativa, además de las libertades ideológica, de empresa y de enseñanza. Asimismo, se pronuncia sobre la reserva de ley orgánica, confirmando la constitucionalidad de los preceptos legales relativos a la perspectiva de género en las políticas contra la discriminación, la igualdad en el acceso al empleo por cuenta ajena y a la vivienda, la financiación pública de centros docentes que apliquen la educación diferenciada por sexos y la tipificación de ilícitos administrativos. Cabe destacar que, en relación con la financiación pública de centros de educación diferenciada, ya se había pronunciado anteriormente la STC 34/2023, de 18 de abril[56], en su fundamento jurídico séptimo, en el contexto de la Ley Orgánica 3/2020, de 29 de diciembre, por la que se modifica la Ley Orgánica 2/2006, de 3 de mayo, de Educación[57].

---

55 Pleno. Sentencia 89/2024, de 5 de junio de 2024. Recurso de inconstitucionalidad 6706-2022. Interpuesto por más de cincuenta diputados del grupo parlamentario Vox en el Congreso, en relación con diversos preceptos de la Ley 15/2022, de 12 de julio, integral para la igualdad de trato y la no discriminación (BOE» núm. 164, de 8 de julio de 2024, 85529 a 85549).
Una síntesis sobre tan trascendental fallo constitucional puede consultarse en la siguiente dirección web: https://prime.tirant.com/es/actualidad-prime/ley-para-la-igualdad-de-trato-y-la-no-discriminacion-tribunal-constitucional/

56 Sobre este particular véase, Vivancos Comes, M. (2024). Educación inclusiva y separación del alumnado por razón de sexo. ¿Un debate constitucional concluido tras las SSTC 34 y 49/2023? *Anuario de derecho eclesiástico del Estado*, (40), 415-443.

57 BOE núm. 340, de 30 de diciembre de 2020.

5. CONCLUSIÓN: TAREAS PENDIENTES PARA AFIANZAR UN TRATO IGUALITARIO EN EL ÁMBITO VALENCIANO DE DECISIÓN

La proyección sobre en un ámbito autonómico de competencias compartidas y concurrentes exige un esfuerzo de adecuación legislativa en el caso valenciano para garantizar la plena efectividad del trato igualitario, posibilitándose como vimos una ampliación de los supuestos o tipos discriminatorios, una mayor extensión de sus ámbitos de ampliación, la adecuación de las estructuras de igualdad, incluida la creación de una autoridad independiente en la materia o, incluso, la posibilidad de actualizar su régimen sancionador.

Esta acción del legislador valenciano no sólo permitiría una mejor concreción de ese orden de género deficientemente consignado, a nivel estatutario, sino que posibilitaría introducir en el ordenamiento jurídico valenciano las tendencias más recientes en materia de protección frente a la discriminación. Sin embargo, para lograr tal fin es imprescindible considerar los riesgos asociados a la petrificación jurídica de los estereotipos como mecanismos de desigualdad. En este sentido, la adecuación autonómica debe ser dinámica y adaptable a las realidades sociales emergentes, evitando la consolidación de categorías estáticas que perpetúen situaciones de desventaja estructural.

Esta conveniencia, como se ha señalado, también permitiría suplir a través de esta acción legislativa algunas de las carencias que se han visto en nuestro Estatuto y sus desarrollos más inmediatos (en particular, la Carta de Derechos Sociales), introduciendo algunos principios rectores en la configuración de las políticas públicas de trato igualitario desplegadas por la Generalitat. Como por ejemplo, la integración trasversal del principio de igualdad de género, especialmente, por lo que hace a su dimensión antidiscriminatoria.

Del mismo modo que permitiría una armonización del derecho antidiscriminatorio de una forma sistemática y coherente y no, como se pretende a partir de iniciativas singulares que sólo servirán para desmontar el andamiaje del marco legal hasta ahora existente a nivel autonómico. Esta última tendencia la podemos ver reflejada en la iniciativa para cambiar varios artículos de la Ley 8/2017 integral del reconocimiento del derecho a la identidad y a la expresión de género en la Comunitat Valenciana —relativos a las personas trans— a través de una enmienda a la Ley de Medidas Fiscales, de Gestión Administrativa y Financiera, y de Organización de la Generalitat para 2025, actualmente en tramitación.

Uno de los principales cambios propuestos afecta al artículo 8.2, relativo a los menores trans. En este sentido, se introduce que el derecho de estos menores a ser escuchados e incorporarse en los procesos de toma de decisiones deberá estar supeditado al acompañamiento y autorización de sus tutores legales o, en su defecto, a una autorización judicial. Otro cambio significativo es la sustitución completa del artículo 9 de la norma, que obligaba a la Generalitat a asegurar el trato conforme a la identidad de género de las personas protegidas por la ley. El grupo parlamentario popular propone que, en su lugar, las administraciones públicas adopten medidas para que los documentos y formularios administrativos reflejen la diversidad en materia de orientación sexual, identidad y expresión de género, así como las distintas realidades familiares.

Asimismo, en el artículo 10 se añade que la Generalitat garantizará a las personas trans el derecho a recibir asistencia psicológica, ampliando así el abanico de servicios que ya incluía información, asesoramiento legal y atención social. En relación con los órganos encargados de supervisar y colaborar en la aplicación de la ley, se plantea modificar los artículos 11 y 13 para que estas funciones recaigan en el Consejo LGTBi de la Comunitat Valenciana, en lugar del Consejo Consultivo Trans establecido en la ley de 2017 que desea ser vaciado de cualquier cometido.

En lo relativo a la atención sanitaria de menores trans, se introduce una nueva redacción del artículo 16.2, estableciendo que para iniciar cualquier tratamiento farmacológico será necesario que los menores reciban apoyo y acompañamiento continuado por parte de profesionales de salud mental juvenil. En los casos en que existan patologías concurrentes, se requerirá además un informe favorable del profesional correspondiente. Como condición indispensable, estos tratamientos deberán contar con la autorización de los tutores legales o, en su defecto, de una autorización judicial. También se reconoce el derecho de los menores a recibir acompañamiento y atención psicológica en caso de decidir desistir o revertir el proceso de transición.

Por último, se propone una modificación del artículo 47, que regula el procedimiento sancionador. Las infracciones y sanciones se alinearán con lo establecido en la ley estatal para la igualdad real y efectiva de las personas trans y para la garantía de los derechos de las personas LGTBiQ+. Además, se precisa que la potestad sancionadora se ejercerá conforme a lo dispuesto en la Ley de Procedimiento Administrativo Común y la Ley del Régimen Jurídico del Sector Público.

Lejos del planteamiento explorado por el legislador valenciano, que refuerza y consolida el marco legal hasta la fecha existente, una acción como la que se propone en estas líneas reforzaría no sólo la prevalencia de la legislación autonómica especializada "más favorable" sino que permitiría edificar un marco normativo antidiscriminatorio más sólido, coherente, y sin privilegios de unas minorías frente a otras.

Esta oportunidad, también, permitiría reforzar las garantías institucionales vinculadas a tal fin, alineándolas con la nueva tipología orgánica que la legislación estatal plantea. Igualmente, de la legislación autonómica comparada puede plantearse una garantía doblemente reforzada: en primer lugar, por el carácter experto de alguno de sus componentes en materia antidiscriminatoria; en segundo lugar, a través de una supervisión reforzada de los grupos parlamentarios con representación en Les Corts. Por último, también, debería esclarecerse, entre otros aspectos, su relación tanto a nivel vertical (autoridad independiente estatal) como horizontal (*Síndic de Greuges*) dentro del entramado institucional valenciano. Garantizando una mayor eficacia en la aplicación de las políticas de igualdad y fortaleciendo el compromiso institucional con la lucha contra la discriminación en todas sus formas y variantes.

BIBLIOGRAFÍA

AA.VV. (2018). *Handbook on European non-discrimination law.* Brussels: European Union Agency for Fundamental Rights.

Balaguer Callejón, Mª L. (2025). La perspectiva de género en el feminismo jurídico. Balaguer callejón, F.; Vidal Prado, C; Elías Méndez, C. (Coords). *Estudios sobre Derecho Constitucional Español, Comparado y Europeo. Liber Amicorum Yolanda Gómez Sánchez.* Madrid: Centro de Estudios Políticos y Constitucionales, 675-690.

Caamaño Domínguez, F. (2007). Sí pueden. *Revista Española de Derecho Constitucional,* (79), 33-46.

Catalá i Bas, A. (2013). Comentario al artículo 8.1 EACV. Garrido Mayol, V. (Dir.) *Comentarios al estatuto de Autonomía de la Comunitat Valenciana.* València: Tirant lo Blanch-Consell Jurídic Consultiu de la Comunitat Valenciana, 227-235.

Cotino, L. (2024). Vulnerabilidad y colectivos vulnerables en el derecho: ¿quiénes son y cómo se definen? *Revista Catalana de Dret Públic Blog,* de 18 de diciembre. https://eapc-rcdp. blog.gencat.cat/2024/12/18/vulnerabilidad-y-colectivos-vulnerables-en-el-derecho-quienes-son-y-como-se-definen-lorenzo-cotino/

Díez- Picazo, L.M. (2006). ¿Pueden los Estatutos de Autonomía declarar derechos, deberes y principios? *Revista Española de Derecho Constitucional,* (78), 63-75

Díez Picazo, L.M. (2007) De nuevo sobre las declaraciones estatutarias de Derechos. *Revista Española de Derecho Constitucional,* (81), 63-70.

Fernández García, A. (2022). Ley integral para la igualdad de trato y la no discriminación: nuevas tipologías y causas de discriminación. *Blog de los Estudios de Derecho y Ciencia Política de la UOC,* de 19 de julio de 2022. Disponible en la siguiente dirección web: https://blogs.uoc.edu/edcp/es/ley-integral-para-la-igualdad-de-trato-y-la-no-discriminacion-nuevas-tipologias-y-causas-de-discriminacion/

Figueruelo Burrieza, Á. (2025). Legislando hacia la igualdad. Un apunte en el décimo aniversario de María Telo. Balaguer callejón, F.; Vidal Prado, C; Elías Méndez, C. (Coords). *Estudios sobre Derecho Constitucional Español, Comparado y Europeo. Liber Amicorum Yolanda Gómez Sánchez.* Madrid: Centro de Estudios Políticos y Constitucionales, 697-710.

Martínez Sospedra, M. (2001). Derechos y Estatutos de Autonomía. Nota para una hipótesis de trabajo, *Cuadernos Constitucionales de la Cátedra Fadrique Furió Ceriol,* (34/35), 310-325.

Peñaranda Ramos, J.L. (2006). Informe sobre la Propuesta de Reforma del estatuto de Autonomía de Cataluña, *Revista de las Cortes Generales,* (64), 147-338.

Presno Linera, M. A. (coord.) (2013). *Protección jurídica de las personas y grupos vulnerables.* Oviedo: Gobierno del Principado de Asturias, Procuradora General.

Rey Martínez, F. (2019). *Derecho Antidiscriminatorio.* Cizur Menor: Aranzadi.

Rubio Marín, R. y Salazar Benítez, Oc. (2024). *El orden de género de la Constitución española. Lecciones del pasado y propuestas de reconstrucción paritaria.* Granada: Comares.

Sánchez Ferriz, R. (2005). Derechos colectivos y Derechos "comunitarios" o autonómicos. *Revista Valenciana d'Estudis Autonòmics,* (49-50), 41-76.

Sánchez Ferriz, R. (2005). La labor de los Parlamentos autonómicos en la consolidación del Estado social", *Corts. Anuari de Dret Parlamentari,* (16), 101-132.

Sánchez Ferriz, R. (2007). Sobre las recientes reformas estatutarias: derechos, deberes, principios rectores y políticas públicas. *Cuadernos constitucionales de la Cátedra Fadrique Furió Ceriol,* (60-61), 85-103

Seijas Villadangos, E. (2024). La necesaria dimensión autonómica de la ley 15/2022, de 12 de julio, Integral para la Igualdad de Trato y la no Discriminación. *IgualdadES,* (9), 45-77.

Ventura Franch, A. (2022). 40 años de Estatuto de Autonomía de la Comunidad Valenciana: de la promoción de la mujer a la igualdad de mujeres y hombres. *Drets. Revista de Reformas Democráticas,* (6), 213-230.

Vivancos Comes, M. (2024). Educación inclusiva y separación del alumnado por razón de sexo. ¿Un debate constitucional concluido tras las SSTC 34 y 49/2023? *Anuario de derecho eclesiástico del Estado,* (40), 415-443.

Vivancos Comes, M. (2024). *10 años de vigencia de la Carta Valenciana de Derechos Sociales. De la letra de la ley a su despliegue normativo.* València: Tirant lo Blanch.